Gemeinsam erfolgreich!
Kooperation und Teamarbeit an Schulen

Praxishilfen Schule

Neißer · Glattfeld · Lotz · Ratzki (Hrsg.)
Gemeinsam erfolgreich!
Kooperation und Teamarbeit an Schulen

 Carl Link

Bibliografische Information der Deutschen Nationalbibliothek
Die Deutsche Nationalbibliothek verzeichnet diese Publikation in der Deutschen
Nationalbibliografie; detaillierte bibliografische Daten sind im Internet über
http://dnb.d-nb.de abrufbar.

ISBN 978-3-556-06257-9

www.wolterskluwer.de
www.carllink.de

Umschlagkonzeption: Martina Busch, Grafikdesign, Fürstenfeldbruck
Titelbild: © Gehring János, iStockphoto
Satz: Satz-Offizin Hümmer GmbH, Waldbüttelbrunn
Druck: Poligrafia Janzusz Nowak, Posen, Polen

∞ Gedruckt auf säurefreiem, alterungsbeständigem und chlorfreiem Papier

Inhalt

Vorwort

Schule im Spannungsfeld von Kooperation und Individualisierung

Kooperation in der Schule, Gruppenarbeit der Schülerinnen und Schüler spielt in der Entwicklung einer schülerorientierten Pädagogik seit Langem eine wichtige Rolle. Gemeinsames Lernen steht dabei in bewusstem Gegensatz zu konkurrenzorientiertem Lernen, zur Auslese und Vereinzelung. Schüler sollen miteinander und voneinander lernen und eine soziale Gemeinschaft bilden, die Verantwortung übernimmt. (vgl. Meyer, E. (1997): Gruppenunterricht, 9. neu bearb. Auflage. Hohengehren)

Teamarbeit der Lehrkräfte wurde erst Mitte der 70er Jahre als pädagogisches Organisationsprinzip entwickelt. Gesamtschulen in Köln, Hannover und Göttingen begannen damit, dass sich eine feste Gruppe von Lehrkräften um Unterricht und die pädagogische Arbeit in einer bestimmten Anzahl von Klassen kümmerte. Das Lehrerteam arbeitete mit den Eltern seiner Teamklassen eng zusammen, machte seinen Stundenplan selbst und genoss eine gewisse Autonomie als kleine Schule in der Schule (vgl. Ratzki, A./Keim, W./Mönkemeyer, M./Neißer, B./Schulz-Wensky, G./Wübbels, H. (Hrsg.) (1996): Team-Kleingruppen-Modell Köln-Holweide. Theorie und Praxis. Frankfurt, Lang-Verlag. Ebenso die Beiträge von Vogelsaenger und Scholz in diesem Buch)

Im letzten Jahrzehnt bestimmten die Konsequenzen nach PISA die pädagogische Diskussion. Die unerwartet schlechten Ergebnisse stellten bisher Selbstverständliches infrage. Nicht mehr der Klassenunterricht, sondern das individuelle Lernen geriet in den Blick, finnische und skandinavische Lernformen beeinflussten die deutsche Diskussion. Es ging um individuelle Förderung, um den Umgang mit Heterogenität, um Individualisierung von Unterricht. Seit der Unterzeichnung der Behindertenrechtskonvention 2008 fordert der Anspruch Inklusion zu neuen Wegen im Unterricht heraus. Der neue Blick auf das Individuum hat zu vielfältigen und unterschiedlichen Reformbestrebungen in Schulen geführt und diese sind noch lange nicht abgeschlossen.

Für die Lehrenden heißt dies, dass sie solche Reformen und Entwicklungen nur zum Erfolg führen können, wenn sie diesen Prozess bejahen und gemeinsam tragen. Als Einzelne fühlen sie sich oft überfordert. Dies hat sehr unterschiedliche Ursachen, z. B. ist oft das Ziel unklar, es gibt zu wenig Unterstützung, es gibt keinen Konsens über Vorgehensweisen und Arbeitsvorhaben. Durch Kooperation in Teams und Zusammenarbeit zwischen den Lehrenden, der Schulleitung und den Eltern können gemeinsame Ziele gefunden werden, können Reformvorhaben verabredet und gemeinsam entwickelt werden. Auch die Verantwortung wird gemeinsam getragen.

Der notwendige Prozess, der das Lernen des Individuums in den Mittelpunkt stellte, ließ das gemeinsame Lernen der Schüler und Schülerinnen in der öffentlichen Aufmerksamkeit etwas in den Hintergrund treten. Doch es wird immer deutlicher, dass das individuelle Lernen durch das gemeinsame Lernen ergänzt werden muss, dass Schüler nicht nur fachliche Kompetenzen, sondern auch soziale Kompetenzen erwerben müssen. »Gemeinsam erfolgreich« meint also nicht nur: Erfolgreich im fachlichen Lernen, sondern auch: Erfolgreich im sozialen Lernen. Die Gruppe lebt dabei von der Verschiedenheit ihrer Mitglieder, die Unterschiedliches zum Erfolg beitragen können. Hier schließt sich der Kreis. Individuelles und kooperatives Lernen sind keine Gegensätze, sondern ergänzen sich.

Dieser Band will die unterschiedlichen Fassetten und Arbeitsfelder von Kooperation und Teamarbeit bei den Prozessen der Schul- und Unterrichtsentwicklung thematisieren und Verfahrensweisen und Arbeitsstrategien aufzeigen. Er werden Methoden vorgestellt und Hinweise gegeben, wie durch gemeinsames zielorientiertes Handeln Entwicklungsprozesse in Schulen erfolgreich gestaltet werden können. Als roter Faden zieht sich durch die unterschiedlichen Beiträge die Grundüberzeugung der Autoren, dass Teamarbeit und Kooperation die Schlüsselqualitäten zeitgemäßer und demokratischer Unterrichts- und Schulentwicklung sind.

Die Beiträge im Einzelnen

Durch die neurowissenschaftlichen Forschungen der letzten Jahre haben sich der Lernbegriff und das Verständnis von Lernen und Lehren grundlegend verändert. Lernen ist ein individueller Prozess, der aber im sozialen Umfeld verankert ist. *Edith Rüdell* stellt die wichtigsten Ergebnisse dieser Forschungen und deren Konsequenzen für die Unterrichtsgestaltung in ihrem Beitrag praxisorientiert vor. Im Gegenzug zu einem für alle gleichschrittigen und lehrerzentrierten Unterricht steht heute das individuelle Kind, der individuelle Jugendliche mit seinen Fähigkeiten im Zentrum der Unterrichtsgestaltung, der Vielfalt innerhalb einer Lerngruppe soll der Unterricht mit seinen Lernangeboten gerecht werden. Dies erfordert auch eine Multiperspektivität bei der Unterrichtsentwicklung, auf die der Artikel von *Barbara Neißer und Angelika Werden* detailliert eingeht. Die kompetenzorientierte und zugleich lernförderliche Unterrichtsgestaltung kann nicht von einzelnen Lehrkräften alleine vollzogen werden, sondern verlangt strukturierte und gut organisierte Zusammenarbeit unterschiedlicher Fachkräfte. Eine zentrale Rolle spielt dabei die Kompetenzorientierung und das Selbstorganisierte Lernen (SOL). Im Alltag des Unterrichtens wird dies oft als das Gegensatz- oder Spannungsfeld empfunden, das Lehrende und Lernende vor Konflikte und Probleme stellt. Wie Kompetenzorientierung und mehr Selbstverantwortlichkeit, aber auch mehr Freiheit und Mitentscheidungen aus der Sicht der Lernenden lernförderlich gestaltet werden können, machen die Beiträge von *Johanna Springfeld* und *Klaus Winkel* deutlich. *Johanna Springfeld* bezieht sich dabei auf empirische Studien im Bundesland Bremen und auf die Erfahrungen an der Max Brauer Gesamtschule in Hamburg, die handlungsleitend für die Bremer Schulentwicklung geworden sind. *Klaus Winkel* verdeutlicht, wie Eigenständigkeit und Verantwortung der Lernenden durch Selbstorganisiertes Lernen, gute Planung von Lernarrangements und aktive methodisch angeleitete Kooperation im Unterricht gefördert werden kann.

Dass individuelles Lernen und ein auf Vielfalt abgestimmtes Lernangebot auch neue und individuelle Formen der Leistungsmessung und Leistungsbewertung nötig macht, hebt der Beitrag von *Eva Glattfeld* eindringlich hervor, sie zeigt auch Möglichkeiten auf, die an einzelnen Schulen bereits praktisch erprobt worden sind.

Welchen besondern Beitrag die Portfolioarbeit für diese Leistungsmessung und Bewertung des Lernzuwachses haben kann, beschreibt *Irmtrud Lohmar.*

Die Verpflichtung zur Inklusion und die aktuellen bildungspolitischen Beschlüsse stärken die Entwicklung inklusiver Schulen. Diese wollen nicht nur behinderte Menschen mit besonderem Förderbedarf integrieren, sondern deutlich machen: alle Schüler mit ihren unterschiedlichen Fähigkeiten gehören dazu. Wie eine inklusive Schule mit Teams intern gestaltet sein kann und welche Formen der Kooperation möglich und sinnvoll sind, macht der Beitrag von *Ulrike Müller-Harth* deutlich. *Barbara Brokamp* zeigt in ihrem Artikel die Funktion des Index für Inklusion auf und beschreibt, welche Hilfestellungen und Leitideen dieser Index für die praktische Entwicklung zu einer inklusiven Schule geben kann. *Irmtrud Lohmar* betrachtet in einem weiteren Beitrag zu diesem Band das Thema »Inklusion und Sonderpädagogik« aus der Sicht ihrer langjährigen Erfahrung in einer inklusiven Grundschule und gibt wertvolle Hinweise zur Gestaltung von Lernumgebungen und zur individuellen Förderung. *Daniel Scholz* beschreibt aus seiner Sicht des Sonderpädagogen an der inklusiven Gesamtschule Köln-Holweide, wie kooperativ und zugleich individuell mit dem Konzept des Team-Kleingruppen-Modells gearbeitet werden kann und welche konkreten Arbeitsverfahren und Methoden, z. B. das Kooperative Lernen, für eine auf Vielfalt ausgerichtete Unterrichtsgestaltung hilfreich sind. *Wolfgang Vogelsaenger* schildert in seinem Beitrag, wie an einer Teamschule die Eltern in den Prozess der Unterrichtsgestaltung einbezogen werden und zeigt Möglichkeiten auf, die Eltern zu stützenden Kooperationspartnern von Schule in Bildungsprozessen ihrer Kinder werden zu lassen.

In all diesen Beiträgen wird deutlich, dass Reformen von Schulen und nachhaltige Entwicklungen in der schulischen Bildung nur dann gelingen, wenn Lehrkräfte, Schulleitungen und Eltern zusammenarbeiten. Unterrichtsentwicklung und Organisation von Schulen sind heute so komplex und vielfältig, dass Kooperation von unterschiedlichen Fachkräften und Multiperspektivität gefragt ist. Dazu gehören auch die Fähigkeiten zur professionellen Kommunikation und Interaktion in Kollegien und die kluge kollegiale Steuerung der Entwicklungsvorhaben durch die Schulleitungen. Auch innerhalb einer Schulleitung sind heterogene Fähigkeiten, Kooperation und Teamarbeit angesagt, so bietet die Schulleitung ein gutes Vorbild für die kooperativen Entwicklungsvorhaben. Dass dazu häufig auch Schulung und Coaching von Schulleitungen nötig und hilfreich ist, stellt **Heidrun Lotz** aus der Sicht einer Schulpsychologin und einer externen Supervisorin dar. Sie beschreibt zugleich auch Verfahren und Fragestellungen, die eine kooperative Zusammenarbeit mit dem Kollegium unterstützen und befördern. In einem zweiten Beitrag führt sie aus, welche Rolle Visionen, unbewusste Bilder und Vorstellungen bei den Entwicklungsvorhaben und den kooperativen Prozessen innerhalb einer Schule spielen. Und sie zeigt, wie diese unbewussten Bilder und Haltungen von Lehrkräften und Schulleitungsmitgliedern in den verschiedenen Stadien des Schulentwicklungsprozesses bewusst gemacht und positiv integriert werden können. Schulen sind professionelle Organisationen, die nach ihrer Überzeugung andere Führungs- und Steuerungsverfahren brauchen als Wirtschaftsunternehmen und Dienstleistungszentren.

Lehrende in Schulen sind immer auch zugleich Lernende, eine gute Schule ist eine lernende Organisation, die sich intern immer neu ausrichten und entwickeln muss. An diesen internen Prozessen sollten alle Gruppierungen innerhalb einer Schule beteiligt sein. Dies ist eine aktive und schöpferische Arbeit, die von dem Führungspersonal hohe kommunikative und soziale Kompetenzen erwartet. Wenn der Prozess gelingt, gibt er den Beteiligten aber auch eine hohe Arbeitszufriedenheit und Selbstbestätigung. Schulen brauchen deshalb flache Hierarchien, immer wieder Motivation und Unterstützung für ihre internen Entwicklungsprozesse und manchmal auch externe Begleitungen. Wichtig sind Schulleitungen, denen es gelingt kollegiale und kooperative Prozesse einzuleiten, zu begleiten und so zu steuern, sodass sie zu klaren Strukturen und konkreten und sinnvollen Ergebnissen führen.

Dies betont auch **Anne Ratzki** in ihrem Beitrag, der noch einmal aus der Sicht ihrer langjährigen Erfahrungen als Schulleiterin einer Teamschule praxisorientiert beschreibt, welche interne Organisation für eine gelingende Kooperation hilfreich ist. Dabei gilt es die unterschiedlichen Perspektiven der Schüler, Lehrer und Eltern auf der Ebene der Teams und bei der Vernetzung der Teams untereinander und auch bei der Arbeit der Schulleitung genau im Blick zu behalten. Der Beitrag stellt auch Verfahren und Methoden für eine effektive Teamarbeit vor. Er weist darauf hin, welche Steuerungsmaßnahmen hilfreich sind und welche verantwortungsvolle Rolle die Schulleitung für das Gelingen von Teamarbeit und kooperativen Arbeitsprozessen hat.

Kooperation, Übernahme gemeinsamer Verantwortung, Teamarbeit – und das ist der rote Faden in diesem Buch – ist heute mehr denn je Basis für eine erfolgreiche Schulentwicklung.

Barbara Neißer/Anne Ratzki

Individuell und gemeinsam
Kooperatives Lernen aus neurowissenschaftlicher Sicht

Edith Rüdell

Kooperatives Lernen – das Thema dieses Buches – wird gewöhnlich nur aus erziehungswissenschaftlicher Perspektive beleuchtet. Vielleicht erstaunt es deshalb, dass hier nun die Neurowissenschaften ins Spiel kommen. Kann es sein, dass ausgerechnet Fakten der Hirnforschung untermauern, warum kooperative Methoden nachhaltiges Lernen bewirken können? Dass diese Art von Gruppenarbeit nach dem Prinzip »Think – Pair – Share« sowohl für den Einzelnen als auch für die Gruppe fruchtbaren Ertrag bringen kann? Lassen Sie uns zunächst einen Blick auf das Lernen selbst werfen.

Lernen – ein individueller und interaktiver Prozess

Erziehungswissenschaftler und Neurowissenschaftler sehen Lernen als eigenaktiven Prozess, bei dem emotionale und kognitive, kreative und soziale Anteile eine Rolle spielen. Ein positives Lernklima, Ermutigung und Stärkung des Selbstvertrauens aufseiten des einzelnen Kindes, die Förderung positiver sozialer Interaktion aufseiten der Lerngruppe werden als wichtige Bestandteile erfolgreichen Lernens betrachtet.

Dabei folgt das Lernen zwar den allgemeinen Prinzipien der Informationsverarbeitung, aber jedes Kind erlebt auf der Basis einer »eigenen inneren Landkarte« die Welt. Man könnte sagen: Alle lernen« gleich und doch lernt jeder anders! Denn jedes Gehirn hat sich bis zum Schuleintritt durch die individuell einzigartige Interaktion mit seiner spezifischen Umwelt weiterentwickelt.

Zwar ist bei der Geburt ein genetisches Grundgerüst vorhanden, doch der derzeitige Forschungsstand – vor allem der Epigenetik – räumt den Umwelterfahrungen eine gleichwertige Rolle ein. Wie Hengstschläger (2012) betont, ist der alte Streit »nature or nurture« unsinnig geworden. Bereits die moderne Säuglingsforschung hat gezeigt, dass schon die Kleinsten ausgeprägte Eigenaktivitäten mit auf die Welt bringen und keineswegs wie eine »Blackbox« nur rezeptiv auf Reize reagieren. Gefühle von Angst, Wut und Freude sind schon in den ersten Monaten vorhanden. Sie helfen, Sinnesinformationen nach ihrer lebenswichtigen Bedeutung einzuordnen.

Die Bindungsforschung belegt, dass eine sichere Bindung zwischen dem Kind und seinen engsten Bezugspersonen den Weg freimacht für explorative Neugier auf die Welt. »Safety first« scheint mithin die Maxime unseres Gehirns zu sein und sie hat uns höchst effektiv nach Meinung des berühmten Hirnforschers John Eccles (1994) dazu verholfen, als Spezies Mensch auf der Erde zu überleben.

Unser Lerninstrument – das Gehirn

Wenn wir unserem Gehirn mithilfe bildgebender Verfahren beim Lernen zuschauen, so sehen wir, dass einige Bereiche jeweils besonders stark aktiv sind. Dazu gehört unser Großhirn, das mit seinen vielen Windungen einer vergrößerten Walnusshälfte ähnelt. Im Randbezirk zwischen Großhirn und Stammhirn befindet sich das limbische System, das eine hohe Bedeutung für unser Gefühlsleben hat und gleichzeitig eine wichtige Durchgangsstation für die Gedächtnisbildung ist. Das darunter liegende Stammhirn ist vorwiegend für unsere elementaren Lebensfunktionen zuständig, aber auch für eine grundlegende Aufmerksamkeit.

Alle drei Bereiche: Großhirn, limbisches System und Stammhirn stehen in engem Austausch miteinander. Unser Intellekt unterstützt problemlösendes Lernen, unsere emotionale Intelligenz den Gefühlshaushalt und unser soziales Miteinander. Daher bezeichnen Neurowissenschaftler unser Gehirn nicht nur als »Denkmütze«, sondern auch als »Sozialorgan«.

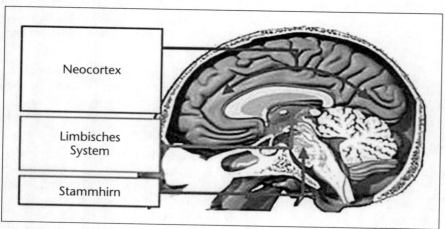

Neocortex

Limbisches System

Stammhirn

www.thinkneuro.de (Stand: 19.07.2012)

Das Notfallprogramm des Gehirns

Erleben wir Bedrohliches, benutzt unser Gehirn den »kurzen Weg« zum Mandelkern. Dieser ist im limbischen System für die Speicherung von Emotionen, vor allem von Angst, zuständig. Das ermöglicht eine blitzschnelle Reaktionseinleitung, um unser Überleben – in physischer, psychischer und sozialer Hinsicht – zu sichern. Der benachbarte Hypothalamus bewirkt durch eine entsprechende Hormonausschüttung, dass unser Körper dann zu Reaktionen wie Flucht, Angriff oder Verteidigung befähigt wird. Arme und Beine werden gut durchblutet, ebenso das Stammhirn, weniger aber unsere »Denkmütze« Großhirn.

Das alles ist bei Stress und Angst auslösenden Situationen im Klassenzimmer eine uneffektive körperliche Reaktion, denn ein Entkommen ist schlecht möglich, Lehrer anzugreifen ist auch nicht anzuraten, selbst der Totstellreflex funktioniert nicht. Der körperliche Zustand erlaubt in diesem Fall weder komplexe Denkvorgänge, noch kreative Problemlösungen, sondern allenfalls einfaches Assoziationslernen. Manchmal führt er auch zu einem totalen Blackout. Für nachhaltiges und problemlösendes Lernen ist das sicher keine gute Voraussetzung.

Lernen oder Nichtlernen – neuronale Netze und ihre Verschaltungen

Um den Lernvorgang im Gehirn noch besser zu verstehen, sollte man sich zunächst einmal die kleinsten Bausteine unseres Gehirns ansehen. Die Milliarden von Nervenzellen eines einzelnen Gehirns könnten, aneinander geknüpft, die Strecke von der Erde zum Mond überwinden. Jede Nervenfaser hat einen grauen Zellkern – jene berühmten kleinen »grauen Zellen«, die beim Denken aktiviert werden. An ihnen fallen die vielen verästelten weißen Faserfortsätze auf. Die meisten von ihnen gehören zu den Empfängern (Dendriten) einer Nervenzelle, wenige, meist nur eine lange Faser, zu den Sendern (Axonen).

Obwohl es selbst bei starken Vergrößerungen unseres Nervengeflechtes so aussieht, als würden sich die Dendriten und Axone der einzelnen Zellen unmittelbar in einem neuronalen Netz miteinander verbinden, ist dieses nicht der Fall. Zwischen den Synapsen, nur unter einem Elektronenmikroskop sichtbaren kleinen Endköpfchen von Sende- und Empfängerfasern, bleibt ein winziger Spalt, dessen Überwindung oder Nichtüberwindung über Lernen und Nichtlernen entscheiden kann. Wie ist das möglich?

Durch die Existenz des synaptischen Spaltes kann eine elektrisch geladene Nervenzelle nicht unmittelbar die nächste Zelle elektrisch erregen, sondern muss einen chemischen Umweg wählen. Kleine Bläschen (Vesikel) im Synapseninneren platzen und senden chemische Botenstoffe (Neurotransmitter) aus. Diese überqueren den synaptischen Spalt, erreichen die Rezeptoren der nächsten Zelle und bewirken deren erneute elektrische Ladung.

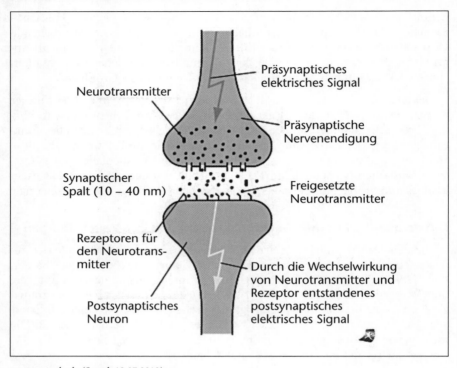

www.onmeda.de (Stand: 19.07.2012)

Durch erfolgreiches Lernen vermehren sich Synapsen oder Vesikel in neuronalen Netzen. In beiden Fällen wird dadurch die Übertragung von Zelle zu Zelle optimiert. Bildlich gesprochen hat sich »ein Gedanke Bahn gebrochen«, naturwissenschaftlich ausgedrückt »hat eine Langzeitpotenzierung zwischen Neuronenverbänden stattgefunden«.

Ebenso können sich bei mangelnder Nutzung neuronaler Schaltkreise – also beim Verlernen – Synapsen wieder zurückbilden und so hat D. Hebb bereits 1949 zu Recht gesagt: »**Neurons that fire together, wire together**«, aber auch »**Use it or lose it**«.

Prinzipien der Informationsverarbeitung: Filtern, Deuten und Bewerten

Sie werden sehen, dass menschliche Gehirne zwar gleichen Prinzipien bei der Informationsverarbeitung folgen, aber dass die individuellen Vorgaben dabei höchst unterschiedlich sind. Unsere Gehirne arbeiten nämlich keineswegs nur wie eine Kamera für Gesehenes, ein Rekorder für Gehörtes oder als Sensor für

Gefühltes. Wir nehmen nicht nur Informationen wahr, sondern filtern, deuten und bewerten sie, bevor wir sie speichern. Obwohl wir die Informationsfülle von der Größe eines Fußballfeldes wahrnehmen könnten, verarbeiten wir bewusst nur Informationen von der Größe einer Briefmarke. Diese Reduzierung ist als Flaschenhalsmodell der Wahrnehmung bekannt geworden. Sie geschieht größtenteils unbewusst und wird teilweise von unserer Aufmerksamkeit gesteuert. Jeder hat wahrscheinlich schon einmal die Erfahrung gemacht, wie viele Informationen man »wegschalten« kann, wenn man z. B. auf dem Balkon oder im Freibad ein spannendes Buch liest oder im Familientrubel sich auf den Computer oder das Telefon konzentrieren muss.

Zudem arbeitet das Gehirn bei der Wahrnehmung höchst ökonomisch. Es genügen wenige Anhaltspunkte bei bereits bekannten Objekten, um auf das Ganze zu schließen. Probieren Sie selbst, lesen Sie den folgenden Text:

WSEIO KNÖNEN SEI DEIESN STAZ LSEEN; OWHOBL DIE BCUTHASA-EBN NCHIT IN DER RITHCIEGN RIEHNEFOGLE SHETEN?

Sie sehen, für alle Wortbilder, die Sie einmal sicher gespeichert haben, benötigen Sie nur die Anfangs- und Endbuchstaben, um diese abzurufen. Wie groß der Tempounterschied in der Verarbeitung von bereits bekannten Repräsentationseinheiten und unbekannten Abfolgen ist, können Sie selbst in einem weiteren kleinen Versuch erproben.

Gehen Sie so dabei vor: Schauen Sie sich bei der folgenden Übung 1 die Buchstabenfolge für 20 Sekunden an und prägen sich diese dabei ein. Schreiben Sie dann (natürlich ohne auf die Vorlage zu schauen) in 20 Sekunden auf, was Sie behalten haben. Vergleichen Sie jeweils mit der Vorlage, wie viele Buchstaben Sie richtig behalten haben und notieren Sie deren Anzahl. Verfahren Sie mit Übung 2 genau so.

Übung 1

kqrbxtsvcdl

Übung 2

Mittelrheinschifffahrtsgesellschaftsanlegestelle

Ihr Ergebnis verrät Ihnen wahrscheinlich, dass auch Ihr Gehirn den Forschungserkenntnissen für das durchschnittliche menschliche Kurzzeitgedächtnis entspricht: In 20 Sekunden können wir ca 7 ± 2 Informationseinheiten speichern. Sollten es mehr sein: Gratulation! Vergrößern sich allerdings die Informationseinheiten (wie von Übung 1 – sinnlose Buchstabenfolge – auf einzelne Wortbausteine in Übung 2), so bleibt es zwar im Prinzip bei den »magic seven«, aber natürlich werden jetzt wesentlich mehr Einzelelemente behalten als vorher.

Speicherstufen und Speicherarten

Zumeist unbewusst bleiben uns alle Sinneswahrnehmungen, die wir über das **Ultrakurzzeitgedächtnis** aufnehmen. Dieses sensorische Gedächtnis hat die Eigenart, dass wir alles vergessen, was nicht innerhalb kürzester Zeit bewusst gemacht wird. Vester (2001) berichtet von Fußballspielern, die sich nur bei unmittelbarer Befragung nach einem Foul genau daran erinnern konnten, wie das Ganze abgelaufen war.

Die nächste Speicherstufe ist das **Kurzzeitgedächtnis,** das – wie Sie selbst testen konnten – in 20 Sekunden 7±2 Informationseinheiten behält. Baddely (1986) gab dem Kurzzeitgedächtnis den Namen »**Arbeitsgedächtnis**«, weil dies die Funktion dieser Speicherstufe besser beschreibt. Die im Kurzzeitgedächtnis befindlichen Informationen werden praktisch »online« gehalten, bis ein Abgleich mit den bereits im Langzeitgedächtnis dauerhaft gespeicherten Informationen erfolgt ist. Was nun wird im **Langzeitgedächtnis** nach dem Motto »Use it or lose it« gespeichert?

- Zum einen ist es **explizites Faktenwissen**, ein Wissenskanon, von dem wir einen großen Teil in der Schulzeit erwerben. Dazu gehört alles, was wir sprachlich wiedergeben können, z. B. Paris ist die Hauptstadt Frankreichs oder 9x9=81.
- Weiterhin ist es unser **implizit gespeichertes Wissen und Können.** Dazu zählen Fähigkeiten, die uns weitgehend »in Fleisch und Blut übergegangen sind«, die wir sozusagen »im Schlaf beherrschen«. Bewegungsabläufe wie z. B. Schwimmen oder Fahrrad fahren, Handlungsabläufe wie z. B. Einkaufen gehen und Kochen. Auch unser Empfindungsrepertoire ist implizit gespeichert. Die Entdeckung der Spiegelneuronen erklärte, warum wir intuitiv erfassen können, was ein anderer tun will oder was er in einer bestimmten Situation empfindet (Bauer 2011).
- Unser **Bildgedächtnis** umfasst alle bildlich verankerten Vorstellungen: Muster (z. B. auch Buchstaben und Ziffern), Anschauungswissen von Gegenständen und Personen sowie auch in abstrahierter Form visuell verankertes Wissen (z. B. mind maps).
- Unser **episodisches Gedächtnis** speichert Erinnerungen an Situationen unseres Lebens und Lernens, man nennt es auch autobiographisches Gedächtnis.

Je stärker wir multisensorisch lernen und speichern, je mehr uns etwas persönlich berührt und »unter die Haut geht«, desto leichter fällt die Erinnerung.

Das individuell gespeicherte Vorwissen und die bereits gemachten Erfahrungen in Lernsituationen spielen beim Deuten und Bewerten von Informationen eine große Rolle. In Bezug auf das Vorwissen spricht man auch vom »Matthäus Prinzip« des Gehirns. Nach der Maxime »Wer viel hat, dem wird viel gegeben!«

kann ein Gehirn umso mehr andocken, je mehr bereits an neuronalen Verbindungen vorhanden ist.

Nach der Maxime »Safety first« vermeiden wir in Lernsituationen möglichst, Stress und Angst noch einmal zu erleben. Kinder, die selbst viel Aggression und Schmerz erfahren haben, reagieren deshalb schon bei kleinsten Anzeichen, die andere noch als völlig neutral erleben, häufig selbst aggressiv oder ziehen sich zurück.

Nachhaltiges Lernen: Wie geht das?
Übung macht den Meister

Nachhaltiges Lernen kann bei intensiven Eindrücken sofort erfolgen. Keiner von uns müsste wohl zwei Mal mit der bloßen Hand eine heiße Herdplatte berühren. Aber bei allen Dingen, die nicht so nachdrücklich einprägsam sind, müssen wir in der Regel viel üben und multisensorisch Erfahrungen sammeln, bis etwas wirklich »sitzt«. Hier ist der Spruch des Verhaltensforschers Lorenz zutreffend:

> Gesagt ist noch nicht gehört,
> gehört ist noch nicht verstanden,
> verstanden ist noch nicht einverstanden,
> einverstanden ist noch nicht angewendet,
> angewendet ist noch nicht beibehalten.

Erst aus vielen einzelnen Lernerfahrungen generieren unsere Gehirne Regeln und Gesetze. Sie arbeiten sozusagen nach dem »bottom up Prinzip«. Bevor eine Abstraktion geleistet werden kann, muss ein Lerninhalt in vielen leicht abgewandelten Aufgabenstellungen eingeübt werden. Die verstandesmäßige Bewältigung einer einzigen Aufgabe ermöglicht noch keinen Transfer, wie vielfach angenommen wird.

Kooperative Lernformen und das Prinzip »Think – Pair – Share«

Erst das eigene Nachdenken ist bei kooperativen Lernformen wie z. B. Placemat oder Gruppenpuzzle der Ausgangspunkt für einen Austausch. Bleiben wir beim Gruppenpuzzle. In drei bis vier Runden können sich Schüler zunächst individuell und dann gemeinsam mit unterschiedlichen Aspekten eines Themas auseinandersetzen. Im Englischunterricht wären das z. B. beim Thema Australien vier gut ausgewählte Texte zu den Ureinwohnern, der jetzigen Bevölkerung, zu großen Städten und der australischen Tierwelt.

Die Klasse arbeitet in mehreren Kleingruppen (z. B. bei 28 Schülern in sieben Vierergruppen). Jedes Gruppenmitglied erhält arbeitsteilig eines der vier Themen. In einer ersten Leserunde setzt sich jeder selbstständig mit seinem eigenen Text auseinander.

Im nächsten Schritt, der »Expertenrunde«, tauschen sich alle in der Klasse, die den gleichen Text bearbeitet haben, aus. Jeder bringt hier seine Art des Textverständnisses ein, muss die jeweils eigene Perspektive vertreten und kann sie durch die Sichtweisen der anderen ergänzen oder auch korrigieren. Das gemeinsame Ziel dieser Runde ist es, das jeder die zentralen Gedanken des Textes gut weitervermitteln kann. Häufig erfahren Schüler in der Expertenrunde den vertieften Gedankenaustausch mit Mitschülern als sehr positiv, sie lernen oft mehr voneinander als vom Lehrer. Dies ist natürlich nur in einem positiven Gruppenklima möglich.

In der nächsten Runde wird im Austausch in der Kleingruppe das eigene Wissen an die Mitschüler, die andere Themen bearbeitet haben, weitergegeben. So ist jeder in der Rolle des Sprechers und des Zuhörers, des Experten und des Novizen. Das führt besonders beim eigenen Thema zu einer vertieften Speicherung des Wissens.

Schließt man an diese Berichtsrunde noch eine weitere Aufgabe an, z. B. die gemeinsame Visualisierung der Ergebnisse auf einem Lernplakat, so ist eine weitere Verankerung nicht nur im expliziten Gedächtnis, sondern auch im Bildgedächtnis möglich. Die Gruppenmitglieder können sich über verschiedene Möglichkeiten der Visualisierung austauschen und bei arbeitsteiligem Vorgehen sich auch ihrer Stärken und Schwächen stärker bewusst werden. Wenn eine Gruppe ihre Ergebnisse effektiv präsentieren will, könnten z. B. die eher visuell Lernenden die bildnerische Ausgestaltung des Themas übernehmen, die auditiv Starken den Vortrag, die kinästhetisch Veranlagten das Vormachen oder Vorspielen. Der Erfolg in der Gruppe und mit der Gruppe kann den Lernwillen und die Lernfähigkeiten besonders der sonst leicht entmutigten Schüler stärken.

Die BASIS individuellen und gemeinsamen Lernens

Kooperatives Lernen erscheint als eine gute Möglichkeit, individuelles und gemeinsames Lernen zu verbinden. Die strukturierte Arbeitsweise nach dem Prinzip »Think – Pair – Share« kann, wenn sie in einer positiven Lernatmosphäre erfolgt, eine wesentliche Grundlage für erfolgreiches Lernen der Gruppenmitglieder legen. Fünf weitere Elemente lassen sich meiner Meinung nach aus den neurowissenschaftlichen Erkenntnissen ableiten (vgl. Rüdell 2010), die als BASIS für erfolgreiches Lernen und Kooperieren anzusehen sind.

Beziehungen den Vorrang einräumen

Beziehungen zu anderen herzustellen, die sowohl positive Wertschätzung und Respekt ausdrücken als auch miteinander und voneinander Lernen ermöglichen, sind für die schulische Arbeit die wichtigste Grundlage. »Safety first« verlangt unser Gehirn, wenn das »Notfallprogramm« ausgeschaltet bleiben soll. Bauer (2006) führt aus, dass Missachtung und fehlende Anerkennung in einer Lerngemeinschaft zu totalem Motivationsverlust führen. Dies gilt sowohl für das Lehrer-Schüler Verhältnis, wie auch für das Verhältnis von Schülern untereinander. Nach neueren Erkenntnissen der Hirnforschung wird Ausgrenzung in den gleichen Zentren wie körperlicher Schmerz erlebt (Bauer 2011).

Positive Beziehungen in der Schule entstehen nicht von alleine. Sie müssen gepflegt werden, damit es zu emotionaler und sozialer Sicherheit in einer Lerngemeinschaft kommt. Dies kann durch klare Grundregeln und gemeinsame Vereinbarungen auf dem Boden von Einfühlsamkeit geschehen.

Aktives Lernen im Unterricht ermöglichen

Lernen ist per se ein aktiver Prozess, das konnte die Hirnforschung belegen. Ohne Zweifel brauchen Lernende ausreichende Gelegenheiten und genügend Zeit, um sich aktiv in ihrem Tempo mit neuen Lerninhalten auseinanderzusetzen und sie mit ihrem jeweiligen Vorwissen sinnvoll zu vernetzen. Gerade für instruierenden Unterricht gilt es, nach Informationsphasen durch die Lehrenden Phasen der subjektiven Aneignung für die Schüler einzuschieben. Dann können sie sich die neuen Lerninhalte noch einmal erschließen und/oder sich mit Mitlernenden darüber austauschen. Wahl (2006) hat dieses Abwechseln von kollektiven und individuellen Lernphasen treffend als »Sandwich-Methode« bezeichnet.

Bei kooperativen Lernformen gewährleistet das Prinzip »Think – Pair – Share«, dass sowohl das eigenständige Denken als auch der Austausch in Kleingruppe und Klasse nicht zu kurz kommen (vgl. zu Vor- und Nachteilen kooperativer Lernmethoden auch Wellenreuther 2009).

Sicherheitsnetze für Lernprozesse aufspannen

Sicherheit im Lernprozess zu behalten ist aus zwei Gründen absolut wünschenswert. Ebenso wie Luftakrobaten im Zirkus neue Nummern nur mit Sicherheitsnetz einüben, damit Abstürze nicht dramatisch enden, ist es für Schüler wichtig zu erfahren, dass Fehler nicht das Aus bedeuten, sondern nur einen neuen Versuch nötig machen. Man sollte ohne Beschämung nach der Analyse von Fehlversuchen neu starten können.

Aber nicht nur emotionale Sicherheit ist wünschenswert. Sie selbst konnten durch die Übungen erfahren, wie zeitsparend sich das Beherrschen von Basisfähigkeiten auswirkt. Sichere Basiskompetenzen zu haben, ermöglicht z. B. beim Lesen größere Informationseinheiten zu behalten oder die wichtigsten Informationen durch Überfliegen eines Textes zu entdecken. Alles, was wir »im Schlaf beherrschen« entlastet das Bewusstsein und schafft Freiräume für komplexe Denkprozesse.

Individuell fördern und fordern

Unsere neuronalen Netze sind durch Anlage und Umwelterfahrungen so individuell wie unsere Fingerabdrücke. Wir unterscheiden uns z. B. nach unserem Vorwissen, unseren Empfindungsmustern, Präferenzen und Kommunikationsstilen. Unser Lerntempo differiert im Grundschulalter schon stark, etwa im Verhältnis 1:5, im Erwachsenenalter noch stärker, etwa 1:9. Dabei ist es wichtig, das Lerntempo nicht mit der Intelligenz eines Menschen völlig gleichzusetzen ist und diese wiederum nicht mit der Leistungsfähigkeit (Heller/Ziegler 2007, Hengstschläger 2012).

Nicht nur Vorwissen und bereits erworbene Strategien müssen berücksichtigt werden, sondern auch die emotionalen und sozialen Erfahrungen des Einzelnen. Bei kooperativen Arbeitsformen erfolgt individuelle Förderung oft eher indirekt durch den intensiven Austausch in der Kleingruppe.

Stärken stärken – erfolgsorientiert arbeiten

Für die Entwicklung eines gesunden Selbstvertrauens sollte nicht die Arbeit an den Schwächen eines Menschen im Mittelpunkt stehen. Das sagt uns bereits der »gesunde Menschenverstand«. Wer möchte schon tagtäglich immer nur an seinen Schwächen arbeiten und darauf auch ständig nachdrücklich hingewiesen werden, während die eigenen Stärken ignoriert werden. Es erscheint daher dringend angeraten, auch in der Schule hinter die Stärken eines Kindes zu kommen und sie bei ihrer Weiterentwicklung zu unterstützen. »Aptitude Treatment Interaction« (ATI) ist einer der Ansätze aus der Hochbegabtenforschung, dessen Prinzip sich aber auch auf alle Lernenden anwenden lässt: Aufgaben sind so zu konstruieren, dass Erfolge möglich sind, dass der nächste Schritt in der Lernentwicklung getan werden kann.« (Heller/Ziegler 2007). Denn Erfolge machen mutig, wenn sie auf die eigene Anstrengung zurückgeführt werden können.

Fazit

Führt man sich vor Augen, dass häufige Misserfolge, Ausgrenzung und Nichtbeachtung der individuellen Lernvoraussetzungen letztendlich zu einem »aus dem Feld des Lernens gehen« führen, so wird man sich der Bedeutung einer guten BASIS des Lernens für jeden Einzelnen, aber auch für ein erfolgreiches Miteinander in der Schule bewusst. Lernen ist ein aktiver Prozess, mit je individuellen Voraussetzungen in kognitiver, emotionaler und sozialer Hinsicht. Ein direkter Wissenstransfer von Lehrenden zu Lernenden ist nicht möglich (Spitzer 2002). Sach- und Beziehungsebene sind nicht so leicht trennbar, wie oft gedacht. Kooperatives Arbeiten nach den Prinzipien »Think – Pair – Share« kann sowohl individuelles Lernen fördern als auch der Erweiterung der eigenen Perspektive durch den Austausch in einer kleinen Gruppe dienen. Die nachhaltige Speicherung von Wissen wird ebenso gestärkt, wie das Erlernen von Kommunikation und sozialem Umgang. Letztendlich stärken gemeinsame Erfolge sowohl den Lernwillen als auch die Lernfähigkeit.

Literatur

Baddely, A. (1986): Working Memory. New York

Bauer, J. (2006): Beziehungen: Der Motor unseres Lebens. In: Psychologie Heute, Heft Oktober 2006, S. 20–25

Bauer, J. (2011): Schmerzgrenze. (Blessing) München

Bauer, J. (2011): Warum ich fühle, was du fühlst. München

Eccles, J. C. (1994): Wie das Selbst sein Gehirn steuert. Berlin, Heidelberg

Heller, K. & Ziegler, A. (2007): Begabt sein in Deutschland. Berlin

Hengstschläger, M. (2012): Die Durchschnittsfalle: Gene – Talente – Chancen. Salzburg

Rüdell, E. (2010): Das BASIS-Buch des Lernens. Mehr Erfolg für unsere Kinder in der Schule. Seelze-Velber

Spitzer, M. (2002): Lernen. Gehirnforschung und die Schule des Lebens. Heidelberg

Vester, F. (2001): Denken, Lernen, Vergessen. München

Wahl, D. (2006): Lernumgebungen erfolgreich gestalten. Bad Heilbrunn

Wellenreuther, M. (2009): Forschungsbasierte Schulpädagogik. Baltmannsweiler

Unterricht im Spannungsfeld von Individualisierung und Kompetenzorientierung

Barbara Neißer & Angelika Werden

2006 erschien zum ersten Mal im Schulgesetz Nordrhein-Westfalen die Forderung der individuellen Förderung im Unterricht. Die Lehrer sahen sich hier vor neue Herausforderungen gestellt: In Lerngruppen von ca. 30 Kindern oder Jugendlichen sollten sie nicht nur dafür Verantwortung tragen, dass Lernende vorgegebene fachliche und soziale Fähigkeiten und Fertigkeiten an bestimmten Nahtstellen ihrer Bildungsbiografie erwerben, sondern auch den einzelnen Lernenden fördern, d. h. ihn aufmerksam beobachten, seine Lernstände diagnostizieren und das Lernangebot so individualisiert gestalten, dass alle Lerner ihre unterschiedlichen Fähigkeiten auch wirklich weiterentwickeln können. Schnell wurde deutlich, dass dies eine neue Unterrichtskultur und Unterrichtsentwicklung erfordert. Lehrer können ihre Rolle nicht nur als Experten und Wissensvermittler verstehen, sie können auch nicht Kindern und Jugendlichen etwas »beibringen«, sondern müssen ihre Rolle neu definieren auch als Lernbegleiter, Moderator und Gestalter von Lernumgebungen. Dies entspricht den neurobiologischen Lernforschungen, die sich laut Diethelm Wahl wie folgt zusammenfassen lassen:

»Lernen ist ein einzigartiger und konstruktiver Prozess. Wir [Lehrenden] können nur Lernumgebungen bereitstellen – lernen muss jede Person alleine! Das ist die Entdeckung der Bescheidenheit: Lernprozesse sind durch Lehren nicht beeinflussbar, es können höchstens günstige Voraussetzungen für nachhaltiges Lernen geschaffen werden.« So Diethelm Wahl im Vorwort zu Ronald Heptings Buch »Zeitgemäße Methodenkompetenz im Unterricht« (Hepting 2004, S. 8).

Neuere Lerntheorien und neurobiologische Forschungen machen deutlich, dass Lernen ein individueller und konstruktiver Prozess ist und dass Unterricht als oberste Zielsetzung die Entwicklung und Ausbildung der individuellen Fähigkeiten und Fertigkeiten der Lernenden haben muss. Dabei geht es nicht nur um kognitives Wissen, sondern auch um methodische Fertigkeiten, affektive Einstellungen und die Fähigkeit das Gelernte in unterschiedlichen Kontexten anwenden zu können. Selbstständiges und kooperatives Lernen sowie wechselseitiges Lehren und Lernen (vgl. dazu Abschnitt: Der Wechsel macht's – Methoden des Wechselseitigen Lehrens und Lernens (WELL)) bekommen einen neuen Stellenwert (vgl. Huber 2007). Förderung der Eigenverantwortlichkeit und der sozialen Interaktion der Lernenden werden zu einem wesentlichen Qualitätsmerkmal von Unterricht.

Parallel zu diesen Erkenntnissen haben die Vergleiche mit Bildungssystemen anderer Länder gezeigt, dass das deutsche Schulsystem hoch selektiv und bemüht darum ist, durch frühe Selektion homogene Lerngruppen zu bilden, dieses Ziel aber keineswegs erreichen kann. Entsprechend der immer stärkeren Pluralisierung und Globalisierung der Gesellschaft nimmt die Heterogenität und Vielfalt auch innerhalb der Lerngruppen in Schulen zu und dies gilt für alle Schulformen und für alle Altersstufen. Der Umgang mit Heterogenität muss ebenfalls neu ausgerichtet werden und dabei hilft der Blick über die Grenzen vor allem in die nordischen Bildungssysteme, die im positiven Umgang mit Heterogenität bereits viele organisatorische und methodische Verfahren entwickelt haben, um den Unterricht individueller und schülerorientierter zu gestalten (vgl. Höhmann u. a. 2009).

Die Wende von der Inhaltsorientierung zur Kompetenzorientierung des Unterrichts, die durch die Einführung der Kernlehrpläne ab 2004 erfolgte, erleichtert auch im Fachunterricht Individualisierung und Binnendifferenzierung. Indem mit unterschiedlichen Lernmaterialien oder differenzierten Aufgabenstellungen an gleichen Themen und Kompetenzschwerpunkten gearbeitet wird, wird der Heterogenität der Lerngruppe Rechnung getragen, ohne dass die Gemeinsamkeit und die soziale Interaktion beeinträchtigt werden müssen. Das gemeinsame Lernen kann durch bestimmte methodische Lernverfahren, wie kooperatives Lernen oder wechselseitiges Lehren und Lernen organisiert werden, auch wenn die Lernmaterialien oder die Aufgabenstellungen unterschiedlich sind. Zur Entwicklung eines guten, kompetenzorientierten Unterrichts gehören jedoch mehr Faktoren als methodische Lernverfahren und kooperatives Lernen. Hilbert Meyer schreibt in seinem Artikel »Mischwald ist besser als Monokultur oder Anregungen zur Unterrichtsentwicklung«, dass Unterrichtsentwicklung sich nicht darin erschöpft, seine zehn Merkmale von gutem Unterricht (vgl. Meyer 2004, S. 23ff.) zu erfüllen und mehr sein muss als Methodenentwicklung oder Methodenvielfalt. »An vielen Schulen in Deutschland ist eine produktive Unterrichtsentwicklung mit dem Schwerpunkt »Methodenkultur« gestartet worden. Irgendwann geriet dann aber an vielen dieser Schulen der so hoffnungsvolle begonnene Entwicklungsprozess ins Stocken. Dafür gibt es handfeste Gründe. Ziel-, Inhalts- und Methodenentwicklung gehören zusammen [...]. Wichtiger als die Vielfalt der Methoden ist ihre anspruchsvolle Nutzung. Deshalb müssen Entfaltung und die Pflege der Methodenkompetenz in den Mittelpunkt der Aufmerksamkeit rücken. Eine hoch entwickelte Methodenkultur zahlt sich nur dann aus, wenn sie durch die anspruchsvolle Gestaltung weiterer Bausteine entwickelten Unterrichts ergänzt wird.« (Meyer 2008, S. 57f.)

Als einige wichtige Entwicklungsbausteine nennt Hilbert Meyer folgende Aufgaben:

Lohnende Aufgaben im Unterricht:

1. *Ausdifferenzierung der Grundformen des Unterrichts [...]*

2. *Entwicklung einer neuen Aufgabenkultur*

3. *Denken (Diagnostizieren) und Handeln (Fördern) in Kompetenzstufen*

4. *Entwicklung kooperativer Lernformen*

5. *Einführung jahrgangsgemischten Unterrichts (auch in der Sek I und Sek II)*

6. *Rhythmisierung des Schultages*

7. *Wiederbelebung des Frontalunterrichts*

8. *Portfolio-Arbeit*

Im Kollegium und darüber hinaus:

1. *Stärkung der kollegialen Kooperation*

2. *Kollegiales Hospitieren und Coachen*

3. *Aktivierung der Fachkonferenzarbeit*

4. *Aufbau eines Netzwerks zur Unterrichtsentwicklung*

5. *Fortbildung im Team mit Berichtspflicht statt »Einzelkämpfer-Fortbildung«*

6. *Fortbildungsplanung des ganzen Kollegiums*

(Meyer 2008, S. 56).

Unterrichtsentwicklung als Gemeinschaftsaufgabe

Es gibt kein »Rezeptbuch« für gute Unterrichtsentwicklung. Welche Aufgaben im Vordergrund stehen und mit welchen Veränderungen Schulen ihre Entwicklung beginnen wollen, muss vor Ort in den jeweiligen Schulen, Kollegien und Fachkonferenzen ausgehandelt werden (vgl. zu möglichen Vorgehensweisen und Strukturierungen von Unterrichtsentwicklungsprozessen Jacobi/ Lennartz 2011, Werkstattteil).

Deutlich wird jedoch, dass die Unterrichtsentwicklung eine Gemeinschaftsaufgabe ist, und nur in kooperativer Zusammenarbeit bewältigt werden kann. Ehrenvoll, aber wenig effektiv ist es, wenn einzelne Lehrkräfte ihren Unterricht durch mehr selbstständiges Lernen, Methodenvielfalt und Individualisierung des Lernangebotes entwickeln, aber effektiv lässt sich Unterrichtsentwicklung nur gemeinsam und in kooperativer Arbeit in den Jahrgangsgruppen, Fachteams und Fachkonferenzen voranbringen.

Dabei kann man idealtypisch folgende Ebenen der Kooperation unterscheiden, die alle wichtig für eine gemeinsame Unterrichtsentwicklung sind:

Ebene 1: Austausch und Information

Informationen über Klassen, einzelne Schüler, Inhalte und gemeinsame Zielsetzungen, Austausch von Erfahrungen, Austausch von Materialien, von Lernergebnissen und diagnostischen Verfahren, Verständigung über Fördermöglichkeiten.

Ebene 2: Arbeitsteilige Kooperation

Arbeitsaufgaben werden in Jahrgangs- oder Fachteams besprochen und verteilt, eine gemeinsame Zielsetzung und ein Zeitplan werden vereinbart, das Vorgehen wird gemeinsam geplant und verantwortet. Arbeitsergebnisse werden zentral (meist elektronisch) gesammelt und für alle zur Verfügung gestellt.

Ebene 3: Ko-Kooperation

Kollegiale Zusammenarbeit bei der Ausarbeitung von fachlichen Curricula, einzelnen Unterrichtsvorhaben oder der Zusammenstellung von Fördermaterialien, gegenseitige Hospitationen im Unterricht, Teamteaching, Ausarbeitung von gemeinsamen Projekten, von Arbeitsschwerpunkten und von Materialien zur Einübung bestimmter Lernmethoden oder Lernarrangements (vgl. Gräsel et al. 2006).

Was bedeutet es praktisch, fachlichen Unterricht kompetenzorientiert und lernförderlich zu gestalten?

Der Kompetenzorientierung im Fachunterricht der Schulen liegt der Kompetenzbegriff nach Franz Weinert zugrunde: Unter Kompetenzen versteht man nach Weinert »die bei Individuen verfügbare oder durch sie erlernbaren kognitiven Fähigkeiten und Fertigkeiten, um bestimmte Probleme zu lösen, sowie die damit verbundenen motivationalen, volitionalen und sozialen Bereitschaften und Fähigkeiten, um die Problemlösungen in variablen Situationen erfolgreich und verantwortungsvoll nutzen zu können.« (Weinert 2005, S. 41) Kompetenzen sind also – mit anderen Worten – die funktionalen Verbindungen von Wissen, Verstehen, Können und Wollen der lernenden Individuen.

Wissen ist die Basis jeder Kompetenz, aber Wissen alleine ist nicht ausreichend zum Kompetenzerwerb. Kompetenzen entwickeln sich durch systematischen Wissensaufbau, durch intelligente Vernetzung von Lernsituationen und durch variierende Einbettung und Anwendung von Wissen in immer neuen Kontexten. Isoliertes Wissen ist träges Wissen, das in Anwendungssituationen im Lernprozess nicht zu Verfügung steht (vgl. dazu auch Klieme 2004, S. 11ff.).

Kompetenzorientiert und individualisiert – also für den einzelnen Lerner förderlich – zu unterrichten, bedeutet, dass zu einem Thema und Kompetenzschwerpunkt nicht nur ein Lernangebot gemacht wird, sondern Lernsituationen so gestaltet werden, dass arbeitsteilig an verschiedenen Themenaspekten gearbeitet werden kann, oder dass alle am gleichen Thema, aber mit unterschiedlich schwierigen Textmaterialien bzw. unterschiedlichen Aufgabenstellungen arbeiten. Dabei bleibt die soziale Interaktion in der Lerngruppe erhalten. Je nach Aufgabenstellung können die Lernenden alleine, in Lerntandems oder in heterogenen, in Einzelfällen auch homogenen Arbeitsgruppen arbeiten. Es bedeutet auch Lernsituationen so zu gestalten, dass Wissen und methodische Fähigkeiten in unterschiedlichen Kontexten eingeübt und angewendet werden.

Wer kompetenzorientiert unterrichtet fragt,

- wie Lernende sachkundig, handlungsfähig und reflexionsfähig werden können?
- welche Methoden den Lernenden helfen können, die Standards zu erreichen?
- wie lernförderliche Lernarrangements und Anforderungen aussehen sollen?
- wie Lernsituationen gestaltet sein sollten, um über die aktuelle Situation hinaus zu übergreifenden und nachhaltigen Lernzielen und Kompetenzerwerb zu führen?

Zur Beantwortung dieser Fragen und zur nachhaltigen Unterrichtsentwicklung sind immer mehrere Faktoren zu berücksichtigen, wenn man einerseits die Förderung der individuellen Lerner und anderseits den Erwerb der vorgegebenen fachlichen und sozialen Kompetenzen erreichen will:

- Transparenz und gute Strukturierung des Unterrichtsprozesses
- Diagnose als lernbegleitender Prozess mit Selbst- und Fremdevaluation durch die Lernenden
- Ein differenziertes Curriculum
- Formen des selbst organisierten Lernens, dazu gehören kooperatives Lernen, WELL-Methoden, Projektarbeit, Portfolioarbeit
- Eine veränderte Aufgabenkultur

Transparenz und gute Strukturierung des Unterrichts

Zu Beginn der Unterrichtsreihe werden die Lernenden über die Anforderungen, die angestrebten Kompetenzen und über die Form und Schwierigkeit der geplanten Lernerfolgskontrollen informiert.

Der zeitliche Umfang und die einzelnen Lernschritte können mit den Schülern gemeinsam besprochen werden. Ebenso kann ein Austausch über methodische Verfahren, z. B. Portfolioarbeit, Stationenlernen in bestimmten Unterrichtsabschnitten, Gruppenarbeiten oder Referate, Präsentationen und eigenständige Leistungen besprochen werden. Auf diesem Wege können die Lernenden selbst entscheiden, wann und wo sie sich aktiv in den Unterrichtsprozess einbringen wollen und welche eigenständigen Sonderleistungen sie für die ganze Klasse verantworten wollen.

Für die Gestaltung einzelner Unterrichtsphasen hat sich nach Diethelm Wahl besonders eine Unterrichtsstruktur als lernförderlich erwiesen: ein regelmäßiger Wechsel von Instruktion und Konstruktion. Wahl nennt diese Struktur »Sandwichprinzip«. Der Begriff Sandwichprinzip bezeichnet einen Lernprozess, in dem auf Instruktionsphasen im Plenum immer individuelle, aktivierende Arbeitsphasen folgen, in denen die Schüler die neuen Themen und Inhalte selbstständig in Einzel-, Gruppen- oder Partnerarbeit durcharbeiten müssen (vgl. Wahl 2006, S. 97–114, ders. 2010).

Klare Strukturierung und Transparenz in Bezug auf Lernziel und Organisation der Arbeitsphasen können solche auf individuelle wie kooperative Lernprogression ausgerichtete Lernprozesse günstig unterstützen. Diethelm Wahl plädiert deshalb für die Gestaltung solcher »Lernumgebungen« und Lernarrangements, die einen nachhaltigen Transfer von Wissen in Handeln unterstützen wollen (vgl. Wahl 2006, S. 97). Wahl beschreibt die Sandwichstruktur auch als einen »systematische(n) Wechsel von Vermittlungs- und Transferphasen. Zwischen die Phasen der Vermittlung von Expertenwissen [...] werden Phasen der subjektiven Aneignung bzw. Phasen der Auseinandersetzung, Analyse und Bewertung geschoben.« (Wahl 2006, S. 95ff.) Das heißt, Phasen kollektiven Lernens wechseln sich systematisch mit zeitlich ausgedehnten Phasen individueller Auseinandersetzung ab. Diese können wahlweise in Einzel-, Partnerarbeit oder in Kleingruppen organisiert sein.

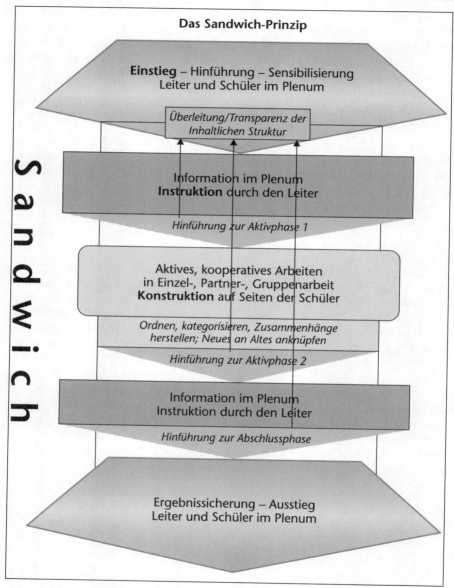

Sandwich Prinzip nach Wahl, graphisch gestaltet von Birgitt Aldermann und Dagmar Honke

Diagnose als lernbegleitender Prozess mit Formen der Schüler-Selbsteinschätzung

Zur Planung und Gestaltung von lernförderlichen Unterrichtssituationen gehört neben der Orientierung an den geforderten Standards und Kompetenzen auch die Diagnose von Lernständen und Lernentwicklungen der einzelnen Schüler. In vielen Schulen werden in den Kernfächern Deutsch, Mathematik und Fremdsprachen an bestimmten Naht- und Übergangsstellen der Schullaufbahn, im 4., 5., 8. und 10. Schuljahr Lernstände zentral überprüft. Zahlreiche Schulen setzen auch in diesen Jahrgangsstufen normierte Tests zu Diagnose der sprachlichen oder mathematischen Kompetenzen ein. Diese punktuellen Diagnosen sind für das System Schule wichtig und ermöglichen Vergleichbarkeit und Standortbestimmung, sie reichen aber für eine praktische innerschulische Unterrichtsentwicklung nicht aus.

Diagnose als lernbegleitender Prozess meint, dass die Beobachtungen der Lehrkräfte in der Lerngruppe gebündelt, ausgetauscht und zur weiteren Planung von Unterricht fruchtbar gemacht werden sollten. Dazu sind Unterrichtsbeobachtungen, regelmäßige Lernerfolgskontrollen im Unterricht, aber auch die regelmäßige Selbsteinschätzung durch die Lernenden und die gemeinsame Reflexion des Unterrichtsprozesses innerhalb des Unterrichts und auf der Ebene der Lehrkräfte nötig. Zugleich sollte ein Bewusstsein dafür ausgebildet werden, dass solche Diagnosen immer von vorläufiger Natur sind, sie müssen daher auch regelmäßig wiederholt und korrigiert werden:

- Regelmäßige Selbsteinschätzungen der Lerner
- Regelmäßige Überprüfung der Lernstände durch die Lehrkraft
- Halbjährliche pädagogische Konferenzen zum Austausch über die Lernentwicklung der Schüler
- Regelmäßiges Einholen von Information zum Verhalten außerhalb des Unterrichts durch Gespräche mit Eltern, Schülern, Beratungslehrern, Schulpsychologen etc.
- Entwicklung von lernförderlichen Arrangements und Umsetzung individueller Förderpläne und Unterstützungsangebote
- Regelmäßige Evaluation der Fördermaßnahmen

Die lernbegleitende Diagnose hat sozusagen immer zwei Blickrichtungen: Einerseits beachtet sie den individuellen Lerner mit seinen Möglichkeiten und Fähigkeiten, andererseits beachtet sie die Kompetenzanforderungen und die Möglichkeiten, wie Lernwege dahin möglichst optimal gestaltet werden können.

Dabei ist es, wie die Lernforschung gezeigt hat, nicht hilfreich immer nur den Blick auf die Defizite und Schwächen zu lenken, sondern gemeinsam festzustellen, wo die Stärken des Einzelnen liegen und anknüpfend daran, Lernangebote und Fördermöglichkeiten zu gestalten. Der Austausch der Fachlehrer ist dazu unverzichtbar, da jeder zunächst nur den einzelnen Schüler aus einer fachlichen Perspektive kennt, zur Förderung der Person und für ein individuell angemessenes Lernangebot aber auch die anderen fachlichen Perspektiven und dort vorhandene Kompetenzen kennen muss.

Hilfreich für alle Lehrkräfte sind dabei ganz besonders die Selbsteinschätzungen der Lernenden.

Hauptziel der Selbsteinschätzung ist es, dass die Lernenden ihren eigenen Lernzuwachs diagnostizieren, und sich selbst sachbezogen in Hinsicht auf die Anforderungen einschätzen und die eigenen Fähigkeiten reflektieren können. Leitfragen können dabei sein:

- Inwieweit ist es mir gelungen, das zu lernen, was ich mir vorgenommen habe?
- Wie sicher beherrsche ich das neu erworbene Wissen?
- Wo habe ich Stärken und Schwächen?
- Was kann ich tun, um weiter zu lernen und mich zu verbessern?

Diese Selbstreflexion und Selbsteinschätzung bedarf natürlich anfangs der Begleitung und Einübung. Grundlagen sind eine differenzierte und kategoriengeleitete Selbstwahrnehmung, klare Zielvereinbarungen und Transparenz der Anforderungen. Voraussetzung für eine realistische Selbsteinschätzung ist auch eine Lernumgebung, die eine offene Kommunikation und Wertschätzung ermöglicht, in der Fehler gemacht werden dürfen, ohne Anlass zu Abwertungen und Beschämungen zu geben. Auf der Lehrerseite ist eine positive Leistungserwartung förderlich, hilfreich können auch Lernvereinbarungen und Lernverträge sein (vgl. Lernende Schule Heft 29/2005).

PISA Erfahrungen vor allem aus den skandinavischen Ländern haben gezeigt, dass sich Schülerselbsteinschätzungen insgesamt auch bei den schwachen Schülern positiv auswirken auf Lerneifer und Lernerfolg, auf lernwirksame Handlungskompetenz, Selbstständigkeit und Selbstwertgefühl.

Der individualisierte Unterricht erfordert insgesamt eine verbesserte Feedback-Kultur im schulischen Leben. Die Klassenarbeiten und Lernerfolgskontrollen mit Ziffernnoten und kriterienbestimmten Erwartungsbögen machen dem Lernenden seinen Stand in Hinsicht auf die Anforderungen und innerhalb der Lerngruppe deutlich. Sie enthalten jedoch in der Regel keine Aussagen über den individuellen Lernzuwachs. Schüler die bei Leistungsüberprüfungen nicht gut abschneiden und eher zu den Leistungsschwächeren gehören, sind dann oftmals demotiviert und erkennen nicht, in welchen Bereichen sie sich persönlich trotz einer befriedigenden oder ausreichenden Note verbessert haben. Ihnen kann eine regelmäßige individuelle Rückmeldung helfen, sich und ihre Anstrengungen positiv wahrzunehmen und sich selbst zum Weiterlernen zu motivieren.

Hilfreich ist es, auch die Eltern in diesen Feedback-Prozess einzubeziehen und auch ihnen in einem halbjährlichen Eltern-Schüler-Lehrergespräch eine Rückmeldung zum jeweiligen Lernstand und zu der individuellen Lernentwicklung ihres Kindes zu geben. Auf diese Weise können sie in die Verantwortung für den Lernprozess mit eingebunden werden.

Weiterführend kann mit dem Schüler und seinen Eltern gemeinsam ein Lernentwicklungsplan aufgestellt werden, in dem der Lernenden selbst formuliert, in welchem Lernbereich er sich verbessern will, seine Ziele benennt und Reflexionen über seinen Lernweg anstellt. Solche Vorsatzbildungen sind nach den Erkenntnissen der Lernforschung hilfreich, effektiv und lernförderlich. (Beispiel für einen individuellen Lernentwicklungsplan siehe Arbeitshilfe 1).

Die Selbsteinschätzung des Schülers innerhalb und am Ende eines Unterrichtsvorhabens soll kompetenzorientiert und zugleich ich-bezogen gestaltet sein, sodass er erkennen kann, wo er im Bezug auf die Anforderungen steht.

(Beispiel eines kompetenzorientierter Selbsteinschätzungsbogen zur Lesefähigkeit nach einem Lesetraining im Deutschunterricht der Klasse 5 siehe Arbeitshilfe 2).

Differenziertes Curriculum

Die fachlichen Anforderungen ergeben sich aus den Bildungsstandards und sind in den Kompetenzen der Kernlehrpläne festgeschrieben.

Die deutschen Bildungsstandards sind Regelstandards, keine Mindeststandards. Sie formulieren ein Leistungsniveau für bestimmte Schulabschlüsse, indem die Anforderungen in der Regel gut erfüllt sind. Die große Heterogenität in den Lerngruppen, vor allem in Schulen, in denen mehrerer Schulabschlüsse vergeben werden, stellt die Lehrkräfte oftmals vor die Frage, welches die Mindestkompetenzen sind, die auch leistungsschwache Lerner auf alle Fälle in Bezug auf ihren geplanten Schulabschluss erreichen sollen.

Für eine differenzierte Unterrichtsplanung und zur Gestaltung von individualisierten Lernangeboten ist die Beantwortung dieser Frage von hoher Relevanz. Nur wenn in Schulen intern entsprechende Beschlüsse und fachliche Vereinbarungen zu den Mindestanforderungen und Basiskompetenzen getroffen werden, können in den einzelnen Fach- und Jahrgangsteams verlässlich differenzierte Aufgaben und Lernumgebungen geplant und durchgeführt werden. Schulintern müssen die jeweiligen Fachteams und Fachkonferenzen die Kompetenzen des Kernlehrplans konkretisieren und definieren, welche konkreten Anforderungen und Fähigkeiten im Basiskompetenzbereich liegen, und welche darüber hinausgehend vertiefte oder erweiterte Kompetenzen darstellen. Dabei geht es nicht in erster Linie um fachwissenschaftliche gesicherte Unterscheidungen, sondern um

Handlungsorientierung für die Planung von differenzierten Lernaufgaben und die Möglichkeiten differenzierter Lernerfolgskontrollen.

In die Erstellung eines schulinternen, differenzierten Curriculums fließen nicht nur fachliche Kriterien, sondern auch Faktoren aus dem Schulprogramm, das Leistungskonzept, Aspekte der Fachleistungsdifferenzierung und der Blick auf die konkrete Schülerschaft mit ein.

In Schulen, die mehrere Bildungsabschlüsse vergeben, kann so auch gewährleistet werden, dass die Leistungsüberprüfung differenziert gestaltet und unterschiedliche Erwartungshorizonte zur Bewertung herangezogen werden können. Die gleichartige Überprüfung und Bewertung anhand der Regelstandards mit undifferenzierten Aufgabenstellungen und Erwartungshorizonten führt in dem von Ziffernnoten bestimmten Bewertungssystem oft zu systembedingten Benachteiligungen schwächerer Schüler. In einer heterogenen Lerngruppe mit unterschiedlichen Bildungszielen ist es keineswegs gerecht, wenn alle das gleiche leisten müssen und nach dem mittleren Kompetenzniveau bewertet werden. Ein konkretes, differenziertes, fachliches Curriculum schafft schulinterne Transparenz über die unterschiedlichen Anforderungen und Bewertungsniveaus, es erleichtert auch die Kommunikation zwischen Schülern, Eltern und Lehrern. Es gibt klare Orientierungen für die Individualisierung des Lernangebotes und der Leistungsmessung, daher ist es ein wesentlicher Faktor bei der praktischen Unterrichtsentwicklung. (Beispiel eines Kompetenzrasters aus einem differenzierten Curriculum im Fach Deutsch siehe Arbeitshilfe 3).

Formen des selbstorganisierten und kooperativen Lernens

Zu Recht hat Edith Rüdell unlängst darauf hingewiesen, dass die Mehrzahl »der pädagogischen Konsequenzen, die aus den neurowissenschaftlichen Erkenntnissen [...] zum Thema Lernen abgeleitet werden können [...] ja keineswegs grundsätzlich neu (sind). [...] Allerdings bieten die forschungsbasierten neuronalen Daten nun den Vorteil, bestimmte pädagogische Vorstellungen durch naturwissenschaftlich überprüfbare Fakten untermauert zu wissen.« (Rüdell 2010, S. 57) Beispielhaft sei hier auf drei neurowissenschaftliche Ergebnisse genauer eingegangen. Wir wissen heute, dass

- »Informationsverarbeitung [...] grundsätzlich ein aktiv-konstruktiver Prozess (ist) bei dem Vorwissen und bisherige emotionale und soziale Erfahrungen – häufig unbewusst – eine Rolle spielen. [...]
- neuronale Wissensnetze [...] durch explizite oder implizite Speicherung von Informationen im Langzeitgedächtnis (entstehen). Neue Informationen werden mit bereits gespeicherten verglichen und dort »angedockt«, oder bestehende Netze strukturieren sich durch Neulernen um. Wir speichern nicht nur Wissen, sondern auch immer Lernkontexte, motorische und emotionale

Erfahrungen. Unsere neuronalen Netze sind daher individuell so unterschiedlich wie unser Fingerabdruck. [...]
- Kompetenzerwerb [...] dadurch erleichtert (wird), dass Ziele, Inhalte und Methoden für die Lernenden mittelbar oder unmittelbar relevant, interessant und lohnend sind.« (Rüdell 2010, S. 57)

Dies bedeutet für die Planung und Gestaltung von schulischen Lernprozessen, dass diese vor allem

- vom Schüler aus gedacht werden müssen,
- auf aktive und individuelle Verarbeitung hin angelegt sein sollten,
- strukturierte und zielorientierte Prozesse sein müssten, die bewusst an das bereichsspezifische Vorwissen der Lerner anschließen und
- die unterschiedliche Lerntempi wie Lernstrategien berücksichtigen sollten.

Jüngste Studien legen zudem nahe, dass es mehrere Faktoren sind, die eine günstige Gestaltung von Lernumgebungen im Unterricht ausmachen (u. a. Aktivierung von Vorwissen, Lernklima, curriculare Materialien und Programme, evaluative Vorgehensweisen sowie eine klare Strukturierung des Unterrichts).

In Bezug auf die soziale Interaktion, die für das Lernen eine zentrale Rolle spielt, haben sich Regelklarheit, kontinuierliche Klassenführung sowie schüleraktivierende Lernstrategien als besonders günstige Verfahren herausgestellt. Zu diesen aktivierenden Lernstrategien zählen neben problemlösendem und kooperativem Lernen auch metakognitive Strategien, mit denen Schüler z. B. lernen ihre eigene Lernsituation zu reflektieren und zu verbalisieren, sodass sie ihren individuellen Lernfortschritt einschätzen und ihren Lernstand in Hinsicht auf bestimmte Anforderungen und Standards zunehmend realistisch bewerten können.

Mehrere Wissenschaften haben mittlerweile herausgestellt, dass bereichsspezifisches Vorwissen die wichtigste Voraussetzung für schulischen Lernerfolg ist. Die Konsequenz für die Lernprozessgestaltung ist, dass die Vorkenntnisse der Schüler vor Beginn einer Unterrichtseinheit bzw. – sequenz durch systematische Vorwissensaktivierung erhoben werden sollten, durch das Sammeln und Systematisieren von Vorwissen, z. B. in Form von »Mindmapping«, »Sortieraufgabe« oder »Strukturlegetechnik« als Formen kognitiver Landkarten wie auch durch den Einsatz gruppenbezogener Verfahren wie »Ampelmethode« oder »Vorwissensspirale« (vgl. Wahl 2006, S. 278ff.).

Um die Einzigartigkeit der Lerner bewusst zu integrieren, eignen sich häufig bereits kurze Einschübe in Form von sogenannten »Vergewisserungsphasen«, »ein kurzer Zeitraum, in dem die Teilnehmenden alleine oder paarweise über eine wichtige Frage nachdenken.« (Wahl 2010, S. 40)

Die Verschiedenartigkeit der Lernenden und ihre unterschiedlichen Lerngeschwindigkeiten verlangen zudem nach individualisierten Lernwegen. So können sich die Lerntempi von Schülern bis zum Faktor 18 unterscheiden, je nach vorhandenen Kompetenzen und Wissensbeständen, Lernmotivation und Lernstrategien. Die sich aus der Individualität der Lerner zwangsläufig ergebende Heterogenität verbietet, so auch Wahl, lange kollektive Lernphasen. Die Dominanz kollektiver Lernphasen, wie Vorträge, Präsentationen, Einführungen in ein Thema, sollte zugunsten von Phasen subjektiver, also am einzelnen Lerner orientierter, Aneignung und Auseinandersetzung zurückgenommen werden. (vgl. Wahl 2006; zu Vygotskys Modell Konrad 2008, S. 75) Viele Lehrkräfte erleben diese Heterogenität von Lerngruppen täglich und erfahren diese zunehmend als belastend. In der alltäglichen Praxis scheint der notwendigen Individualisierung von Lernprozessen – deren Notwendigkeit die meisten Lehrkräfte nicht bestreiten würden – die Unmöglichkeit der Realisierung dieser Individualisierung entgegenzustehen. Zu sehr, so scheint es, bedarf es langer kollektiver Unterrichtsphasen, in denen der Lehrende der gesamten Gruppe Wissen zu »vermitteln« sucht.

Der Wechsel macht's – Methoden des Wechselseitigen Lehrens und Lernens (WELL)

Die Strukturierung der Unterrichtsprozesse nach dem Sandwichprinzip berücksichtigt die Unterschiedlichkeit in der Lerngeschwindigkeit und Lernintensität in heterogenen Gruppen, die eine so große Herausforderung in der täglichen Praxis darstellt.

In »eingeschobenen« aktiven Lernphasen, die methodisch so organisiert sind, dass eine individuelle Auseinandersetzung mit den Themen und Inhalten des Unterrichts erfolgt, kann individualisiert gelernt werden. Um diese Lernphasen zu strukturieren, eignen sich gerade Verfahren aus dem kooperativen Lernen wie sie Forschergruppen der Pädagogischen Hochschule Weingarten in Form des »Wechselseitigen Lehrens und Lernens« (WELL) bereitstellen (Wahl 2006, S. 154–176 und S. 275–314). Auch hierbei handelt es sich um Verfahren in denen Lernende kooperativ arbeiten, wobei die Wahl der Sozialformen (Einzelarbeit o. a.) durch die Lernaufgabe und das Lernziel bestimmt wird und keinem festen oder gar striktem Muster folgt.

Die jeweiligen WELL-Verfahren sind stets so organisiert, dass sich in einer ersten Phase (Expertenphase) beide Lernpartner jeweils zum »Experten« für ein überschaubares Teilgebiet einer Thematik machen. In einer zweiten Phase werden diese Informationen gegenseitig ausgetauscht (Austauschphase), um sodann in einer dritten Phase (Vertiefungsphase) den Lernprozess durch Strukturierungs-, Anwendungs- oder Trainingsphasen für alle Lerner zu vertiefen.

Dass dabei die Rollen ständig gewechselt werden, verleiht Verfahren wie Partnerinterview, Lerntempoduett, Gruppenpuzzle, Multi-Interview, strukturierte Kontroverse und Partnerpuzzle ihren Namen als »wechselseitige« Lernarrangements (WELL). (Siehe Arbeitshilfe 4) Um erworbenes Wissen aktiv zu strukturieren, häufig gerade auch zur Sicherung standardorientierter Lernziele, eignen sich besonders Vernetzungsverfahren in Form von sog. kognitiven Landkarten (Wahl 2006, S. 307). (Siehe Arbeitshilfe 5).

Die positive Wirkung von WELL hinsichtlich Lernleistung und Kompetenzerleben konnte auch in Untersuchungen gezeigt werden (vgl. Huber 2007; Hepting 2004). So legen wissenschaftliche Untersuchungen nahe, dass eingeschobene aktive Lernphasen folgende Wirkungen haben

- höhere Aufmerksamkeit
- positive Auswirkungen auf Kompetenzerleben und intrinsische Motivation
- höherer Kompetenzerwerb
- förderliches Lernklima
- eine größere Zufriedenheit während der Durchführung

Richtig ist, dass die Gestaltung von aktiven und individualisierten Lernphasen einen höheren Vorbereitungsaufwand der Lehrenden und eine kooperative Zusammenarbeit bei der Planung von Unterricht (vgl. Wahl 2006, S. 121, Huber 2007, Schmidt 2001) notwendig macht.

Richtig ist zudem, dass diese schülerorientierten Verfahren komplexe und organisationsgesteuerte Lernarrangements sind, in denen die Lehrkräfte ihre Informationspflicht und Steuerungsfunktion des Lernprozesses einbringen müssen. Um die Effektivität des Lernprozesses durch diese Lernarrangements zu gewährleisten, darf den Lehrenden gerade in einem individualisierten Unterricht nicht ausschließlich eine moderierende und beratende Funktion zukommen. Sie müssen bei der Ausarbeitung von Lernarrangements und bei der Planung der Arbeitsprozesse eine wichtige Steuerungsfunktion des Unterrichts wahrnehmen. Da die Lernarrangements so ausgearbeitet sein sollen, dass sie selbstständiges Arbeiten ermöglichen und zugleich den Erwerb bestimmter Kompetenzen verlässlich gewährleisten, liegt die Hauptverantwortung für einen ertragreichen Unterrichtsprozess in einer zielorientierten und durchdachten Planung.

Um die Effektivität und die Chancengerechtigkeit des Unterrichts zu erhöhen, sollte diese außerordentlich wichtige Planungsphase in kooperativer Arbeit der Fachteams und Fachkonferenzen gestaltet werden. Für die individualisierte Gestaltung von Lernumgebungen braucht man im Fachunterricht verlässliche Absprachen über schulinterne curriculare Anforderungen, über Aufgabenstellungen, über Bewertungskriterien und mögliche Förderstrategien und geeignete Lernmaterialien. Im Rahmen solcher gemeinschaftlich erstellten Bedingungen für die Gestaltung von Lernsituationen kann auch für die Schüler Transparenz über Ziele, Anforderungen und Bewertungen im Unterricht hergestellt werden, auch dann, wenn das Lernangebot nicht für alle Lernenden immer gleich ist.

Die Aufgabenstellung und -formulierung durch die Lehrenden nimmt dabei eine besonders zentrale Rolle ein.

Aufgabenorientierte Instruktionen der Lehrkraft sind lehrergesteuert und dienen idealiter der Lernwirksamkeit des Unterrichts; in diesem Sinne sind sie in einem hohen Maße schülerzentriert. Franz Weinert betont: »[...] Klarheit, Strukturiertheit und Adaptivität des Unterrichts sind die wichtigsten Merkmale einer lernwirksamen direkten Instruktion, die für jeden Lehrer eine enorme Herausforderung und Beanspruchung darstellt.« (Weinert 1999, S. 33f.)

Ziel muss es sein, den Anteil der aktiven Lernzeit der Schüler zu vergrößern. Dies entscheidet praktisch darüber, was, wie viel und wie gut der Einzelne lernt.

Ein an aktiver Lernzeit ausgerichteter Unterricht wird sinnvoller- und notwendigerweise besonders auf schüleraktivierende Methoden und Verfahren zugreifen. Dass sich die Nachhaltigkeit des Lernens allerdings nicht mit dem Einsatz »neuerer« Methoden und Verfahren von selbst einstellt, betont Helmke zu Recht, wenn er auf die von ihm identifizierten »Methoden-Mythen« hinweist:

- *Verwechslung von Quantität und Qualität: Der Einsatz »innovativer« Methoden (wie offener Unterricht, Projektunterricht, Stationenlernen u. a.) sei per se bereits guter Unterricht.*
- *Lehrerzentrierter Unterricht führe notwendig zu passivem, rezeptivem Lernen.*
- *Von offenem Unterricht (CH: »erweiterte Lernformen«) profitieren die Schwächeren.*
- *Je mehr unterschiedliche Methoden im Unterricht eingesetzt werden, desto besser.*

(vgl. Helmke 2005, hier nach Köster 2005, Folie 3)

Wesentlich ist ein ziel- und lernsituationsbegründeter Einsatz schüleraktivierender wie kooperativer Verfahren, wobei das gedankliche Ausspielen von Gegenstands- bzw. Inhaltsorientierung versus Methodenwahl wenig ertragreich ist. Es geht um eine sinnvolle Verknüpfung beider Aspekte.

Gerade jedoch für Konzepte, die nachhaltiges Lernen effektiv fördern, brauchen Lehrende fundiertes Wissen über geeignete Vermittlungswege und Aufgabenstellungen, die schülerzentriert wie sachgerecht zugleich sind und die Schülern eine zunehmend selbstständige Auseinandersetzung mit Inhalten und Methoden ermöglichen. Differenzierung und Individualisierung der Lernangebote bedürfen auch insofern verstärkter des fachlichen Austauschs und der Zusammenarbeit der Lehrkräfte (vgl. Schmidt 2001 und Wahl 2006, S. 248–264).

So kann dem mit den eingeschobenen aktiven Lernphasen verbundenen höheren Vorbereitungsaufwand von Lehrkräften (vgl. Haas 1998) gerade durch systematische Zusammenarbeit zur Lernprozessgestaltung begegnet werden, was mittelfristig die signifikante Steigerung einer höheren Arbeitszufriedenheit aller Beteiligten wahrscheinlich macht.

Eine veränderte Aufgabenkultur

Wer über veränderte Lernkultur und Kompetenzorientierung spricht, muss auch über die Entwicklung einer neuen Aufgabenkultur sprechen, denn Schüler brauchen geeignete Aufgaben, gerade auch um Kompetenzen zu erwerben.

Wie unterscheiden sich Aufgaben und woran orientiert sich deren Eignung?

Eine etablierte und sinnvolle Form der Unterscheidung ist es, Aufgaben zum Lernen und Aufgaben zum Leisten voneinander abzugrenzen (vgl. Weinert 1999). Wenig an Aktualität verloren hat in diesem Zusammenhang die Feststellung des Lernforschers Franz Weinert:»In den Schulen werden LERNEN und LEISTEN permanent miteinander vermischt. Leisten und Lernen unterliegen aber völlig unterschiedlichen psychologischen Gesetzmäßigkeiten. Lehrer müssen lernen, die Lern- und Leistungssituationen im Bewusstsein der Schüler so zu trennen, dass in der Klasse sowohl eine produktive Lernkultur als auch eine effiziente Leistungsatmosphäre entsteht. In Leistungssituationen demonstriert der Schüler, was er kann – er vermeidet Fehler, weil er subjektiv Erfolge erleben will, ohne Misserfolge immer vermeiden zu können. In Lernsituationen wird in entspannter Weise Neues erfahren – aus Fehlern lernt man – Mitschüler werden zu Partnern.« (Weinert 1996: 10 Thesen zum Vortrag»Ansprüche an das Lernen in heutiger Zeit«, These 4:»Der Unterricht sei zu leistungsbezogen und zu wenig lernorientiert«)

Für die Entwicklung von Aufgaben bedeutet dies, dass Lehrkräfte berücksichtigen, dass sich Lern- und Leistungsaufgaben gerade hinsichtlich ihrer Zielsetzung, aber auch in Bezug auf die Kontexte, in denen sie bearbeitet werden, deutlich unterscheiden. (Köster 2008, S. 9)

In Anlehnung an die Arbeiten von Juliane Köster können folgende Merkmale der Lern- und Leistungsaufgaben unterschieden werden (vgl. Köster 2003 und 2008):

Merkmale von Leistungs- und Lernaufgaben

Leistungsaufgaben	Lernaufgaben
…sind bestimmt durch die Abfolge der Anforderungsniveaus: wiedergeben, verknüpfen, bewerten.	…sind durch den je spezifischen Kontext einer Unterrichtseinheit bestimmt.
…sind auf Nachweis, dass man über Erarbeitetes verfügt, gerichtet.	…sind auf die Erarbeitung eines Sachbereichs oder Problemzusammenhangs gerichtet und ermöglichen Progression von Komplexität.
…verlangen von den Prüflingen die Lösung komplexer Aufgaben.	…bieten unterschiedlich gestufte Unterstützungsangebote (Hilfen).
…erfordern zur angemessenen Lösung der Kombination verschiedener (teilweise recht vieler) Teilkompetenzen.	…fokussieren einzelne Teilkompetenzen.
…überprüfen den Lernerfolg nach größeren Unterrichtseinheiten.	…schaffen die Voraussetzung zur Bewältigung von Leistungsaufgaben.
…bilden (oft) den Abschluss einer Unterrichtsreihe.	…ermöglichen Vernetzung und sind auf Weiterverarbeitung in kommunikativen Kontexten und Anschlussaufgaben, die sich aus der Debatte unterschiedlicher Erträge gewinnen lassen, angelegt.
…müssen in Einzelarbeit erledigt werden.	…können gemeinsam und mit Unterstützung der Lehrperson bearbeitet werden.
…implizieren die selbstständige verknüpfende Weiterverarbeitung und sind mit organisierenden und synthetisierenden Schreibleistungen verknüpft.	…implizieren starke Steuerungsfunktion der Lehrperson bei der Weiterverarbeitung der erhobenen Befunde und fordern nur gelegentlich partiale Schreibleistungen.
…sind im Gesamten komplex, eher abstrakt und mit einem umfassenden Schreibauftrag verbunden.	…sind im Gesamten eher komplexitätsreduziert und häufig problemorientiert, eher konkret und auf Anschlusskommunikation bezogen.

Die deutlichen Differenzen der beiden Situationstypen stellen für Schüler häufig eine Überforderung dar.

Folgt man der Fachdidaktikerin Juliane Köster mit Blick auf den Deutschunterricht, könnte dieser Überforderung z. B. durch die Reduzierung der Komplexität von Leistungsaufgaben begegnet werden. Köster hat diese Idee mit dem Prinzip der konzeptuellen Vorgaben – im Sinne von Orientierungsmarken in Aufgabenformulierungen – beispielhaft selbst weiterentwickelt und vorgeführt:

Für diese Art der Aufgabenkonstruktion gehe es folglich um »die intelligente Ausbalancierung von Offenheit und Komplexität«, denn »zu wenig Vorgaben bewirken Orientierungslosigkeit, zu hohe Komplexität der geistigen Tätigkeit führt bei vielen Lernern zum Abarbeiten von Algorithmen oder zur Resignation.« (Köster 2004b, vgl. auch Köster 2008, S. 7f.) Ergänzend hierzu müssten hingegen die Lernaufgaben differenziert sein und in ihrer Komplexität ansteigen sowie vermehrt den Zuwachs an Problemlösekompetenz verfolgen. Erstrebenswert wäre also die eigenständige Erarbeitung einer komplexen Problemstellung, verbunden mit einer erhöhten Aktivität der Lerner (vgl. Köster 2003, S. 9, Baumert 2002, S. 111).

Lehrkräfte sollten deshalb Aufgabenarten sinnvoll unterscheiden. Wichtig wäre zudem, geeignete Lernaufgaben z. B. in Lehrbüchern und Handreichungen zu identifizieren und hinsichtlich ihrer Eignung bewerten zu können und besonders die schwierigkeitsbestimmenden Merkmale von Aufgaben und Texten zu antizipieren.

Was macht eine Aufgabe und einen Text schwierig?

Die Bildungsstandards weisen u. a. die Komplexität von Texten und Aufgaben als Bereiche aus, die den Schwierigkeitsgrad von Aufgaben bestimmen. Diese Einschätzung ist jedoch eine für sich komplexe Anforderung (vgl. Köster 2005, S. 34). Die Frage, was eine Aufgabe schwierig macht, ist häufig mit der Frage verbunden, was den mit dieser Aufgabe verknüpften Text schwierig macht. Diese Frage stellt sich fachübergreifend, arbeiten Schüler doch in zahlreichen Fächern mit Texten.

Grundsätzlich lassen sich daten- bzw. textbasierte Aspekte von eher wissens- bzw. leserbasierten Aspekten als Textmerkmale voneinander abgrenzen: »Texte können erstens schwierig sein aufgrund ihrer expliziten Merkmale und zweitens aufgrund dessen, was sie voraussetzen – also nicht ausdrücklich bieten. Damit ist die Verstehbarkeit an das Vorwissen der jeweiligen Leser gebunden. [...] Die Lehrperson muss klären, was der Text als bekannt voraussetzt und was ggf. als Information bereit gestellt werden muss.« (Köster 2005, S. 34f.) Die Textschwierigkeit hängt leserseitig deutlich vom individuellen Vorwissen und sicher auch vom Leserinteresse ab: »Je voraussetzungsreicher ein Text, desto höhere Anforderungen werden an das Vorwissen der Leser gestellt.« (Köster 2005, S. 35)

Zudem bestimmt sich die Textschwierigkeit mit hoher Wahrscheinlichkeit durch Aspekte wie Lesbarkeit (vgl. Bamberger/Vanecek 1984), Konzeptstruktur (bei Sachtexten) oder Differenz zwischen Oberflächen- und Tiefenstruktur (bei literarischen Texten) (vgl. Köster 2004). Hiermit sind wesentliche Teilbereiche jener diagnostischen Kompetenz benannt, über die derjenige, der einen Text im Unterricht einsetzt und damit die Entscheidung, was an diesem Text gelernt werden soll, trifft, verfügen sollte.

Aufschlüsselung von Merkmalen, die einen Text mehr oder wenig schwierig werden lassen

Schwierigkeitsbestimmende Merkmale von Texten			
Textmerkmale		Voraussetzungen von Texten	
Komplexität	Ästhetische Evidenz	Weltwissen	Intertextuelles Wissen
• auf der Ebene des Geschehens/der Handlung/des Plots • auf der Ebene der ästhetischen Inszenierung (Perspektivenvielfalt; Informationsregulation) • auf der Ebene der Syntax • auf der Ebene der vom Leser zu ziehenden Schlussfolgerungen/zu leistenden Verknüpfungen	• Merkmale, die das intuitive Erfassen von Texten regulieren (z. B. Anschaulichkeit)	• z. B. historisches Wissen, soziales Beziehungswissen	• z. B. textsortenspezifisches Wissen, Wissen über literarische Vorläufer und Bezugstexte

Köster 2005, S. 34, Abb. 2 hier mit Verweis auf Groeben; Hurrelmann 2002 und Grzesik 1998, S. 80

Gerade Lernaufgaben stellen Verknüpfung zwischen text- und leserbasierten Aspekten her, idealiter leisten sie die je spezifische Verknüpfung zwischen Textdaten und individuellen Wissensbeständen des einzelnen Schülers. Dies bedeutet, dass gute Lernaufgaben differenzierte Lernaufgaben sein sollten, weil am individuellen Lerner ausgerichtet. Durch die Differenzierung des Lernangebotes soll eine bessere Passung zwischen den individuellen Fähigkeiten in der heterogenen Lerngruppe und den standardorientierten Anforderungen erreicht werden, sodass der einzelne Lernende gemäß seinem Leistungsvermögen Wahlmöglichkeiten hat und Arbeitsmöglichkeiten findet, die zu seinem Vorwissen und seinen Kompetenzen passen.

Dies bedeutet auch, dass gute Lernaufgaben einen lohnenden Gegenstand zum Textverstehen fokussieren sollten, denn »kompetenzorientierter Unterricht schließt die Würdigung der fachlichen Inhalte und des literarischen Gegenstands ein. Er zielt auf den Aufbau gut strukturierten und gut vernetzten Wissens, das in fachlich einschlägigen Anforderungssituationen zu deren Bewältigung genutzt werden kann – und genutzt werden soll. Denn die Übertragbarkeit des Gelernten in andere Zusammenhänge ist zentrales Merkmal kompetenzorientierten Deutschunterrichts.« (Köster 2011)

Auch neurowissenschaftliche sowie lernpsychologische Ergebnisse legen nahe, dass es für den Kompetenzerwerb des Unterrichts einer deutlichen Gegenstandsorientierung bedarf, mit Blick auf interessante, lohnende und relevante Gegenstände. Zur Erschließung dieser Unterrichtsgegenstände bedarf es geeigneter

Aufgaben und Aufgabeneinbettungen in diese Lernarrangements. Nicht zuletzt aus emotionaler Sicht unterstützen Interesse und Begeisterung für den Gegenstand nachhaltiges Lernen (vgl. Helmke 2006), das gilt für Lerner wie Lehrende.

Dass dieser Anspruch, gerade bei »curricularem Trockenbrot« (Heymann) und mit Blick auf vorgeschriebene Lehrplaninhalte sowie zentrale Prüfungen, eine tägliche Herausforderung für Lehrende wie Lernende in der schulischen Praxis darstellt, liegt auf der Hand. Gleichzeitig eröffnet Unterrichtsentwicklung dieser Art die Chance auf Verknüpfung von individueller Förderung und Kompetenzorientierung.

Diese erfordert mehr fachlichen Austausch und Kooperation der Lehrenden, wenn die Entwicklung effektiv und nachhaltig verlaufen soll.

Arbeitshilfe 1

Individueller Entwicklungsplan

Name: Klasse: Datum: EVA:

Lernbereich	Meine gegenwärtige Situation	Meine Ziele (Was will ich erreichen?)	Der Weg (Wie kann ich meine Ziele erreichen?)	Die Überprüfung (Habe ich meine Ziele erreicht? Welche? Wenn nein, warum nicht?)

Unterschrift: _____   _____   _____

Folgende Aspekte kennzeichnen den individuellen Förderplan:

- Wesentliches Ziel ist, dass die Schüler lernen, sich selbst individuelle und realistische Ziele zu setzen und ihre Zielerreichung regelmäßig überprüfen. Der Entwicklungsplan ist Grundlage der halbjährlichen Evaluation.
- Weiteres Ziel ist die Verbesserung der Selbsteinschätzung der eigenen (einschl. sozialer!) Leistungen durch die Schüler.
- Der individuelle Förderplan dient als Grundlage für Gespräche zwischen Schülern und Klassenlehrern, aber auch von Klassenlehrern und Eltern.
- Der Förderplan wird halbjährlich erstellt.
- Die Schüler erarbeiten ihn selbst, besprechen ihn mit dem Klassenlehrer. Auch die Eltern erhalten ein Exemplar und unterschreiben die Kenntnisnahme und ihre Verpflichtung zur Mitarbeit.

vgl. Materialien aus dem EU-Mail Projekt. Weiterbildung für Schulen, Materialien von Forum Eltern und Schule

Arbeitshilfe 2

Name: Datum:

Meine Lesefähigkeiten	Kann ich schon gut	Kann ich zum Teil	Muss ich noch üben
Ich kann lesen ohne den Kopf zu bewegen.			
Ich kann Wörter erkennen, auch wenn Teile fehlen.			
Ich kann unvollständige Sätze sinnvoll vervollständigen.			
Ich finde in einem Lexikon mein Suchwort.			
Ich finde Informationen zu einem Thema anhand von Schlüsselwörtern.			
Ich kann mich gut auf die Bedeutung von Wörtern konzentrieren.			
Ich kann meinen Text so lange konzentriert lesen, bis ich mein Suchwort gefunden habe.			
Ich kann sinnvoll Ideen und Aussagen aufschreiben zu der Frage, wovon ein Text handelt.			
Ich kann Überschriften zu Textabschnitten aufschreiben und ich kann Textabschnitte zusammenfassen.			
Ich kann wichtige Wörter in einem Text erkennen und diese markieren.			

Selbsteinschätzungsbogen zum Lesetraining Klasse 5 (vgl. Christina May 2008)

Arbeitshilfe 3 Beispiel für ein differenziertes Curriculum im Fach Deutsch

Thema: Sachtexte rund ums Wattenmeer – Argumentieren Umfang: ca. 15 Stunden

	Sprechen und Zuhören	Schreiben	Umgang mit Texten und Medien	Reflexion über Sprache	Methoden	Klassenarbeit
Basis-kompetenz	• Arbeitsergebnisse anschaulich mediengestützt präsentieren • die eigene Meinung mündlich formulieren	• Textabschnitte in eigenen Worten zusammenfassen • Fragen zu einem Sachtext beantworten • zu einem Sachverhalt begründet Stellung nehmen • mit Formulierungshilfen (Schreibplan) einen argumentativen Text verfassen • Aussagen zu diskontinuierlichen Texten formulieren	• Mindmaps zu diskontinuierlichen Texten erstellen • Schlüsselwörter markieren • Überschriften für Sinnabschnitte formulieren • einfache diskontinuierliche Texte, Grafiken, Tabellen verstehen • Sachtexte mit eigenen Worten zusammenfassen	• zwischen argumentativen, appellativen und informierenden Sätzen unterscheiden können • begründende und appellative Formulierungen kennen und anwenden • Wortarten wiederholen (s. Jg. 5) mit Konjunktionen, Adverbien, Präpositionen • Anwendung von das/dass	• Fünf-Schritt-Lese-methode • Mindmap • Schreibplan erstellen • eigene Texte mit Hilfe von Checklisten überarbeiten	• Zu einem Sachtext eine begründete Stellungnahme verfassen • Typ 3
Vertiefte Kompetenz	• die eigene Meinung argumentativ vertreten	• Selbstständig einen argumentativen Text verfassen anhand eines eigenständig entwickelten Schreibplans	• zu einem Sachtext einen diskontinuierlichen Text erstellen			

Arbeitshilfe 3 Schulinternes Deutschcurriculum, Kompetenzraster der Jahrgangsstufe 6, der Friedrich Albert Lange Gesamtschule, Solingen *Schulinternes Deutschcurriculum der Friedrich Albert Lange Gesamtschule, Solingen*

Arbeitshilfe 4

Partnerinterview
Beispiel aus dem Deutschunterricht, Klasse 9, Getrennt- und Zusammenschreibung

Vorbereitung:	Karten mit Fragen (Vorderseite) und Antworten (Rückseite) erstellen oder von den Schülern erstellen lassen.
Material:	Kartenvordruck
Einsatzort:	*allgemein:* zu Beginn einer Reihe, um Vorkenntnisse zu aktivieren; zur Überprüfung von Textverständnis/bereits Gelerntem. *in den Fächern:* Englisch: Frage-Antwort-Muster einüben; Deutsch: Fachwissen, Grammatik, Rechtschreibregeln, Textverständnis; Mathematik: Aufgaben und Lösungswege; Naturwissenschaften: Sachwissen, Ablauf eines Experiments
Kompetenzen:	Wissen selbstständig aneignen/überprüfen; dem Partner Hilfestellung geben; Fragen entwickeln

Durchführung:

Nach der Lektüre eines Textes, nach einer Stunde, Sequenz oder Reihe werden die zentralen Inhalte nochmals abgefragt.

Variante 1: Fragen und Lösungen sind vorgegeben

1. Die Fragen werden auf Karten geschrieben, auf der Rückseite werden die entsprechenden Antworten notiert. Die Karten sind durchnummeriert.
2. Jedes Schülerpaar erhält einen Kartensatz (z. B. sechs Karten). Ein Schüler erhält die ungeraden Zahlen, der andere die geraden.
3. In Einzelarbeit lesen sich die Schüler ihre Fragen und Antworten aktiv durch und machen sich so zu Experten ihrer Fragen (Unterstreichen von Schlüsselwörtern o. a.)
4. In Partnerarbeit befragen sich die Schüler wechselseitig, d. h. der Experte stellt die Frage, der Partner versucht, sie zu beantworten. Aufgabe des Experten ist es, gegebenenfalls Hilfestellung zu leisten, zu berichtigen und zu ergänzen.

Variante 2: Nur Fragen sind vorgegeben

Die Arbeitsschritte 1 und 2 laufen ab wie in Variante 1.

3 a. Die Schüler notieren in Einzelarbeit ihre Lösungen.
3 b. Die Schüler überprüfen die Richtigkeit der Lösungen (Lösungsblatt muss ausliegen).
4. Arbeitsschritt 4 läuft ab wie in Variante 1.

Mögliche Fortführung

Bei problemlosem Ablauf: Wissensüberprüfung mit Ampelmethode

Bei Problemen: Klärung inhaltlicher und/oder interaktioneller Probleme mit Ampelmethode oder durch ein Unterrichtsgespräch.

Beispiel: Schülerarbeitsblatt zur Getrennt- und Zusammenschreibung

Experte A		Experte B	
		Biologieunterricht	
Biologieunterricht	Eine Kombination aus **Nomen + Nomen** wird in der Regel **zusammen**geschrieben und nicht durch Bindestrich getrennt.	handhaben	Eine Kombination von **Nomen + Verb** wird, wenn sie in allen Flexionsformen untrennbar ist, **zusammen**geschrieben. Nicht: Ich folgere Schluss, sondern: Ich schlussfolgere. *Weitere: brandmarken, schlafwandeln*
handhaben		Kaugummi kauen	
Kaugummi kauen	Verbindungen aus **Nomen + Verb** schreibt man in der Regel getrennt. *Weitere: Ski fahren, Maß nehmen*	zum Mäusemelken	Eine Kombination aus **Nomen + Verb** wird **zusammen**geschrieben, wenn die Wortgruppe nominalisiert wird. *Weitere: das Eislaufen, beim Kuchenbacken*
zum Mäusemelken		beim Skifahren	
beim Skifahren	Eine Kombination aus **Nomen + Verb** wird **zusammen**geschrieben, wenn die Wortgruppe nominalisiert wird. *Weitere: das Eislaufen, beim Kuchenbacken*	Schlange stehen	Verbindungen aus **Nomen + Verb** schreibt man in der Regel **getrennt**. *Weitere: Ski fahren, Maß nehmen*
Schlange stehen		schlussfolgern	
schlussfolgern	Eine Kombination von **Nomen + Verb**, wird, wenn sie in allen Flexionsformen untrennbar ist, **zusammen**geschrieben. Nicht: Ich folgere Schluss, sondern: Ich schlussfolgere. *Weitere: brandmarken, schlafwandeln*	Fliegenklatsche	Eine Kombination aus **Nomen + Nomen** wird in der Regel **zusammen**geschrieben und nicht durch Bindestrich getrennt.
Fliegenklatsche		langsam fahren	
langsam fahren	Verbindungen von **Adjektiv + Verb** werden in der Regel getrennt geschrieben. *Weitere: klar denken, sauber halten*	kennen lernen	Verbindungen aus **Verb + Verb** werden in der Regel **getrennt** geschrieben. *Weitere: spazieren gehen, laufen gelernt*
kennen lernen		schwarzfahren	
schwarzfahren	Verbindungen aus **Adjektiv + Verb**, werden **zusammen**geschrieben, wenn sie in übertragenem Sinn verstanden werden. Das Adjektiv ist dann nicht steigerbar. Nicht: schwärzer fahren. *Weitere: fernsehen liebäugeln*	gelassen sein	Verbindungen **mit dem Verb »sein«** schreibt man immer **getrennt**. *Weitere: pleite sein, da sein*
gelassen sein		fertig sein	
fertig sein	Verbindungen mit dem Verb »sein« schreibt man immer **getrennt**. *Weitere: pleite sein, da sein*	weiß streichen	Verbindungen von **Adjektiv + Verb** werden in der Regel **getrennt** geschrieben. *Weitere: klar denken, sauber halten*
weiß streichen		ruhen lassen	
ruhen lassen	Verbindungen aus **Verb + Verb** werden in der Regel **getrennt** geschrieben. *Weitere: spazieren gehen, laufen gelernt*	blaumachen	Verbindungen aus **Adjektiv + Verb**, werden **zusammen**geschrieben, wenn sie in übertragenem Sinn verstanden werden. Das Adjektiv ist dann nicht steigerbar. Nicht: schwärzer fahren. *Weitere: fernsehen liebäugeln*
blaumachen		irgendwie	
irgendwie	Wörter, die mit irgend- beginnen, werden immer **zusammen**geschrieben.	gar nicht	**Häufige Wortgruppe**, die **getrennt** geschrieben wird. *Weitere: ein bisschen, gar nicht, wie lange, jedes Mal, ein wenig*
gar nicht		wie viele	
wie viele	**Häufige Wortgruppe**, die **getrennt** geschrieben wird. *Weitere: ein bisschen, gar nicht, wie lange, jedes Mal, ein wenig*	irgendjemand	Wörter, die mit irgend- beginnen, werden immer **zusammen**geschrieben.
irgendjemand			

Kommentar zum Beispiel:

Die Fragen, die die Experten A und B bei diesem Beispiel zu lösen haben, lauten:

1. Werden folgende Wörter getrennt oder zusammen geschrieben?
2. Welche Regel gilt hier für die richtige Schreibweise?

Beide Experten bekommen bei diesem Beispiel die Fragen bzw. die Wörter (vgl. oben) und die richtigen Antworten. Die Arbeitsblätter werden geknickt, so dass die Antworten zunächst nicht zu sehen sind. Jeder erarbeitet seine Antworten zunächst alleine und kann am Ende seiner Einzelarbeitsphase mit Hilfe der vorgegebenen Antworten kontrollieren, ob seine Ergebnisse richtig sind und sich selbst korrigieren.

Danach gehen die Lernpartner in die Partnerarbeitsphase und tauschen ihre Ergebnisse aus.

Arbeitshilfe 5

Struktur-Lege-Technik + Sortieraufgabe

Sortieraufgabe

Vorbereitung: zentrale Begriffe zu einem Thema/Text auswählen
Material: Kärtchen mit Begriffen (s. Vorlagen), Scheren
Einsatz: *allgemein:* zu Beginn einer Sequenz, um Vorwissen zu ermitteln;
zur Erarbeitung und Vertiefung eines Themas/Textes;
zur Wiederholung am Ende einer Sequenz/Reihe.
in einzelnen Fächern: Englisch: zum Vokabeln/Verbformen bestimmen;
Deutsch: Grammatik, Rechtschreibung, Texterschließung; Naturwissenschaf-
ten/Technik: Fachbegriffe, Texterschließung; Mathematik: Kopfrechnen

Durchführung:

1. Zentrale Begriffe werden auf Kärtchen notiert.
2. Die Schüler erhalten einen klaren Auftrag, was sie mit den Begriffen machen sollen, z. B. ihre Bedeutung erklären können, sie korrekt schreiben können etc.
3. Sie machen zwei Stapel, indem sie die Begriffe z. B. nach »bekannt/unbekannt« oder »hier fühle ich mich sicher/hier fühle ich mich unsicher« sortieren (Einzelarbeit).
4. Sie schließen Wissenslücken, z. B. durch Nachschlagen, mehrfaches Schreiben etc. Ziel dieser Phase ist es, dass alle Schüler alle Begriffe erklären können, alle Vokabeln und ihre Bedeutung kennen etc.
5. Die Schüler fragen sich gegenseitig ab (Partnerarbeit)
In Partnerarbeit erklären sich die Schüler gegenseitig ihr thematisches Verständnis, indem sie begründen, warum sie die Begriffe so hingelegt/strukturiert haben.
6. Im Plenum kann man eine gelegte Struktur besprechen (hierfür die Begriffe einmal auf Folie zie- hen). Korrekturen können vorgenommen und Schwierigkeiten thematisiert werden.

Kommentar:

Was eine Struktur überhaupt bedeutet, ist den Schülern meist nicht klar und muss deshalb unbe- dingt vorgemacht werden.

Bei thematischen Zusammenhängen kann es mehrere richtige Strukturen geben, da jeder die Be- griffe in einer anderen Ordnung vernetzt.

Eine einfachere Form der Strukturlegetechnik besteht darin, dass die Schüler ihre Begriffe in eine chronologische Reihenfolge bringen, die es ihnen erleichtert, einem Partner davon zu berichten (s. a. Partnerinterview) oder einen Zusammenhang schriftlich zu formulieren.

Orientieren sich die Begriffe an einem Text, kann es gewinnbringender sein, diese nicht wörtlich zu übernehmen, sondern stattdessen Oberbegriffe oder Synonyme zu wählen.

Mögliche Fortführungen, abhängig von Gegenstand und Kompetenzen
- Kärtchen in eine sinnvolle Struktur legen (Struktur-Lege-Technik) oder verbal vernetzen (Netzwerkmethode)
- Begriffe in eine Tabelle eintragen
- Text mit den Begriffen schreiben
- Fragen formulieren, auf die die Begriffe eine Antwort geben (und diese auf der Rückseite notieren)

Beispiel aus dem Deutschunterricht

Strukturlegetechnik	zum Thema	Zeitung	
Pressefreiheit	Kurzmeldung	Ressorts	Titelseite
Nachricht	Leitartikel	Nachrichtenagentur	Impressum
Layout	Bericht	Reportage	Kommentar
Schlagzeile	Kurzmeldung	Lead/Vorspann	Aufmacher
Leserbrief	Lokales	Interview	Sport
Rezension	Redakteur	Kultur	?

Arbeitsauftrag

1. Prüfe, welche Begriffe du inhaltlich erklären kannst.
a) Schneide die Begriffe aus und vergegenwärtigen dir dein Wissen zu diesen.
b) Füge im Feld mit dem? einen weiteren Begriff hinzu.
c) Sortiere ggf. dir unklare Begriffe aus und kläre mit einem Lernpartner die unklaren Begriffe.
2. Verknüpfe die Begriffe, indem du diese in einer für dich sinnvollen Reihenfolge anordnest.
a) Trage deinem Lernpartner in einem Kurzvortrag die Inhalte deiner Anordnung vor und begründe diese Anordnung.

Literatur

Artelt, C. et al. (2004): Die PISA-Studie zur Lesekompetenz: Überblick und weiterführende Analysen. In: Ulrich Schiefele, Cordula Artelt, Wolfgang Schneider, Petra Stanat (Hrsg.); Struktur, Entwicklung und Förderung von Lesekompetenz. Vertiefende Analysen im Rahmen von PISA 2000. Wiesbaden, S. 139–168, S. 154–157

Bamberger, R. & Vanecek, E. (1984): Lesen – Verstehen – Lernen – Schreiben. Die Schwierigkeitsstufen von Texten in deutscher Sprache. Wien

Baumert, J. (2002): Deutschland im internationalen Bildungsvergleich. In: Nelson Kilius u. a. (Hrsg.): Die Zukunft der Bildung. Frankfurt/M, S. 100–150

Brüning, L. & Saum,T. (2006): Erfolgreich unterrichten durch Kooperatives Lernen, Essen

De Boni, M. (2010): Hirnwecker für den Unterricht. In: PädF 3/2010, S. 97–99

Deutsches PISA Konsortium (2001): PISA 2000. Basiskompetenzen von Schülern und Schülerinnen im internationalen Vergleich, Opladen

Gräsel, C., Fußnagel, K. & Pröbstel, Ch. (2006): Lehrkräfte zur Kooperation anregen – eine Aufgabe für Sisyphos? In Ztsch für Pädagogik, Heft 52, S. 205–219

Groeben, N. & Hurrelmann, B. (2002): Lesekompetenz. Bedingungen, Dimensionen, Funktionen. Weinheim, München, S. 275–286

Grzesik, J. et al. (1998): Kann das Verstehen wissenschaftlicher Texte gelernt und gelehrt werden? Ein Training von Fähigkeiten, theoretischen Textsinn mental zu modellieren. Münster, S. 80

Haas, A. (1998): Unterrichtsplanung im Alltag. Regensburg

Helmke, A. (2006): Was wissen wir über guten Unterricht? In: Pädagogik 58, Heft 2/2006, S. 42–45

Hepting, R. (2004): Zeitgemäße Methodenkompetenz im Unterricht. Bad Heilbrunn

Höhmann, K., Kopp, R., Schäfers, H. & Demmers, M. (Hrsg.) (2009): Lernen über Grenzen. Auf dem Weg zu einer Lernkultur, die vom Individuum ausgeht. Opladen

Huber, A. (2004): Kooperatives Lernen – kein Problem. Effektive Methoden der Partner- und Gruppenarbeit. Leipzig

Huber, A. (2007): Wechselseitiges Lehren und Lernen als spezielle Form kooperativen Lernens (WELL). Berlin

Jacobi, B. & Lennartz, A. (2011): Unterrichtsentwicklung: Wenn nicht jetzt, wann dann? In: Lernende Schule Heft 56/2011, Werkstattteil

Klieme, E. (2004): Was sind Kompetenzen und wie lassen sie sich messen, in: Ztsch. für Pädagogik Heft 6, S. 11ff.

Köster, J. (2003): Aufgaben zum Textverstehen in Lern- und Leistungssituationen. In: Deutschunterricht 5 (2003), S. 19–25. Auch in: www.didaktikdeutsch.de/vortraege/G%C3%B6ttingen%20Vortrag%202.pdf (letzter Zugriff April 2012)

Köster, J. (2004): Konzeptuelle Aufgaben – jenseits von Orientierungslosigkeit und Gängelei. In: Creutzburg, Jürgen; Lütgert, Will; Köster, Juliane (Hrsg.): Aufgabenkultur und Lesekompetenz. Deutschdidaktische Positionen. Frankfurt/M, S. 165–184

Köster, J. (2004b): Vortrag am Angergymnasium, Jena am 5.5.2004 »Herauslesen und Hineinlesen – Was Lesekompetenz bedeutet«. In: www.didaktikdeutsch.de/vortraege/Herauslesen%20Hineinlesen.pdf, hier S. 7 (letzter Zugriff April 2010).

Köster, J. (2005): Vortrag im Zentrum Lesen in Aarau (CH) am 17.9.2005 »Was DeutschdidaktikerInnen wissen und können müssen«. In: www.didaktikdeutsch.de/vortraege/Was%20DeutschdidaktikerInnen%20wissen%20und%20k%C3%B6nnen%20m%C3%BCssen.pdf, (letzter Zugriff April 2012).

Köster, J. (2008): Lernaufgaben – Leistungsaufgaben. In: Deutschunterricht, Heft 5/2008, S. 4–11

Köster, J. (2011): Vortrag anlässlich der Fachleitertagung Deutsch, Bensberg Juli 2011 (unver.): Die Konstruktion von Lern- und Leistungsaufgaben als Basis eines kompetenzorientierten Deutschunterrichts.

Konrad, K. (2008): Erfolgreich selbstgesteuert lernen: Theoretische Grundlagen, Forschungsergebnisse, Impulse für die Praxis. Bad Heilbrunn

Materialien zum EU-MAIL Projekt: www.weiterbildung-fuer-schulen.de/ Materialien Forum Eltern und Schule/ Intranet

May, C. (2008): Individualisierung von Unterricht und Förderung von Lesekompetenz in der Jahrgangsstufe 5. Hausarbeit zum 2. Staatsexamen. Köln

Meyer, H. (2004): Was ist guter Unterricht? Berlin

Meyer, H. (2008): Mischwald ist besser als Monokultur oder Anregungen zur Unterrichtsentwicklung. In: Ztsch Seminar, 3/2008, S. 48–70

Rüdell, E. (2010): Das BASIS-Buch des Lernens. Mehr Erfolg für unsere Kinder in der Schule. Seelze

Schmidt, E.-M. (2001): Mit Social Support vom Wissen zum Handeln. Die Wirkung »Kommunikativer Praxisbewältigung in Gruppen« (KOPING) auf den Lernprozess von Erwachsenenbildnern. Diss. 2001

Schulgesetz des Landes NRW (2005): § 1 Recht auf Bildung, Erziehung und individuelle Förderung, BASS 2006, Frechen

Standardorientierte Unterrichtsentwicklung (2005): Moderatorenmanual Deutsch, Modul 1, Umgang mit den Kernlehrplänen (Landesinstitut) Soest

Wahl, D. (2006): Lernumgebungen erfolgreich gestalten. Vom trägen Wissen zum kompetenten Handeln, Bad Heilbrunn

Wahl, D. (2010): Wechselseitiges Lehren und Lernen (WELL). In: PHScript, Pädagogische Hochschule Salzburg. Beiträge aus Wissenschaft und Lehre 02/2010, S. 40–45.

Weinert, F. (1999): Die fünf Irrtümer der Schulreformer. In: Psychologie heute, Juli 1999, S. 28–34

Weinert, F. (1996): Thesenpapier zum Vortrag »Ansprüche an das Lernen in heutiger Zeit«: http://blk.mat.uni-bayreuth.de.blk/material/weinert/ (letzter Zugriff April 2012)

Wellenreuther, M. (2009): Forschungsbasierte Schulpädagogik. Baltmannsweiler

Selbstorganisiertes Lernen – ein anderer Weg erfolgreich zu lernen

Klaus Winkel

Was bedeutet SOL?

»SOL« bedeutet »Selbst Organisiertes Lernen« und ist keine neue Methode, sondern ein ganzheitliches und zielorientiertes Lehr-/Lernsystem, welches das individuelle und kooperative Lernen in den Mittelpunkt stellt. Es ist ein neuer Ansatz von Unterricht, der neben der Fachwissensvermittlung vor allem Lernziele wie Selbstständigkeit, Eigenverantwortlichkeit und Teamfähigkeit fördert. Du erarbeitest selbstorganisiert die Lerninhalte, entsprechend deinem eigenen Lerntempo.

(Homepage des Erich Gutenberg-Berufskollegs, Bünde)

Meine Erfahrungen mit SOL

Begeistert von einer SOL-Präsentation für Berufsschullehrer am Landesinstitut für Pädagogik und Medien (LPM) im Saarland, meinem Arbeitsplatz als Abteilungsleiter für »Erziehen und Unterrichten« haben wir beschlossen, entsprechende Kurse auch für Lehrer der allgemeinbildenden Schulen anzubieten. An diesen Fortbildungen konnte ich teilnehmen, wenn auch nicht immer in der gebotenen Intensität und ohne die von den Teilnehmern streng geforderten Umsetzungsversuche im Unterricht mit nachgängiger Reflexion.

Meine Chance sah ich darin, die Seminare, die ich als Lehrbeauftragter in der ersten Phase der Lehrerausbildung anbieten konnte, zu reorganisieren.

Es war am Anfang mühselig. Wie in der Schule die Unterrichtsstrukturen, sind an der Universität Seminarstrukturen tief verwurzelt (Referatsseminare), die eigenen Routinen und die Erwartungen der Studierenden nur schwer zu modifizieren.

Erst als ein Blockseminar wegen Überfüllung des Regelangebots nötig wurde, musste ich mein Angebot anders strukturieren und konnte ich SOL anwenden.

Daraus wurde eine unerwartet gute Veranstaltung. Schon während der Tage und unmittelbar danach waren die Rückmeldungen sehr positiv. Kein Studierender hat unbegründet zeitweilig gefehlt oder die Veranstaltung vor Samstag am späten Nachmittag verlassen. Die externe Evaluation zeigte, dass dieses Angebot von den Studierenden weitaus besser als andere – also auch als mein eigenes Seminar montags von 09:00–11:00 zum gleichen Thema – bewertet wurde.

In der Schule wird ein solch schneller, deutlicher Erfolg in der Regel nicht möglich sein. In vielen Schulen kostet es die Lehrpersonen – auch dann, wenn sie zu zweit oder dritt innovativ tätig werden wollen – Kraft und Energie, die hinreichenden Bedingungen zu schaffen. Diese fehlen dann für das Projekt selbst, die ich für meinen praktischen Start mit SOL hatte, denn:

- Ich als Lehrbeauftragter wurde keiner informellen kollegialen Kontrolle unterzogen.
- Ich war keinem vorgesetzten Bedenkenträger rechenschaftspflichtig.
- Die Studierenden erwarteten kein herkömmlich strukturiertes Lehrangebot und Tests, Klassen- und Vergleichsarbeiten waren nicht gefordert.
- Wir hatten im Semester zwei Mal von Donnerstagabend bis Samstagnachmittag Zeit.
- Ab Freitagmittag standen mehr als hinreichend Räume zur Verfügung.
- Im LPM waren alle Arbeitsmittel und Technik vorhanden und ständig verfügbar.
- Zusammen mit den Studierenden konnte die Zeit strukturiert werden (keine Pausenklingel, keine Lehrerwechsel).
- Mein Kollege W. Kirsch stand mir beratend und mich unterstützend zur Seite, wenn ich technische oder inhaltliche Hilfe benötigte.

Dieser Hilfe habe ich vor allem für die Vorbereitung benötigt. In ihr liegt die Voraussetzung für den Erfolg. Die Veranstaltungen selbst waren spannend und entspannend zugleich. Nach ca. 16 Stunden waren weder die Studierenden noch ich erschöpft.

Zu den Ursprüngen

Martin Herold (Herold/Herold 2011) schreibt anschaulich und überzeugend von seinem Lehrerproblem zu Beginn seiner Tätigkeit. Unzufrieden mit seinem Unterricht suchte er bei der zuständigen Behörde Hilfe. Stattdessen bekam er Unterrichtsbesuche: »Die Beurteilung habe ich noch: Herr Herold unterrichtet sehr zielstrebig und fachlich korrekt, bezieht die Schüler ins Unterrichtsgeschehen mit ein und erreicht pünktlich mit dem Läuten das definierte Unterrichtsziel. – **Herr Herold schon – und die Schüler?**« (Herold/Herold 2011, S. 10)

Er wisse, wie so viele Lehrer in Deutschland, viel oder gar alles über das Unterrichten, jedoch wenig bis gar nichts über das Lernen, stellte er für sich fest.

Und dann beginnt seine Suchbewegung. Nicht zufällig findet er viele hilfreiche Versatzstücke für ein verändertes Lernangebot in der Erwachsenenbildung, im Rahmen eines Praktikums in einer fraktalen Fabrik, während der Mitarbeit bei der Heuernte und anderen Orten, bei Pädagogikprofessoren und bei weiteren Personen.

Und er fand in Birgit Landherr eine kongeniale Partnerin, die ebenso auf der Suche war und weiterhin dabei ist, Antworten zu finden.

Beider Buch (Herold/Landherr 2003) stößt auch deshalb schnell auf großes Interesse, weil viele Lehrende nach den PISA-Rückmeldungen, wie die Autoren selbst, auf der Suche waren und sind. Mit dieser Publikation wurde ihnen ein Weg eröffnet, der zu gehen sich lohnt.

Doch was bei Herold und Landherr so leicht und selbstverständlich ausschaut und sich am Schreibtisch bequem fordern lässt, nämlich ein Problem zu identifizieren und nach Lösungen zu suchen, diese auszuprobieren und weitere Schritte zu wagen, ist schwer: Wir verfügen über stabile subjektive Theorien, die unser Handeln dauerhaft leiten. Sie tun es auch dann, wenn unser wissenschaftliches Wissen, unser Expertenwissen anderes erwarten ließe (Wahl 2005, 10ff.).

Wer SOL für sich nutzen will, muss vertraute Bahnen auch dann verlassen, wenn sie scheinbar erfolgreich waren, muss sich und sein Lernen und Handeln beobachten und beobachten lassen, damit er es entsprechend verändern kann.

Die vertraute Bahn ist der 7G-Unterricht:»Alle **g**leichaltrigen Schüler haben beim **g**leichen Lehrer mit dem **g**leichen Lehrmittel im **g**leichen Tempo das **g**leiche Ziel zur **g**leichen Zeit **g**leich gut zu erreichen.« (Herold/Herold 2011, S. 19) Den geforderten Gleichschritt soll der fragend-entwickelnde Unterricht sichern. Wahl verspottet ihn als »Osterhasenpädagogik«, weil das erforderliche Wissen nicht verständlich und gut geordnet präsentiert wird. Vielmehr stellen Lehrer Fragen, die der Schüler beantworten soll. Dieser soll das Wissen, für das der Lehrer Experte ist, erraten.

Diese Routinen können mit SOL überwunden werden. Nicht sofort vollständig, aber spürbar schon nach den ersten kleinen Schritten.

Warum anderes Lernen und eine andere Lernkultur?

Die Schule ist heute noch immer eine bürokratische Organisation, also ein kontinuierlicher regelgebundener Betrieb von Amtsgeschäften, mit Kompetenzabgrenzung, gestufter Befehlsgewalt, Gehorsamspflicht. Die Lehrer sind in der Regel Landesbeamte, die der Rechts-, Fach- und Dienstaufsicht unterstehen. Sie sind gehalten nach einem einheitlichen Lehrplan zu unterrichten. Schulgesetze und eine kaum überschaubare Fülle von Verordnungen und Erlassen bestimmen den geordneten Schulbetrieb. Lehrpläne schreiben vor, was in den Klassenbüchern zu dokumentieren ist.

In einem solchen Betrieb kann und muss man vielleicht nach dem 7G-Prinzip unterrichten, doch geht das nur unter sträflicher Vernachlässigung der Erkenntnisse über das Lernen und die Anforderungen, die die Wissensgesellschaft heute und künftig stellt.

Das diesen Lehranstalten zugrunde liegende Menschenbild ist dem Militär und der Industrie des 19. und 20. Jahrhunderts geschuldet. Es entsprach nie einem Menschenbild, das den Menschen als autonom und interdependent und der freien Entscheidung fähig ansieht (Cohn/Farau 2008, 356f.).

Sieht man die Schule jedoch wie Hartmut von Hentig als eine kleine Polis »to be a place for kids to grow up in«, dann muss sie nicht nur anders organisiert sein, sondern ihr muss ein anderes Menschenbild zugrunde gelegt werden.

Ein solches Menschenbild findet sich bei Diethelm Wahl, spiritus rector der Entwicklungen zum SOL, in seinem wichtigen Buch »Lernumgebungen erfolgreich gestalten«.

Er sympathisiert mit dem »epistemologischen Subjektmodell« und hebt diese vier Aspekte hervor:

1. Reflexionsfähigkeit. Der Mensch wird als reflexives Subjekt verstanden.
2. Autonomiefähigkeit. Der Mensch kann als potentiell autonomes Wesen beschrieben werden.
3. Kommunikationsfähigkeit. Als soziales Wesen kann der Mensch mit anderen Menschen kommunizieren.
4. Handlungsfähigkeit. Der Mensch hat die Fähigkeit, Denken, Fühlen und Agieren stimmig aufeinander zu beziehen. (S. 38)

»Die skizzierte Lernumgebung« – in unserem Fall wird sie mit SOL gestaltet – »soll dazu beitragen, dass sich die teilnehmenden Personen (Erwachsenenbildner, Hochschullehrer, Lehrer, Studierende, Schüler usw.) in Richtung höhere Reflexionsfähigkeit, höhere Autonomiefähigkeit, höhere Kommunikationsfähigkeit, höhere Handlungsfähigkeit entwickeln. Letztlich geht es um die konstruktive Weiterentwicklung der gesamten Persönlichkeitsstruktur des handelnden Subjekts.« (Wahl 2005, S. 39)

Diese neu gestaltete Lernumgebung nach SOL nenne ich eine emanzipatorische und pädagogische im Sinne der Befreiung der Lehrpersonen und der Lernenden aus der Abhängigkeit von einer bürokratischen Organisation Schule und im Sinne der Begründung des Handelns aus pädagogischer Expertise.

Schule zielt auf den Lernerfolg eines jeden Kindes und Jugendlichen. Diese werden nicht unterrichtet, sondern ihnen werden handlungssteuernde Strukturen, Materialien, Aufgaben zur Verfügung und Lehrpersonen (Tutoren, Coaches) zur Seite gestellt. Sie wachsen mit und an anderen Kindern und Jugendlichen, lernen sich als Individuum und Teil ihrer Gruppe verantwortlich wahrzunehmen.

SOL – Eine emanzipatorisch-pädagogische Lernumgebung

In einer weitverbreiteten Broschüre formulieren Herold und Landherr die Ziele von SOL:

- »Stärkung der individuellen Selbstständigkeit durch den systematischen Aufbau von Methoden- und Lernkompetenzen;
- Schaffung einer sozialen Lernstruktur durch die Abstimmung von Einzel- und Gruppenarbeit;
- Vertiefung des Wissens und Könnens durch Vernetzung fachlicher und überfachlicher Kompetenzen im Sinne zielorientierter Lernarrangements;
- Erhöhung der (Selbst-)Verantwortung für das eigene Lernen;
- Vermittlung und Beurteilung von Projektkompetenz im Rahmen von Lernfeldern.« (Herold/Landherr 2003, S. 5)

Einsatzmöglichkeiten sehen die Autoren nicht nur in der Schule, sondern auch in der Berufsausbildung, in der Aus- und Weiterbildung für Erwachsene, der Lehrerfortbildung. Mein eigenes Beispiel zeigt, wie fruchtbar SOL in der Lehrerausbildung sein kann.

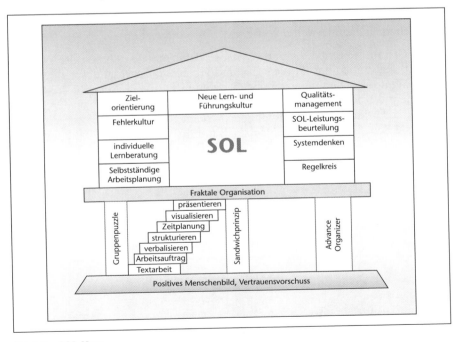

Abb.1 Das SOL-Haus

Das SOL-Haus bietet einen ersten Überblick über die SOL-Architektur. Das stabile Fundament wird von »Positives Menschenbild, Vertrauensvorschuss« gebildet. Das Menschenbild ist oben bereits angedeutet; Vertrauen ist die wohl wichtigste Ressource im Lehr-Lern-Prozess. Wenn Schüler Fehler nicht verbergen müssen, wenn Lehrer Probleme nicht verdrängen müssen, wenn beide sicher sind, dass man aus Fehlern lernen wird, und dass Probleme solidarisch gelöst werden können, werden angemessene Lernerfolge in allen Kompetenzbereichen möglich. Vertrauen meint auch Wertschätzung und Achtung und Zu-trauen.

Schule ist vielfach vom Misstrauen geprägt, viel Aufwand wird für Kontrolle getrieben. Beides taugt für SOL nicht.

Die auf dieser Basis stehenden tragenden Säulen sind a) das Sandwichprinzip, b) der Advance Organizer und c) das Gruppenpuzzle.

a) Das Sandwichprinzip

Seit dem IV. Earl of Sandwich wissen wir, dass zwischen zwei Toastscheiben einige Käsescheiben, Salatblätter und anderes mehr eingeschoben werden können. Das Prinzip hat sich beim Hamburger durchgesetzt und der Begriff wird inzwischen auch anderweitig verwendet z. B. Sandwichkinder.

Die Grundidee des SOL-Sandwiches ist, dass zwischen Phasen der Wissensvermittlung unbedingt Phasen der individuellen Auseinandersetzung, Verarbeitung und Aneignung geschoben werden müssen. Die Auswahl der Methoden orientiert sich am Lernziel, am Stand der Methodenkompetenz der Schüler und oft auch an den zur Verfügung stehenden Räumen und Materialien. Vor allem die Zeit spielt eine Rolle. Habe ich nur 45 Minuten zur Verfügung, kann das Sandwich nicht wie ein Big Mac geschichtet sein. Das Sandwichprinzip versinnbildlicht aber sofort, dass längere Zeitphasen wünschenswert werden können.

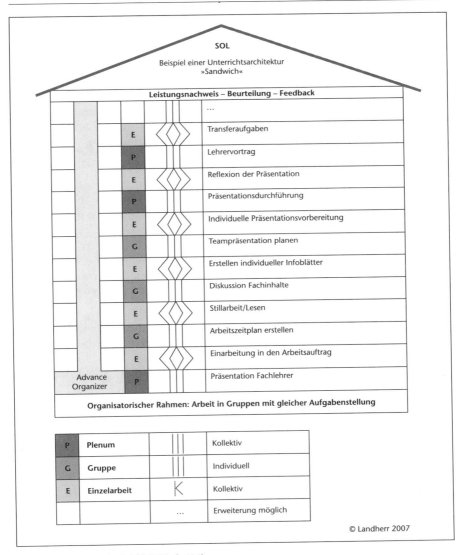

Abb 2: Sandwichprinzip (Wahl, 2005, S. 114)

Wahl (Wahl 2005, S. 103–139) entfaltet Handhabung und Chancen des Sandwichprinzips ausführlich. Seine besondere Aufmerksamkeit gilt den Gelenkstellen, dem Ende der einen und dem Beginn der nächsten Phase.

In meinen Seminaren war zu klären, wie wir mit den sehr unterschiedlichen individuellen Lernzeiten der Studierenden umgehen, ohne dass diejenigen, die schneller gearbeitet haben, sich ihrem Handy zuwenden. Zu klären war hin und wieder auch die thematische Fortführung, wenn in den Gruppen neue, ebenso wichtige und spannende Themen und Probleme aufgekommen sind, deren Bearbeitung entweder Zeit beanspruchte oder für deren Lösung kein Expertenwissen vorhanden war, bzw. in angemessener Zeit nicht bereitgestellt werden konnte.

Die Erstellung eines Sandwichs scheint einfach, doch mit Blick auf die Lernsubjekte wird es eine Kunst, die Übung und Erfahrung fordert.

b) Der Advance Organizer

Der Advance Organizer steht am Beginn jedes Sandwichs. Er erfüllt mehrere Funktionen. Oft als Lehr-Lern-Karte bezeichnet, gibt er im Voraus (in advance) einen strukturierten, visualisierten Überblick über die künftigen Lerninhalte und ihre Zusammenhänge. Der Advance Organizer ermöglicht dem Experten sein Wissen zum Thema kurz, verständlich, anschaulich so darzustellen, dass die Lernenden einen Überblick erhalten, eigenes Wissen und eigene Kenntnisse reaktivieren.

Er kann mögliche Missverständnisse aufklären. Der Advance Organizer bleibt während der ganzen Unterrichtseinheit sichtbar: Ich habe ein großes Plakat im Raum platziert. Er kann aber auch verkleinert in der Mappe der Schüler abgeheftet sein oder mithilfe des Beamers immer wieder an die Wand projiziert werden.

Ich habe mit der Konstruktion der Advance Organizer zu Beginn erhebliche Probleme gehabt. Obwohl in meinem Wissensgebiet seit Jahren »zu Hause«, fiel es mir schwer, die vier geforderten »B« (Begriffe, Bilder, Beziehungen und Botschaften) auf dem Plakat zu visualisieren und mich mit etwa 10- bis 15-minütigen Erklärungen zu begnügen. Meinem eigenen Verständnis von der Sache hat diese Anstrengung allerdings erheblich genutzt.

Ein von Birgit Landherr entwickeltes Vorgehen erleichtert die Erstellung eines Advance Organizers erheblich: Ich sammle zunächst die wichtigsten Begriffe des Wissensgebiets, die ich auf Kärtchen notiere, sodass ich sie für die Kartenmethoden verwenden kann. Mit diesen Karten lege ich eine Struktur (vgl. Struktur-Lege-Technik, Wahl 2005, S. 179). Diese Struktur kann ich dann zum Advance Organizer weiter entwickeln.

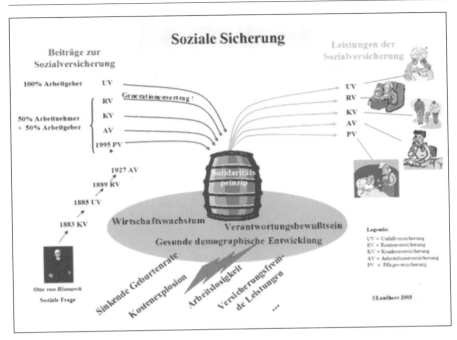

Abb.3 Advance Organizer

Anhand dieses von ihr in einer Oberstufenklasse genutzten komplexen Advance Organizers hat sie mir und vielen anderen die Konstruktion sinnfällig gemacht.

c) Das Gruppenpuzzle

Das Gruppenpuzzle gehört mit dem Partnerpuzzle, dem Lerntempoduett und dem Multiinterview zu dem Methodenarsenal des wechselseitigen Lehrens und Lernens (zu WELL vgl. Wahl 2005, S. 154). Es ist ein einfaches, auch von jungen Schülern schnell zu verstehendes Grundmuster für Gruppenarbeit, dem für die Vermittlung und Aneignung von Fachwissen und Aufbau von Kommunikations- und Kooperationskompetenz hohe Effizienz bestätigt wird (Wahl 2005, S. 155).

So kann die Klasse zum Beispiel bei drei Teilthemen nach folgendem Schema eingeteilt werden:

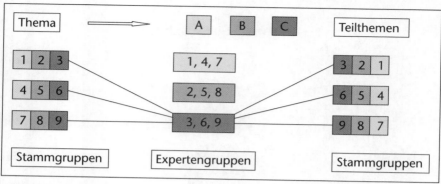

Abb.4 Gruppenpuzzle

Zu Beginn meiner Arbeit mit SOL habe ich das Gruppenpuzzle zum Überdruss der Studierenden eingesetzt. Selbst effektive Methoden als Monokultur genutzt produzieren Langweile. Langweile ist für das Lernen dysfunktional.

Die fraktale Organisation bildet die Decke auf den Säulen.

Martin Herold hat die fraktale Fabrik kennengelernt, in der ein Fraktal eine Unternehmenseinheit ist, deren Aufgabe und Ergebnis eindeutig bestimmt werden kann. In großen Organisationen schaffen fraktale Organisationen kleinere, überschaubare Einheiten, zusammen aber realisieren sie das Unternehmensziel. Ein solches System kann sehr effektiv arbeiten. Die Fraktale sind selbstähnlich und selbstorganisiert. Fraktale optimieren sich selbst. Diese wesentlichen Eigenschaften der Fraktale: Selbstähnlichkeit, Selbstorganisation, Zielorientierung und Dynamik gelten auch für die Lernenden und Lehrenden in der Schule:

»Lernen ist ein natürlicher Anpassungsprozess von lebenden Systemen an ihre Umwelt, den diese selbst organisieren und recht erfolgreich meistern, auch wenn wir das, gemessen an unseren Kriterien, manchmal anders sehen.« (Herold/Herold 2011, S. 30; auf den dann folgenden Seiten führen Herold/Herold weitere Theorien zur Begründung des Konzepts der Selbstorganisation auf.)

Von den Bausteinen im Obergeschoss greife ich noch zwei heraus, deren Kenntnis und Nutzung ich für unverzichtbar halte:

Die Kompetenztreppe

Vor einigen Monaten konnte ich die Laura-Schradin-Schule Reutlingen besuchen und erleben, wie die Schüler in selbstorganisierten Gruppen an unterschiedlichen Themen intensiv arbeiteten. Fachlehrer waren für sie verfügbar, doch diese unterrichteten nicht, sondern informierten auf Anfrage. Wen auch immer ich fragte, jedes Gruppenmitglied wusste, was zu tun war und tat es auch. Mit Blick auf die Kompetenztreppe sehe ich diese Schüler auf Stufe 4.

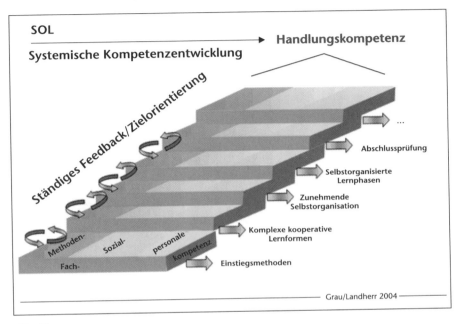

Abb.5 Kompetenztreppe

Diese Stufe ist nicht mit lockeren, leichten Sprüngen zu erreichen, sondern will, angefangen mit Einstiegsmethoden, mühsam aber sicher erklommen werden. Zu diesen Methoden gehören: mit Texten arbeiten, Sachverhalte strukturieren und visualisieren, mit Partnern und in Gruppen konstruktiv arbeiten und die Ergebnisse präsentieren. Solche Anforderungen sind, so Herold und Landherr (Herold/Landherr 2003, S. 17) zunächst in lehrerzentrierte Unterrichtsphasen integrierbar.

Wenn eine Lerngruppe eingestiegen ist, kann die nächste Stufe nur dann erklommen werden, wenn die zu erwerbenden Basiskompetenzen erreicht sind. Diesen Anspruch erhebt SOL für alle vier Kompetenzbereiche. Das bedeutet für die Lehrenden, dass es für diese Bereiche Lernangebote geben muss. Fach-, Methoden-, Sozial- und personale Kompetenz müssen wechselnd im Fokus der Aufmerksamkeit stehen und es muss immer wieder festgestellt werden, was die Schüler bereits können.

Die komplexen kooperativen Lernformen sind in umfangreichen Lernarrangements anzubieten, die die Selbstorganisation der Schüler herausfordern. Verantwortungsbewusstsein, Team- und Konfliktfähigkeit sind in dieser Phase besonders zu betonen.

Später dann kann die Arbeits- und Zeitplanung für die Bearbeitung komplexer Aufgaben in die Verantwortung der Schüler gegeben werden.

Die Feedbackschleifen links an der Treppe weisen darauf hin, dass innerhalb der SOL-Lernarrangements Reflexion und Selbstreflexion erforderlich sind.

Das geeignete Instrument dafür ist der Zielkreislauf.

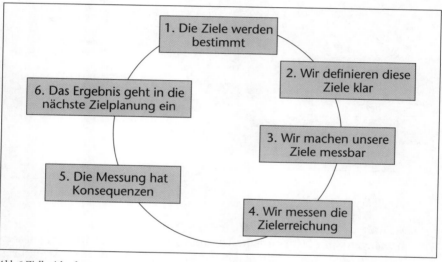

Abb 6 Zielkreislauf

Dieser Zielkreislauf kann in einen Arbeitsplan für eine Klasse oder eine Gruppe umgearbeitet werden. Zur Bestimmung der Ziele ist eine Analyse notwendig: Sind alle Voraussetzungen, die Ziele zu erreichen, in der Gruppe vorhanden? Das betrifft nicht nur die Kompetenzen, sondern auch die Ressourcen. Die Zielangaben müssen klar, für alle verstehbar und messbar sein. Sicher wird in solchen Unterrichtsarrangements viel mehr gelernt als gemessen werden kann und soll. Das, was gemessen werden soll, ist für eine oder mehrere Kompetenzen jedoch hoch relevant. Die Konsequenz der Ergebnisse wird häufig die Bestätigung eines Lernerfolgs sein. Anderenfalls ist zu planen, wie die Kompetenz erworben werden kann. Manchmal muss schlicht wiederholt werden, ein anderes Mal wird in dem nächsten Arrangement auf ein Defizitbereich, z. B. Interpunktion, Präsentation oder Partnerarbeit besonderes Augenmerk gelegt.

. . . und morgen fange ich an!?

Ja, wann dann sonst; doch mit Bedacht. Ich empfehle nach dem Besuch einer einschlägigen Fortbildung oder nach intensiver Auseinandersetzung mit der Fachliteratur, eine Klasse und ein Fach wohlbegründet auszuwählen, die anderen Lehrer und die Schulleitung zu informieren und als Ressource für den weiteren Weg zu gewinnen. Die Schüler sind darauf vorzubereiten, wie und mit welchem Ziel ihr Unterricht sukzessive reorganisiert wird und dass ihr Engagement gefordert ist und belohnt wird.

Was nach der Kompetenztreppe für die Schüler gilt, sollen Lehrer für sich ebenfalls beherzigen: Auf der ersten Stufe beginnen. Dazu gehört der Advance Organizer am Beginn einer neuen Unterrichtseinheit. Er kann auch dann eingesetzt werden, wenn keine weiteren SOL-Elemente folgen. Kartenmethoden lassen sich weitgehend problemlos einführen, das Gruppenpuzzle wird von den Schülern ebenfalls schnell verstanden. So ist ein Sandwich mit wenigen Schichten und nur für einige Minuten bald erstellt.

Bei der Einführung ist zu beachten, dass zwar fachliches, methodisches, soziales Lernen und personale Entwicklung nicht zu trennen sind, doch die Aufmerksamkeit der Lernenden und des Lehrenden liegt in solchen Phasen bei den Methoden. Entsprechend ist der Zielkreislauf zu nutzen.

Wenn die ersten Methoden beherrscht werden, folgen die weiteren Schritte mit dieser Klasse, in diesem Fach. Ein zweites Fach kann hinzukommen. Kollegen, die die gleiche Klasse unterrichten, sollten zum Mittun gewonnen werden. Die Schüler werden immer stärker beteiligt, vielleicht wird der Stunden- und der Lehrereinsatzplan so geändert, dass die Sandwich-Phasen über 45 Minuten hinaus ausgedehnt werden können. Die vielen kleinen Schritte können schließlich dazu führen, dass eines Tages ein Gast fasziniert beobachtet, wie ein ganzer Schülerjahrgang das Lernen selbst organisiert.

Von unseren Rückmeldungen waren die Lehrer und die Schulleitung der Laura-Schradin-Schule sehr erstaunt. Für sie war zur Routine geworden, was uns Beobachter so positiv verblüffte.

Der Weg von den Einstiegsmethoden zu umfassenden selbstorganisierten Lernphasen ist in der Praxis nicht so naturwüchsig, wie es sich hier liest. Lehrerfortbildung und Beratung, gegenseitige Hospitation und Reflexion in Expertengruppen sind hilfreiche, wenn nicht gar notwendige Einrichtungen für eine dauerhafte und erfolgreiche Reorganisation von Lehren und Lernen nach SOL.

Aber ohne den ersten kleinen Schritt, der morgen gemacht werden will, kommt man nicht diesem und keinem anderen Ziel näher.

Literatur

Cohn, R. & Farau, A. (2008): Gelebte Geschichte der Psychotherapie. Stuttgart

Herold, C. & Herold, M. (2011): Selbstorganisiertes Lernen in Schule und Beruf. Gestaltung wirksamer und nachhaltiger Lernumgebungen. Weinheim und Basel

Herold, M. & Landherr, B. (2003): SOL – Selbstorganisiertes Lernen. Ein systemischer Ansatz für Unterricht. Hohengehren

Wahl, D. (2005): Lernumgebungen erfolgreich gestalten. Vom trägen Wissen zum kompetenten Handeln. Bad Heilbrunn

Für die Abbildung wurde die Homepage des Landesinstitut für Pädagogik und Medien im Saarland, der Landesakademie für Fortbildung und Personalentwicklung in Baden-Württemberg und die Broschüre Herold/Landherr (Hrsg.) SOL-Selbstorganisiertes Lernen genutzt.

Die beiden Landesinstitute bieten SOL-Fortbildungskurse an.

Bundesweit agiert das Institut für Selbstorganisiertes Lernen, Plitzhausen (siehe auch www.sol-institut.de)

Kompetenzorientierter Unterricht – tut das gut?

Johanna Springfeld

Von den Menschen ausgehen

Wir kennen das, schon fast klischeehaft, aus unserer eigenen Schulzeit: Der Mathelehrer der 5. Klasse schreibt Formeln an die Tafel, ruft jemanden auf an der Tafel zu rechnen, gibt Hausaufgaben auf und dann ist die Stunde vorbei. Dieser Jemand an der Tafel ist das Mathe-Ass der Klasse. Dieser Jemand kann auch einer sein, der kein Mathe-Ass ist, und sein Versagen vorn an der Tafel noch einmal deutlich zu spüren bekommt, als Beispiel für alle, besser Mathe zu lernen. Und der Rest der Klasse sieht sich das an, versucht mit mehr oder weniger Erfolg zu verstehen, was der Mathelehrer meint. Gleichschritt bis zur Klassenarbeit. Wenn dann diejenigen schlecht abschneiden, die keine Mathe-Asse sind, dann haben sie eben keine Begabung für das Fach oder sie haben nicht genügend gelernt. Nach der Klassenarbeit geht es mit einem anderen Inhalt auf dieselbe Art weiter. Dieser Mathelehrer wird respektiert und gemocht, besonders von den Mathe-Assen.

Ein anderer Mathelehrer der 7. Klasse ist angesehen und beliebt im Kollegium, ist ein Menschenfreund und macht guten Unterricht. Die Schüler mögen ihn, weil er interessant ist und sie fordert, ohne dabei ungerecht zu sein. Er denkt, er habe alle Schüler im Blick. Eines Tages muss er in einem Gespräch mit einer Schülerin fassungslos feststellen, dass er gar nichts von ihr und den anderen Kindern weiß. Sie erzählt ihm, dass sie Mathe immer noch spannend findet, obwohl sie nur Fünfen schreibt, und dass sie nur deshalb so schlecht ist, weil sie langsamer und umständlicher denkt als die anderen und mit ihrer Zeit nicht hinkommt. Der Lehrer weiß nicht, dass diejenigen, die keine Mathe-Asse sind, in der 5. Klasse abgehängt wurden und später aufgegeben haben. Ihm wird klar, dass er nicht weiß, was in den Köpfen der Mädchen und Jungen ankommt, wenn er ihnen etwas erklärt. Sie sehen ihn interessiert an, weil sie ihn ja mögen, sodass er annimmt, sie hätten ihn verstanden. Und damit hat er sich bis jetzt zufriedengegeben.

Gelebte Selbstwirksamkeit

Was passiert hier?

Durch die Diskussion um Konstruktivismus ist bekannt: Jeder Mensch denkt und lernt für sich alleine, und man kann niemanden zum Lernen zwingen. Die Aufgabe von Lehrern ist es, eine für jedes Kind geeignete Lernumgebung bereitzustellen, sodass jedes das meiste aus sich herausholen kann und will. Zur Förderung der Selbstwirksamkeit der Lernenden gehört es, sich selbst Ziele zu setzen und in der Planung und Durchführung zu sehen, ob und wie sie sich erreichen lassen. Das zu bewirken, ist Aufgabe der Schule. Man muss den Schülern zutrauen, so arbeiten zu können und sie auf ihrem Weg unterstützen.

Soweit der Plan, der an vielen Schulen schon Wirklichkeit ist. Die Frage ist: Was muss den Schülern wie angeboten werden, um ihre Freude am Lernen zu erhalten und sie in ihrer Selbstwirksamkeit zu unterstützen?

Kompetenzorientierter Unterricht

Wie kann eine lernförderliche Umgebung aussehen, die Lernende selbstwirksam werden lässt? In Studien- oder Lernzeiten arbeiten die Schüler selbstständig und individualisiert an ihren gestuften, kognitiv anregenden Aufgaben in Mathematik, Deutsch und Englisch. Sie wissen genau, was zu tun ist, weil sie sich einschätzen können, ihre Wochenziele selbst setzen und in ihrem Logbuch oder Lernplaner eintragen. Sie finden die zu bearbeitenden Aufgaben in den Arbeitsplänen oder Wochenplänen und Checklisten und können die große Jahresplanung in ihren Kompetenzrastern sehen. Materialien befinden sich im Klassenraum, und jedes Kind hat ein eigenes Fach mit seinen Mappen und Unterlagen. Wenn Kinder Hilfe brauchen, können sie ihre Mitschüler fragen und Ampeln auf ihren Tischen aufstellen, um ihre Lehrer zu rufen. Die Lehrer haben in diesen Studien- oder Lernzeiten Ruhe und Zeit, sich um einzelne Schüler zu kümmern. Am Ende der Woche überprüfen die Schüler, wie weit sie ihre Ziele erreicht haben und passen sie für die nächste Woche an. Im Klassenrat besprechen sie Probleme der Klasse. In den Lernentwicklungsgesprächen und Schüler-Eltern-Lehrer-Gesprächen besprechen sie ihre individuellen Belange.

In fächerübergreifenden Projekten arbeiten die Schüler selbstständig und kooperativ an lebensnahen Themen und präsentieren ihre Ergebnisse an Projekttagen einer breiten Öffentlichkeit.

Leistungen müssen natürlich eingeschätzt und bewertet werden, auch ohne Noten. Die Schüler schreiben ihre Tests, wenn sie sich gut genug vorbereitet fühlen und werden mit Prozenten bewertet. Sie bekommen Rückmeldung zu ihrem Arbeitsverhalten und der Mappenführung. Und sie bekommen ihren Arbeitsprozess und das Produkt ihres Teams als Leistung anerkannt.

Soweit der Plan, der an vielen Schulen schon Wirklichkeit ist. Die Frage ist, unterstützt diese Art des Arbeitens alle Schüler gleichermaßen gut? Gezielter Einsatz von Frontal-Unterricht zur Einführung neuer Fachinhalte, sonst individualisiertes Lernen in Studien- oder Lernzeiten und kooperatives Arbeiten in Projekten. Kaum noch »normaler« Unterricht, wie wir ihn aus unserer Schulzeit kennen. Mathe-Asse wird es immer geben und auch langsame Lerner, die es in kompetenzorientiertem Unterricht wahrscheinlich besser haben, weil sie nicht entmutigt werden, sondern, im Gegenteil, durch die Förderung von Selbstwirksamkeit positiv unterstützt werden und nicht ausschließlich vom Lehrerurteil abhängig sind. Sich das eigene Lernen, die Aneignung von Fachwissen, selbst einteilen zu können, fühlt sich anders an als Vorgaben von außen. Die Schüler erleben, dass es befriedigend ist zu lernen und ihre Leistung zu zeigen, wenn sie sie für vorzeigbar halten. Dieses Prinzip könnte die Entmutigung, die gelernte Hilflosigkeit aufheben, die »schlechte« Schüler in Fächern, die ihnen nicht liegen, erleben.

Teamschule

»Gemeinsam Bausteine zu entwickeln, ist eine große Erleichterung für uns.«

»Die Kinder zum selbstständigen Lernen zu bringen, muss immer in der Fach- und Jahrgangsgruppe besprochen und abgemacht werden.«

»Die Teamarbeit braucht eine Menge Vertrauen und auch eine Bereitschaft sich darauf einzulassen. Wichtig ist, dass die einzelnen Teams schauen, was wollen wir, welche Ressourcen haben wir und was trauen wir uns zu.«

»Es ist wichtig, dass man sich auf Neues einlässt, aber auch das Eigene behält und mit einbringt. Darauf achten wir z. B. bei der Übergabe und Besprechung von Jahrgangsunterlagen. Das nimmt einem die Sorgen, was das neue Schuljahr betrifft.«

»Die Arbeit im Jahrgangsteam ist etwas, was mich bestätigt und belebt. Es ist ein gutes Gefühl, dass die Verantwortung für den Unterricht nicht nur auf meinen, sondern auf mehreren Schultern liegt.«

»Die Absprachen im Team machen mich sicher.«

Die Herausforderungen, die kompetenzorientierter Unterricht stellt, sind nicht allein zu bewältigen, wie diese Auszüge aus einem Interview mit Jahrgangsleitern zeigen. Deshalb werden die Vorbereitung und die Materialerstellung in Jahrgangsteams erledigt. Die Kollegen einigen sich auf gemeinsame Ziele des Unterrichts, auf Fachinhalte und auf Regeln und Rituale im Klassenzimmer. Das bedeutet für alle Kollegen viele Grundsatzdiskussionen, Kompromisse, Annehmen des Neuen und auch Verzicht auf Altbewährtes, was wohl das Schwerste ist, das geschafft werden muss. »Sich als Teamplayer zu fühlen, ist die eine Seite, das dann aber auch durchzuführen, ist die andere. Der Teamgedanke ist sehr wichtig, ich merke aber auch, wie sehr ich als Jahrgangsleiter die Kollegen daran erinnern muss mitzuspielen im Team und sich an die Abmachungen zu halten, sich zusammenzutun und auszutauschen. Das ist kein Selbstläufer.«

Die Jahrgangsteams haben feste Teamzeiten, einen Teamraum als Arbeitsplatz auf dem Jahrgangsflur und sie sind in ein transparentes, ressourcenorientiertes Informationssystem an der Schule eingebunden.

Soweit auch hier der Plan, der an vielen Schulen schon Wirklichkeit ist. Ist die Teamarbeit aber, die erst auf lange Sicht arbeitserleichternd ist, für alle Lehrer gleichermaßen gut? Das Erarbeiten von fertigen Einheiten und entsprechenden Materialien vor deren Einsatz, das Festschreiben in Kompetenzrastern und Checklisten, das einheitliche Verfahren zur Dokumentation, die ständige Evaluation des Arbeitsprozesses und der Ergebnisse sind arbeitsaufwendig. Einzelkämpfer, die ihr Wissen und Fachkompetenz lieber für sich behalten, wird es immer geben und auch solche Lehrer, die nur ihre Asse fördern. Es scheint aber so, dass auch sie lernen werden, ihre Erfahrungen mit anderen zu teilen, Teams zu nutzen und zu erkennen, dass Teamfähigkeit eine unverzichtbare Kompetenz auch für Lehrer ist.

Ganztägig lernen

Dieses Konzept kann gelingen, wenn genügend Zeit da ist, um in Ruhe an Inhalten zu arbeiten und der Schulalltag sinnvoll rhythmisiert ist. Dazu gehören ein herausforderndes Nachmittagsangebot, Räumlichkeiten mit Differenzierungsräumen auf den Jahrgangsfluren, ein interessanter Pausenhof und ein nahrhaftes Mittagessen.

Fragen über Fragen

Um zu erfahren, ob die Erziehung zur Selbstständigkeit und Förderung der Selbstwirksamkeit alle Kinder gleichermaßen kognitiv anregt, führte ich eine qualitative Befragung an einer Bremer Oberschule durch. Befragt wurden 250 Kinder des 5., 6. und 7. Jahrgangs nach ihrem Übergang von der Primarstufe, wie sie in unterschiedlichen Bereichen des speziellen Oberschulsystems zurechtkommen und was ihrer Meinung nach die Stärken und Schwächen ihrer Schule sind. Die offenen Fragen gaben den Kindern die Möglichkeit frei und individuell zu antworten.

Wie war der Übergang von der Grundschule zur Oberschule Ronzelenstraße für dich?

Die Fragestellung zielt nicht nur auf einen »normalen« Bruch in der Schullaufbahn der Kinder ab, sondern auf den Übergang von sehr unterschiedlichen Grundschulen auf eine Schule mit dem Bremer Oberschulkonzept in Anlehnung an das Institut Beatenberg und die neue Max-Brauer-Schule, das heißt auf ein Schulkonzept, das darauf angewiesen ist, dass Kinder selbstständig arbeiten können, sich Ziele setzen und planen können (siehe auch den Beitrag »Mama, heute mache ich das Seepferdchen« von Eva Glattfeld). Diese Kompetenzen müssen langsam aufgebaut werden, und man kann nicht immer daran anknüpfen, was in der Grundschule und im Elternhaus geleistet wurde.

In der Befragung der fünften Klassen sind Bezüge zu Freunden und zur Grundschule, die verlassen wurde, im Vordergrund, wohingegen die siebten Klassen ihre Übergangszeit, die nun schon länger zurückliegt, vor dem Hintergrund ihrer langen Erfahrungen sehen und z. B. der Verlust von Freunden keine große Rolle mehr spielt, sondern eher das Zurechtkommen mit dem Schulkonzept.

Bei allen Kindern ist übereinstimmend zu sehen, dass sie einen leichten Übergang zur Sekundarstufe I hatten, wenn sie vor dem Schulwechsel und in der Anfangszeit auf das neue Konzept vorbereitet wurden, wenn sie in der Grundschule schon gelernt haben, selbstständig zu arbeiten, wenn sie ihre Freunde weiterhin sehen konnten und wenn die Lehrer und Klassen nett waren. Je weniger dieser Faktoren gegeben waren, desto schwerer fiel ihnen der Übergang. Es gibt durch die Jahrgänge hindurch nur sehr wenige Kinder, die sich im Laufe der Zeit nicht an das Konzept gewöhnt hätten oder es ablehnen.

Es zeigen sich unterschiedliche Charaktere, Haltungen und Selbstorganisationen der Kinder, die mit dem Alter und längerer Gewöhnung an das Konzept immer reflektierter werden. Einige Kinder sind eher Einzelkämpfer, andere Teamplayer. Einige sind neugierig und offen, andere eher scheu und ängstlich. Einige können besonders gut mit klaren Strukturen arbeiten, reagieren auf Gegebenheiten und brauchen Lehrer als Anleiter und Unterstützer. Andere können am besten allein und nach eigenen Vorstellungen arbeiten. Diese Unterschiede deuten nicht auf unterschiedliche Intelligenz der Kinder hin, sondern eher auf unterschiedliche Fähigkeiten im Umgang mit den Arbeitsbedingungen im Konzept des selbstständigen Lernens. Wer diese Art des Lernens nicht in der Grundschule oder im Elternhaus gelernt hat, wer sie nicht zu Hause weiterleben kann, der hat es schwerer als andere. Das ist aber in traditionellen Schulen auch der Fall, und so kann man sagen, dass mit diesem Konzept allen Schülern die Chance gegeben wird, Selbstständigkeit und Selbstreflexion zu lernen.

Eine Zusammenarbeit von möglichst vielen »Zulieferschulen« und der Oberschule Ronzelenstraße ist nötig, um die Kinder gut aufzunehmen, sich abzustimmen und gelungene Unterrichtskonzepte aus der Grundschule weiterzuführen. Am besten wäre natürlich eine konzeptionelle Durchgängigkeit von Klasse 1 bis 10. In der Eingangsphase der Oberschule müssen die unterschiedlichen Bedürfnisse, Denkweisen und Charaktere der Kinder in ihrer Heterogenität berücksichtigt werden, um sie auf ihren unterschiedlichen Lernwegen behutsam zum selbstständigen Arbeiten zu begleiten. Das bedarf einer sehr guten Diagnose, die über das reine Fachwissen hinausgeht. Hier sind die Lehrerpersönlichkeiten und die Klassenatmosphäre von entscheidender Bedeutung.

Exemplarische Äußerungen der Kinder (197 positive, 123 kritische Äußerungen):

Der Übergang (...) war für mich leicht, weil

- ich vorher schon in der Ganztagsschule war und ich dort auch selbstständig Aufgaben erledigt habe.
- wir so ein ähnliches Prinzip in der Grundschule hatten und weil meine Freundinnen auch in meine Klasse gekommen sind.
- ich das schon kenne, selbstständig zu sein.
- hier am Anfang nur Themen kommen, die man schon kennt.
- es viele nette Leute gab und wir das System langsam gelernt haben und nicht gehetzt wurden.
- ich gut mit dem Schulplaner umgehen konnte.
- ich mich darauf gefreut habe, eine neue Schule und neue Freunde zu entdecken.
- alle Lehrer sehr nett waren und uns gut geholfen haben.

Der Übergang (...) war für mich schwierig, weil

- man sich auf einmal selbst organisieren musste. Das geht ja noch, aber dann muss man sich selbst antreiben zu arbeiten, das fiel am Anfang schwer, aber klappt mittlerweile gut.
- es so anders ist als in normalen Schulen, man kriegt nun nicht mehr Aufgaben vom Lehrer, sondern man plant selbst den Tag.
- ich mich erst in diesem System zurecht finden musste; ohne Noten wusste ich nicht, ob ein Test gut oder schlecht ist.
- ich noch nie eine Mappe selber geführt habe und ich mit dem Konzept nicht zurecht gekommen bin.
- es so viele Zettel gibt.
- ich viele Freunde verloren habe. Man muss viel mehr selbstständig arbeiten.
- ich mich nicht gut von den Lehrern und meinen Freunden trennen konnte.
- ich noch zu den Kleinen gehöre.

Was ich dazu noch sagen möchte

- Ich finde es interessanter, selbst zu entscheiden, wann ich welches Fach bearbeite, als klare Vorschriften zu kriegen.
- In der Grundschule hatte ich keine Lust zur Schule zu gehen, hier schon.
- Hier ist der Schulplaner zu groß, es würde reichen wenn er so groß wie ein A5 wäre.
- Ich finde, man soll richtigen Unterricht führen wie in den anderen Schulen.

Die Aufteilung in Studienzeit, Projektunterricht und Kurse

Ist die Schulorganisation mit den drei Säulen Studienzeit, Projektunterricht und Kursen hilfreich für die Kinder als sinnvolle Ergänzung der unterschiedlichen Themen, Aufgabenstellungen, Arbeitsweisen und Sozialformen?

Der Stundenplan weicht in weiten Teilen von dem traditioneller Sek-I-Schulen ab, da nur noch wenig erkennbar reiner Fachunterricht stattfindet. Mathematik, Deutsch und Englisch sind mit zusammen zehn Stunden in die Studienzeit aufgenommen, in der die Kinder selbstständig an Aufgaben der jeweiligen Fächer arbeiten. Im Projektunterricht lassen sich die Fächer Deutsch, Mathematik, Welt-Umwelt-Kunde, Naturwissenschaften usw. finden, z. B. im Starterprojekt im Jahrgang 5, »Wir lernen uns und unsere Schule kennen«. Die Wahlpflichtkurse und Arbeitsgemeinschaften ergänzen das Curriculum um weitere lebensnahe Themen, z. B. im kreativen Bereich.

Bemerkenswert an den Antworten der Kinder ist, dass die äußere Struktur ihres Schultages offensichtlich kein Thema für sie ist, weil kaum auf die Frage direkt eingegangen wird. Die Befragten befassen sich vor allem mit der inneren Organisation der jeweiligen Bereiche. Auch hier sind die Antworten, besonders die Kritik, um so konkreter und reflektierter, je älter die Kinder sind. Interessant sind auch die Aussagen einiger weniger Kinder des 7. Jahrgangs, dass sie ihr selbstständiges Arbeiten als Gegensatz sehen zu »Unterricht« und dass sie lieber »Frontalunterricht« haben möchten. Interessant ist die Lehrerrolle, die unabhängig vom Konzept eine hohe Wichtigkeit hat. Es lässt sich herauslesen, dass auch das individualisierte Lernen der Kinder mehr oder weniger unterstützend begleitet wird.

Die Überlegung »Ruhestunden« in den Stundenplan aufzunehmen, in denen die Kinder z. B. durch Vorlesen »konsumieren« dürfen, ist für die Schüler sinnvoll, die im anstrengenden Ganztagsbetrieb Muße brauchen. Das lässt sich auch an der positiven Bewertung von Pausen und Freistunden ablesen.

Exemplarische Äußerungen der Kinder (212 positive, 74 kritische Äußerungen):

Die Aufteilung in Studienzeit, Projektunterricht und Kurse ist für mich <u>gut</u>, weil

- man lernt gleich noch mit Selbstständigkeit, ohne dass man es merkt.
- man lernt, selber was zu machen und zu schaffen, ohne dass die Lehrer immer was erklären müssen.
- ich nicht sofort von einem Fach ins andere wechseln muss.
- ich durch das System schneller bin als in der Grundschule.
- man sich aussuchen darf, was man in der Studienzeit machen will. Projektunterricht finde ich gut, weil man immer coole Themen hat.

- ich nicht immer gehetzt bin wie auf der alten Schule. Hier mache ich in meinem Tempo eine Checkliste zu Ende.
- die Studierzeiten so sind, dass man erst einmal das Leichte und dann das Schwierige machen kann.
- ich gut mit Checklisten umgehen kann.
- man den Stoff viel gründlicher lernen kann.
- ich alle Themen gut lerne und mit einem Test beende.
- es Spaß macht alleine zu arbeiten.
- man lernt im Team zu arbeiten.
- die ganze Klasse leise arbeitet und alles leise ist.

Die Aufteilung in Studienzeit, Projektunterricht und Kurse ist für mich <u>nicht gut</u>, weil

- wir uns hier fast alles selber beibringen müssen und wir keinen Unterricht haben.
- man im Projektunterricht viel mit den Lehrern macht. Dann kann man nicht wissen, ob man das alleine kann.
- wenn man faul ist, kommt man zu nichts.
- ich manchmal nicht weiß, was ich machen soll.
- jeder was anderes macht und man so nicht weiterkommt.
- mir manchmal der Frontalunterricht fehlt.
- es sehr anstrengend ist, immer zu arbeiten, anstatt dem Lehrer zuzuhören.
- der Englischunterricht zusammen gemacht werden sollte und nicht in Form der Studienzeit. Man kann nämlich kein Englisch alleine lernen.
- ich mich nicht gut konzentrieren kann. Es ist zu laut in der Klasse.
- ich manchmal meine Studienzeit verquatsche.
- ich mich mit Freunden von anderen Schulen nicht mehr gut über die Schule unterhalten kann.

Was ich dazu noch sagen möchte

- Wir führen zu viele Mappen.

Die Planung und Organisation der Lernzeit mit dem Schulplaner

Ist das Werkzeug des Schulplaners als Strukturierungshilfe und Dokumentation des Arbeitens für die Kinder geeignet?

Der Schulplaner ist ein Ringordner, der die Kinder durch das Schuljahr begleitet. Er beinhaltet Merkblätter zum Schulleben, Selbsteinschätzungs- und Planungsbögen und vor allem Wochenübersichten, in denen die Kinder ihre Planungen für die Studienzeit, Wochenziele, Aufgaben und Regeln eintragen, sie ihre Erfolge vermerken und Mitteilungen an die Eltern gemacht werden. Diese

Wochenblätter werden regelmäßig ausgefüllt und dienen so zur Dokumentation der Lernprozesse der Kinder. Ergänzt werden kann der Schulplaner durch fertig bearbeitete Checklisten. Er wird von den Kindern als eines der wenigen Schulmaterialien mit nach Hause genommen.

Die Schüler müssen in der Lage sein, nicht nur zu entscheiden, was sie machen wollen, sondern auch, ihre Entscheidungen regelmäßig und nachvollziehbar im Planer zu dokumentieren. Das ist eine große Herausforderung für die Kinder und fällt unorganisierten oder verträumten Kindern naturgemäß schwerer als anderen. Die Kinder des 5. Jahrgangs machen sich mit dem Schulplaner vertraut durch sorgfältiges Eintragen und Ausmalen, die des 6. Jahrgangs sehen ihn schon eher als Werkzeug für ihr eigenes Planen der Woche an. Die Siebtklässer sind so routiniert in ihrem Arbeiten mit dem Schulplaner, dass relativ viele von ihnen das schematische Eintragen als lästig empfinden und lieber anders planen würden. Allen Kindern gemeinsam ist, dass sie das selbstständige Planen und die relative Unabhängigkeit von den Lehrern positiv sehen und den Schulplaner als Instrument zu schätzen wissen, der ihnen einen klaren Überblick und damit Planungssicherheit verschafft.

In höheren Klassen könnte die Planungszeit offener gestaltet werden, weil die meisten Kinder planen und dokumentieren können. Die äußere Form des Schulplaners könnte überdacht werden.

Exemplarische Äußerungen der Kinder (193 positive, 88 kritische Äußerungen):

Die Planung und Organisation der Lernzeit mit dem Schulplaner ist für mich gut, weil

- ich selbst Verantwortung für mein Lernen übernehmen kann.
- man dann schon in der fünften Klasse gelernt hat, sich selbst zu organisieren.
- ich gut Ordnung schaffen kann und gelernt habe, für mich zu organisieren.
- man eine bessere Übersicht hat.
- ich besser arbeiten kann. Ich kann auch nach der Stunde schauen, ob ich alles erledigt habe, was ich geplant hatte.
- ich plane, aber manchmal vergesse ich, dass ich die Aufgaben noch in den Schulplaner schreiben muss.
- die Lehrer nicht entscheiden, wann ich was mache.
- weil die Lehrer immer nachvollziehen können, was ich arbeite.
- man so mit den Lehrern, Eltern oder Trainern innerhalb des Schulplaners kommunizieren kann.
- ich nicht so viel mitnehmen muss und alles zusammen habe.

Die Planung und Organisation der Lernzeit mit dem Schulplaner ist für mich nicht gut, weil

- ich es oft vergesse und unordentlich mache, obwohl ich daran erinnert werde.
- wir manchmal so viele unterschiedliche Aufteilungen der Fächer haben.
- ich manchmal sehr durcheinander komme.
- wenn man es dann vergisst, weiß man nicht mehr, was man getan hat.
- man nicht das macht, was man plant.
- der Schulplaner Zeitverschwendung ist. In der Zeit, in der man plant, könnte man gut lernen.
- der Schulplaner kleiner sein könnte um ihn besser zu transportieren.

Was ich dazu noch sagen möchte

- Man lernt früh seine Termine zu planen.
- Durch Änderungen des Unterrichts kommt oft sehr viel durcheinander, deshalb kann man Anfang der Woche nicht alles planen.
- Ein kleiner Wochenplan mit Checklisten-Namen und Platz für Mitteilungen würde auch reichen.

Die Organisation der Lernzeit mit Checklisten und Kompetenzrastern für Mathematik, Deutsch und Englisch

Unterstützt die Arbeitsorganisation des individualisierten Lernens mithilfe von Kompetenzrastern und den ergänzenden Checklisten die Planungssicherheit der Kinder und ihre Fähigkeit zu zielgerichtetem Arbeiten?

Die Oberschule Ronzelenstraße hat auf der Grundlage der Bremer Bildungspläne für die Kernfächer in jedem Jahrgang gestufte Kompetenzen entwickelt, die in Form eines Rasters zur Planung und Leistungsfeststellung dienen. Hinter den einzelnen Kompetenzen liegen Checklisten, die eine Übersicht über die Aufgaben geben, die bearbeitet werden müssen, um die Kompetenzstufe zu erreichen. Durch das Abzeichnen auf den Checklisten und das Abstempeln auf den Kompetenzrastern wird der Lernzuwachs dokumentiert und die Kinder können überprüfen, auf welchem Stand sie sind.

Insgesamt sehen es die Kinder positiv, mit diesen strukturierten Werkzeugen planen und arbeiten zu können, weil es ihnen hilft, den Überblick zu behalten. Wie bei dem Einsatz des Schulplaners sind es die wenigen unorganisierten Kinder, die mit einem »Raster-Denken« Schwierigkeiten haben. Ordnungsliebende finden eine große Unterstützung, weil das System ihre Disposition unterstützt. Sie müssen nicht, wie im traditionellen Unterricht, als Vorbild für andere Kinder fungieren, weil es hier Bestandteil des Konzepts ist. An den Antworten der Kinder kann man ablesen, dass sich organisiertes Arbeiten und strukturiertes Denken lernen lässt und dass es für fast alle Kinder hilfreich ist. Gestufte Aufgabenstellungen und die Freiheit, sich nach eigenem Ermessen Aufgaben auszusuchen, führen zu größerer Zufriedenheit, zu Erfolgserleben und dem Empfinden von Selbstwirksamkeit. Leistungsstarke Kinder spornt die schnelle Bearbeitung der Checklisten und der selbst gewählte Zeitpunkt der Leistungsüberprüfung sehr an. In allen Jahrgängen finden es die Kinder positiv in ihrem eigenen Tempo arbeiten zu können.

Worauf die Jahrgangsteams, die diese Checklisten erstellen, Wert legen sollten, ist eine Sammlung von interessanten, gestuften Aufgaben, die nicht nur aus Abarbeiten von Papier bestehen, sondern problemorientiert sind und auch Kooperation verlangen. Die Kompetenzraster und Checklisten müssen in der Wortwahl aufeinander abgestimmt sein, um die Kinder nicht zu verwirren.

Exemplarische Äußerungen der Kinder (180 positive, 54 kritische Äußerungen):

Die Organisation meiner Lernzeit mit Checklisten und Kompetenzrastern für Mathematik, Deutsch und Englisch ist gut, weil

- man dadurch selbstständig wird und es viel besser ist als bei anderen Schulen.
- man seine Ziele verfolgen kann.
- man immer weiß, auf welchen Stand man ist.
- man die Dinge, die man schon kann, auslassen kann.
- dann nicht immer ein Lehrer vorne steht und sagt, was wir machen sollen.
- ich durch die Checkliste weiß, welche Kompetenzen oder welches Wissen ich für den Test brauche.
- man sieht, was ich schon kann, wo ich mich verbessern kann und was ich machen soll.
- man an den Checklisten mindestens vier Wochen arbeiten kann.
- ich im eigenen Tempo arbeiten kann.
- ich es endlich geschafft habe, mein Tempo zu finden.
- die Aufgaben aufeinander aufbauen.
- man den Stoff immer wieder angucken kann.
- ich meinen Eltern eine Übersicht verschaffen kann, auf welchem Stand ich in der Schule bin.

Die Organisation meiner Lernzeit mit Checklisten und Kompetenzrastern für Mathematik, Deutsch und Englisch ist nicht gut, weil

- ich teilweise ziemlich unordentlich bin.
- die Kompetenzraster manchmal nicht so übersichtlich sind und ich manchmal noch was eintragen muss und es dann vergesse.
- ich mir was vornehme und es nicht schaffe.
- man manchmal hinterher hängt in den Aufgaben, besonders in Deutsch und Mathe.

- ich oft Checklisten verliere.
- man nicht immer einen Partner zum Arbeiten findet und man auch mal zu langsam ist und es nicht merkt.

Was ich dazu noch sagen möchte

- Ich habe schon viele Stempel im Kompetenzraster.
- Es klappt einfach gut, ich mache erst die Aufgaben, die ich kann. Anschließend heftet man die Checklisten und Tests in den Zertifikate-Ordner.
- Wir bräuchten mehr Trennblätter.

Eigene Lernziele setzen und eigene Lernwege planen

Trifft die Grundbedingung des Schulkonzepts selbstständig arbeiten zu können, d. h. sich eigene Ziele zu setzen, sinnvoll zu planen, zu strukturieren und zu entscheiden auf alle Kinder zu? Unterstützt sie ihre Selbstwirksamkeit und Motivation? Von welchen Faktoren ist eine Hinführung zur Selbstständigkeit abhängig?

Mithilfe von Lernentwicklungsgesprächen, des Schulplaners, der Checklisten und des Kompetenzrasters setzen die Kinder eigene Wochenziele und planen so eigenständig ihren Lernweg. Dass dies eine Routine wird, ist eine wichtige Bedingung dafür, selbstständiges Lernen zu lernen. Eine unterstützende Maßnahme ist, dass in einem Themenkreis der ganzen Klasse ein neues Thema vorgestellt wird und die gemeinsamen Grundlagen erarbeitet werden, bevor die Kinder individuell ihre Checklisten bearbeiten.

Den meisten Kindern tut es gut, selbst bestimmen zu dürfen, auch wenn einige anfängliche Schwierigkeiten mit Zielsetzungen und dem Sich-Antreiben haben. Ebenso ist die konsequente Dokumentation dieser Selbstständigkeit für einige schwer.

Die Entwicklung der Fähigkeit, eigene Ziele realistisch zu setzen und ein klares Selbstkonzept zu entwickeln, kann Thema für Lernentwicklungsgespräche sein.

Eigene Lernwege planen zu dürfen heißt nicht unbedingt, allein arbeiten zu müssen. Dazu gehört auch zu lernen, wirkungsvoll im Team zu arbeiten. Diese Teamfähigkeit auf der Grundlage von Denken, Austauschen, Vorstellen muss eingeübt und über die Jahrgänge routiniert werden. So kann Teamarbeit als ein Teil von kompetenzorientiertem Lernen genutzt und geschätzt werden.

Exemplarische Äußerungen der Kinder (204 positive, 36 kritische Äußerungen):

Dass ich eigene Lernziele setzen und eigene Lernwege planen kann, ist für mich gut, weil

- ich dies später in meinem Leben brauche und es dann schon kann.
- man sich selbst einzuschätzen lernt und seinen eigenen Weg gehen kann.
- ich das selbstständige Arbeiten lerne.
- ich damit lerne, mich selbst zu organisieren.
- man selber eine Grenze und Ziele setzen kann.
- ich über mich selbst entscheiden kann.
- Man dadurch das Gefühl hat, dass man sich selbst unterrichtet.
- es für mich ein größerer Ansporn ist.
- wenn man einen Test besteht und sich alles noch alleine beigebracht hat, ist man viel stolzer, als wenn es ein Lehrer einem beibringt.
- ich dann in Ruhe an der Checkliste in meinem Tempo arbeiten kann.
- ich dann immer das machen kann, was ich gut kann.
- wir alle in etwas anderem gut sind.
- jeder sein eigenes Tempo hat.
- ich keinen so großen Druck habe.

Dass ich eigene Lernziele setzen und eigene Lernwege planen kann, ist für mich nicht gut, weil

- ich es nie gelernt habe.
- ich mich selber nicht so gut einschätzen kann.
- ich meistens vergesse, meine Lernziele zu setzen.
- das Geplante nicht oft nicht fertig gemacht wird.
- es sonst immer meine Lehrerin gemacht hat.
- Mitschüler mir nicht helfen können, wenn ich ein Problem habe.
- manche gar nicht arbeiten, sondern Quatsch machen.

Was ich dazu noch sagen möchte

- Manchmal würde ich mir wünschen, dass wir ein paar Sachen zusammen machen könnten, weil man sonst ab und zu hinterher hängt.
- Ich kann aber auch gut mit meinen Freunden arbeiten.
- Unsere Klasse ist zu laut.

Keine regelmäßigen Klassenarbeiten, sondern Tests individuell zu jeder Checkliste

Ist eine Abkehr von »Unterricht im Gleichschritt«, und das heißt auch von Klassenarbeiten im Gleichschritt, hilfreich für den Lernprozess und die Selbstreflexion der Kinder?

Einer der größten Unterschiede zu anderen Sek-I-Schulen ist nicht nur die Individualisierung der Aufgabenerledigung, sondern auch der Leistungsüberprüfung. Die Kinder entscheiden selbst, wann sie bereit sind, einen Test zu den jeweiligen Themen zu schreiben. Im traditionellen Unterricht wird gemeinsam auf eine, im binnendifferenzierten Unterricht auch gestufte, Klassenarbeit hingearbeitet, die von allen Kindern gleichermaßen geschrieben wird und die ein Thema abschließt. Dabei kann kaum Rücksicht auf unterschiedliche Interessen, Lernwege und Lerntempi genommen werden. Dass damit die Freude am Lernen und der Lernzuwachs zugunsten einer abschließenden Zensur in den Hintergrund treten, ist verständlich. Das ist bei einer individualisierten Leistungsüberprüfung ohne Noten nicht der Fall. Die Kinder können abschätzen, wann sie ein Thema soweit erarbeitet haben, dass sie in der Lage sind, einen Test zu schreiben, und sie haben die Möglichkeit, den Test zu wiederholen. Die Leistung wird in Form einer Prozentzahl der erreichten Lösungen bewertet.

Wie die Arbeit mit den Checklisten finden die meisten Kinder es sehr positiv, dass sie in ihrem eigenen Tempo arbeiten können und nicht unter dem Druck stehen, die Arbeit zu einem bestimmten Zeitpunkt schreiben zu müssen. Und sie sehen es auch als selbstverständlich an, dass jeder sein eigenes Tempo hat. Ebenso positiv finden sie, dass sie einen Test verschieben und wiederholen können, wenn sie sich verschätzt haben.

In allen Klassen aber scheint es durch die individualisierte Form des Testschreibens während der Studienzeit im Klassenraum laut zu sein, was die Konzentration beeinträchtigt. Hier wäre ein geschützter Stillarbeitsraum angenehmer.

Vielen Siebtklässlern fällt negativ auf, dass die Bewertung in Form von Prozentzahlen sie von ihren Freunden an anderen Schulen mit einem Notensystem isoliert. Sie wollen, ähnlich wie der Wunsch nach Frontalunterricht zeigt, lieber »normal« sein.

Exemplarische Äußerungen der Kinder (203 positive, 53 kritische Äußerungen):

Dass wir keine regelmäßigen Klassenarbeiten schreiben, sondern individuell zu jeder Checkliste Tests, ist für mich <u>gut</u>, weil

- man dann nicht nach dem Lehrer lernen muss.
- jeder dann auf seinem eigenen Niveau arbeitet.
- ich erst Tests schreiben kann, wenn ich es wirklich verstanden habe.
- ich mich besser auf den Test vorbereiten kann und wenn ich mir nicht sicher bin, kann ich noch mal üben.
- nicht alle Kinder gleich schnell sind und man entscheiden kann, wann man sich so fühlt, dass man den Test schreiben kann.

- wir selbstständig lernen und dann entscheiden können, ob wir alles verstanden haben, oder nicht.
- ich so gut arbeiten und gut Ziele setzen kann. Ich kann mich ganz in Ruhe vorbereiten und muss mich nicht hetzen.
- ich länger Zeit habe zu lernen und selber weiß wie gut ich bin, nur brauche ich manchmal Ansporn, um einen Test zu schreiben.
- wenn man z. B. krank ist und deshalb Unterricht verpasst hat, man trotzdem noch Zeit hat das nachzuholen.
- ich besser arbeiten kann und nicht unter Druck stehe.

Dass wir keine regelmäßigen Klassenarbeiten schreiben sondern individuell zu jeder Checkliste Tests, ist für mich nicht gut, weil

- ich früher immer mit Lehrern geübt habe und jetzt selbstständig arbeiten muss.
- es laut ist, man sich nicht gut konzentrieren kann und keine Konkurrenz hat.
- ich das dann zu lange heraus zögere.
- ich dann manchmal vergesse einen Test zu schreiben.
- ich mich nicht mit den anderen vergleichen kann.

Schüler-Eltern-Lehrer-Gespräche

Wirkt die Reflexion über das eigene Lernen in Schüler-Eltern-Lehrer-Gesprächen als ergänzende Form der Leistungseinschätzung und Kompetenzerfassung unterstützend und bezieht sie die Eltern angemessen in das schulische Arbeiten ihrer Kinder ein?

Die Kinder haben Lernentwicklungsgespräche mit ihren Lehrern. Ergänzend dazu finden regelmäßig Schüler-Eltern-Lehrer-Gespräche statt, die von allen Beteiligten vorbereitet werden. In den Gesprächen liegt das Hauptaugenmerk darin, die Kinder in ihrer Zielsetzung und Lernplanung zu unterstützen und Rückmeldung zu geben, inwieweit vergangene Ziele erreicht wurden.

Die Gründe, warum die Kinder die Schüler-Eltern-Lehrer-Gespräche nicht gut finden, ähneln denen von traditionellen Sprechtagen: Die Angst, dass »etwas herauskommt«, dass das Verhalten der Kinder vor den Eltern kritisiert wird. Die positiven Äußerungen überwiegen trotz allem, z. B. das Gefühl, dass sich die Kinder ungestört aussprechen können. Dabei sind die Formulierungen der Kinder interessant, die auf unterschiedliche, eher selbst- oder fremdbestimmte Sichtweisen auf ihr Lernen deuten: einige Kinder erfahren, was sie tun sollen, andere können sagen, was sie tun wollen; einige erfahren, wie sie sich verbessern sollen, andere können darüber informieren, wie sie sich selbst einschätzen.

Exemplarische Äußerungen der Kinder (192 positive, 50 kritische Äußerungen):

Die Schüler-Eltern-Lehrer-Gespräche sind für mich gut, weil

- ich dabei sein darf und auch weiß, worum es geht. Es geht ja schließlich um mich.
- ich dort frei über Sachen sprechen kann, die ich vielleicht nicht einfach so sagen möchte.
- wir dann die Last von unseren Herzen sprechen können. Das finde ich gut.
- man erfährt, wo man steht oder wie die Leistungen gestiegen und gesunken sind und weil man gut über Probleme sprechen kann.
- ich meine Leistung dann besser einschätzen kann.
- ich erfahre, was ich an mir noch verbessern kann.
- man dadurch weiß, wie gut man ist, und wenn man nicht so gut ist, kann man sich nach dem Schüler-Lehrer- Eltern- Gespräch mehr anstrengen.
- meine Eltern und ich dann wissen, auf welchem Stand ich bin.
- meine Eltern auch mal sehen können, wie ich arbeite und wie meine Leistungen sind.
- ich den Lehrern so gut sagen kann, was meine Probleme sind, aber auch, weil sie mir und meinen Eltern sagen wo ich noch was lernen soll.

Die Schüler-Eltern-Lehrer-Gespräche sind für mich nicht gut, weil

- man doch auf dem Kompetenzraster sieht, wo man ist.
- meine Eltern etwas hören, was ich nicht will, dass die das hören.
- ich Angst habe, dass ich Ärger kriege.
- ich vor dem Gespräch immer aufgeregt bin.
- ich finde, dass die Lehrer den Eltern gegenüber nicht offen genug sind.
- die Eltern schon alles wissen, was da gesagt wird und man gezwungen wird, alles selber zu sagen und eine Woche später ist alles wie vor dem Schüler-Eltern-Lehrer-Gespräch.

Stärken – Schwächen

Die Schüler-Befragung wird abgerundet durch Fragen, was nach Meinung der Kinder Stärken und Schwächen ihrer Schule sind und durch Kommentare der Kinder, die über die konkret gestellten Fragen hinausgehen. Hier kommen weitere Aspekte des täglichen Schullebens und des Schulprofils zum Tragen, z. B. die Tatsache, dass die Oberschule Ronzelenstraße eine sportbetonte Schule ist, die Schulhofgestaltung und das Mensaessen.

Die Kinder des 5. Jahrgangs beschäftigen sich noch sehr mit der Organisation ihres Schulalltags; die Begeisterung darüber, dass sie selbstständig lernen dürfen, ist aus den Antworten klar herauszulesen. Im 6. Jahrgang sind die Kinder noch damit beschäftigt, sich zurechtzufinden, auch was die Arbeitsorganisation und -ruhe angeht. Das selbstständige Arbeiten mit seinen verschiedenen Werkzeugen hat einen hohen Stellenwert. Die Siebtklässler haben durch ihre längere Erfahrung mit dem System gute Vergleichsmöglichkeiten mit anderen Schulen; einige von ihnen wollen die traditionelle Bewertung durch Noten, weil es ihnen einfacher und klarer erscheint. Hier ist zu überlegen, auf welche Art die in Bremen obligatorische Notengebung in der 9. Klasse mit den anderen Formen der Leistungsbewertung verknüpft werden kann, so dass die Noten nicht die Darstellung der Lernentwicklung überdecken.

Exemplarische Äußerungen der Kinder (311 positive, 227 kritische Äußerungen, bezogen auf das gesamte Schulleben):

Was findest du an deiner Schule sehr gut und was möchtest du auf keinen Fall verändern?

- Das selbstständige Arbeiten.
- Dass man in seinen Schritten lernt und selber plant.
- Dass wir in unserem Tempo arbeiten können und uns kein Lehrer irgendwas erklärt, sondern wir das lernen können, so wie wir das verstehen.
- Die Studienzeit und Projektunterricht und dass man sich aussuchen kann, wann man einen Test schreibt.
- Tests schreiben, wann wir wollen. Lehrer, die einen weiterhin unterstützen.
- Die Notenbefreiung ist hier mit das Beste.
- Dass man so viel lernt!
- Studienzeit, weil es so leise ist.
- Den Schulplaner, weil ich mit ihm alles genauestens planen kann und deshalb auch meinen Zielen Schritt für Schritt immer näher komme.
- Die Checklisten und die Kompetenzraster.
- Die Schüler-Eltern-Lehrer-Gespräche möchte ich nicht verändert haben.
- Ganztagsschule und keine Hausaufgaben und kein G8.
- Dass wir keine Hausaufgaben haben und in der Schule essen.
- Dass man so viel Sport hat und das Konzept.
- Die Zusammenarbeit mit der ganzen Klasse im Themenkreis.

Was findest du nicht gut und was würdest du sofort verändern, wenn du könntest?

- Dass man fest Deutsch, Englisch und Mathe hat. Dass das Planen aufhört und dass die Schule so lange geht, es reicht auch bis 15:00 Uhr Schule zu haben.
- Den Englischunterricht auf normalen Englischunterricht wieder umzustellen.
- Dass die Lehrerin und die Klasse mehr erklären und dass wir nicht alles aus Büchern herausfinden sollen.
- Die Studienzeit, bei der kann man sich nicht konzentrieren.
- Dass man, wenn jeder diese Checkliste bearbeitet hat, auch mal mit der ganzen Klasse einen Test darüber schreiben könnte.

- Ich möchte gerne Noten haben, weil man dann nicht mehr umrechnen muss, wenn man mit Freunden redet.
- Schüler-Eltern-Lehrer-Gespräche.
- Mehr Themenkreise.
- Dass man jede Aufgabe, die man bearbeitet, in den Schulplaner schreiben muss.
- Ich würde den Schulplaner auf DIN A5 verkleinern und nur Tests und wichtige Termine eintragen. Weniger Studienzeit.
- Dass das Sozialtraining wieder eingeführt wird.

Was sollten wir noch zum Lernen in deiner Schule wissen?

- Ich finde das Schulsystem sehr gut, weil man frei und unabhängig lernen kann.
- Dass man alles, was man im Leben braucht, z. B. Planung, hier und jetzt schon lernt.
- Die Schule ist ganz gut, doch manchmal fehlt mir der Frontalunterricht in Mathe, Deutsch und Englisch.
- Ich finde auch gut, dass es eine Ganztagsschule ist.
- Dass meine Oberschule eine Sportschule ist.
- Die Schule ist gut und wir lernen schnell.
- Konkurrenz kommt auf, jeder möchte der Weiteste sein.
- Ich mag meine Schule, weil sie zu mir steht.

Ausblick

Insgesamt kann man sagen, dass von den 250 befragten Schülerinnen und Schülern der größte Teil seine Schule mag und stolz auf sie ist. Sie finden die Organisation in Studienzeit, Projektlernen und Kurse sinnvoll und sehen es als positiv an, selbst entscheiden zu dürfen. Sie fühlen sich unabhängig von ihren Lehrern, die dennoch in der Qualität der Klassenführung eine große Rolle spielen. Kritische und negative Antworten zeigen, dass diese Kinder an sich selbst und in ihrer Schule einen Optimierungsbedarf sehen, der in Gesprächen oder einer Fortsetzung der Umfrage weiter konkretisiert werden müsste.

Das Lernen an der Oberschule Ronzelenstraße ist anspruchsvoll. Die Kinder müssen neben Fachinhalten lernen, wie man Dinge plant und entscheidet. Die Arbeit ist mit großem Dokumentationsaufwand verbunden, der Schulplaner und die Checklisten müssen übersichtlich geführt werden, was nicht jedem liegt. Es ist für einige wenige Kinder, die ein solches strukturiertes Arbeiten nicht lernen können, eine Überforderung. Hier könnten die Formen der Dokumentation angepasst werden. Ebenso kann es zu einer Last werden für Pubertierende, wenn sich bestimmte Arbeitstechniken nicht vor diesem Lebensabschnitt routiniert haben, wie einige Antworten von Siebtklässlern zeigen.

Die Ergebnisse der Befragung sind repräsentativ für die drei Jahrgänge des neuen Oberschulkonzepts. Sie werden in der Oberschule Ronzelenstraße den Lehrkräften, Schülern und Eltern öffentlich und auch im Unterricht zur Diskussion gestellt und sind ein Werkzeug des schulischen Qualitätsmanagements geworden. Die Ergebnisse dienen auch als Material des Mathematikunterrichts der Gy-8-Schülerinnen und -Schülern (Unterrichtsergebnisse s. Anhang). Die Befragung soll, wenn der Starter-Jahrgang die Schule verlässt, wiederholt und erweitert werden, um ein rundes Bild von einem Durchgang der Oberschule zu bekommen.

Was sich mit der Befragung nicht abbilden lässt, ist, ob die größere Selbstständigkeit, Reflexionsfähigkeit und kognitive Aktivierung zwangsläufig zu besseren, messbaren Schulleistungen führen. Die Vermutung, dass es so ist, liegt jedoch nahe, wenn man sich die guten PISA-Ergebnisse der Max-Brauer-Schule ansieht, deren Konzept als Grundlage für das der Oberschule Ronzelenstraße genutzt wurde.

Kompetenzorientierter Unterricht – tut das gut?

Ja, das tut gut, besonders den Kindern, die viel mitbringen und schnell lernen, weil ihre Dispositionen stärker unterstützt werden.

Den Kindern mit einem schwachen Selbstkonzept, denen es schwer fällt Verantwortung zu übernehmen, selbstständige Entscheidungen zu treffen oder Listen zu führen tut es auch gut, weil sie in ihren Bereichen erfahren, was Erfolgserlebnisse sind und stolz auf ihre Leistung sein können.

Letztendlich tut es auch den Lehrern gut, weil sie den Kindern näher sind, als sie es im traditionellen Unterricht sein können, über sie Bescheid wissen und sie gezielt fördern können. Und damit wie ihre Schüler zufrieden und motiviert arbeiten können.

Zum Nachlesen

Zu Schulkonzepten:
www.sz-ronzelen.de
www.max-brauer-schule.de
www.institut.beatenberg.ch

Zu Bremer Oberschulen:
www.bildung.bremen.de
www.lis.bremen.de

Zu Fragebogenergebnissen:
jspringfeld@lis.bremen.de

5. **Was möchtest du noch zu deiner Schule sagen?**

Ich bin froh das ich hier bin!

5. **Was möchtest du noch zu deiner Schule sagen?**

Das die Schule die beste Schule ist.

5. **Was möchtest du noch zu deiner Schule sagen?**

Sie ist cool!!!

5. **Was möchtest du noch zu deiner Schule sagen?**

Ich finde sie Toll und sie soll bleiben wie sie ist

5. **Was möchtest du noch zu deiner Schule sagen?**

Die Schule ist richtig GEIL! ☺

5. **Was möchtest du noch zu deiner Schule sagen?**

Super!!!

5. **Was möchtest du noch zu deiner Schule sagen?**

Diese Schule ist sehr sehr gut

5. **Was möchtest du noch zu deiner Schule sagen?**

Ich würde nie wechseln (zu anderen Schulen?)

Mama, heute mache ich das Seepferdchen
Ein Plädoyer für Leistungsnachweise und Leistungs-überprüfungen

EVA GLATTFELD

Lernen macht Spaß – Leistungsnachweise auch

Jeder, der kleine Kinder beim Spielen und damit beim Lernen beobachtet hat, kann feststellen, wie selbst vertieft auch kleine Kinder nach Lösungen suchen und dabei oft Zeit und Raum vergessen. Und der Stolz und das Funkeln in den Augen, wenn etwas gelingt:»Mama guck mal, was ich kann«.

In der Schule muss ein Weg gefunden werden, damit die Lernfreude erhalten bleibt und der Stolz auf Leistungsnachweise ebenfalls.

Spitzer (2007):»Das Gehirn kann nicht anders als lernen. Das macht ihm die allergrößte Freude.«

Begriffsklärung

Physikalisch gesehen ist Leistung der Quotient aus Arbeit, der dafür aufge-wendeten Energie und der dafür benötigten Zeit.

In der Pädagogik ist die Definition nicht so einfach. In der Schule wird die Leistung an einer gewissen Norm gemessen und meist mit Noten bewertet.

Die Überprüfung fachlichen Wissens orientiert an standardisierten Normen hat auch lerntheoretisch durchaus ihre Berechtigung.

Leistungsbewertung, insbesondere in Form von Noten, ist nicht unbedingt lernförderlich. Es ist hinlänglich bewiesen, dass Noten ungerecht sind, beson-ders wenn die Gaußsche Normalverteilung zur Anwendung kommt. Ist das Kind in einer leistungsstarken Gruppe, erzielt es schlechtere Noten als in einer leistungsschwachen Gruppe. Dieselbe Leistung wird unterschiedlich bewertet. Noten zeigen auch nicht auf, ob ein individueller Lernfortschritt erfolgt ist. Wurde in einem Jahr eine knappe 2- erreicht, stand auf dem Zeugnis die Ziffer 2. Strengte sich dieses Kind im nächsten Halbjahr sehr stark an und erreichte damit eine»sehr gute 2«, so stand auf dem Zeugnis wieder die Ziffer 2. Das Kind hatte das Gefühl, dass die Anstrengung sich nicht gelohnt hat.

Die Expertise die H. Brügelmann u. a. (2006) für den Grundschulverband ge-schrieben haben zeigt auf, dass die Abschaffung von Noten und der Ersatz durch Verbalbeurteilungen allein keine Verbesserung der Lernbereitschaft und des

Lernerfolgs von Schülern bewirkt. Im Pressetext zur Expertise werden zwei Bedingungen genannt, damit die Leistungsbewertung nicht im Widerspruch zur Leistungsförderung steht. Zum einen muss der Unterricht so verändert werden, dass die Eigentätigkeit der Schüler zunimmt. Lernwege planen, Lernentwicklungen reflektieren und Lernergebnisse würdigen muss in einem kommunikativen Prozess geschehen (kommunikative Validierung). Zum anderen muss der Zusammenhang von Leistungsbewertung und Selektion entkoppelt werden.

Gesetzliche Grundlagen der Leistungsbewertung

Die Rahmenvorgaben gibt die KMK. Jedes Bundesland hat seine eigenen Ausführungen. Das Schulgesetz Nordrhein-Westfalen (Stand: 01.05.2012) regelt in § 48 »Grundsätze der Leistungsbewertung«:

- »Die Leistungsbewertung soll über den Stand des Lernprozesses der Schülerin oder des Schülers Aufschluss geben; sie soll auch Grundlage für die weitere Förderung der Schülerin oder des Schülers sein.
- Die Leistungsbewertung bezieht sich auf die im Unterricht vermittelten Kenntnisse, Fähigkeiten und Fertigkeiten. Grundlage der Leistungsbewertung sind alle von der Schülerin oder dem Schüler im Beurteilungsbereich »Schriftliche Arbeiten« und im Beurteilungsbereich »Sonstige Leistungen im Unterricht« erbrachten Leistungen.«

In der Ausbildungs- und Prüfungsordnung sind Anzahl und Dauer der Klassenarbeiten festgelegt.

In der Ausbildungs- und Prüfungsordnung SI ist aber auch das Recht auf individuelle Förderung verankert.

Das Rahmenkonzept »Individuelle Förderung« benennt als eine Form der inneren Differenzierung individuelle Aufgaben, Themen, Lernzeit, Material.

Das Land NRW benennt als förderliche Faktoren einer gelingenden individuellen Förderung:

*1. Lehrerinnen und Lehrer nehmen in der Praxis der individuellen Förderung einen **Perspektivwechsel** vor. Bei ihnen stehen nicht ihr Fach und dessen Inhalte im Vordergrund ihres pädagogischen Handelns, sondern die einzelne Schülerin und der einzelne Schüler mit ihren/seinen jeweiligen Kompetenzen. Auf der Basis einer Diagnostik (Schülerdiagnostik und Unterrichtsdiagnostik) erfolgt eine individuelle Förderung, deren Wirksamkeit systematisch beobachtet wird. Schülerinnen und Schüler werden an der Entwicklung und Umsetzung der individuellen Förderung beteiligt. Maßnahmen zur Förderung und zur Lernentwicklung sind auf die **Partizipation** hin angelegt. Die Selbstständigkeit der Lernenden in der Steuerung ihres Lernens ist zentrales Ziel.*

2. *Schulen entwickeln ein **systematisches Vorgehen**. So werden Maßnahmen zur individuellen Förderung konzeptgeleitet geplant und umgesetzt (Beschreiben von Ausgangslage, Entwicklungsziel, erwartetem Zwischenergebnis, möglichen Kriterien/Indikatoren zur Überprüfung der Zwischenstände und des Entwicklungsziels, notwendige Ressourcen und Stundenbedarf sowie von jeweils geplanten Entwicklungszeiträumen) Beratung und Übergangsmanagement ergänzen zunehmend ausdifferenziert den Förderkreislauf.*

3. *Schulen entwickeln ein **integrierendes Förderkonzept**, das Maßnahmen und Bereiche schulischer Praxis aufeinander bezieht, miteinander vernetzt und aufeinander abgestimmt schrittweise kontinuierlich weiter entwickelt. Grundlage des Konzeptes sind die Leitideen zur »Individuellen Förderung«, die von allen an der jeweiligen Schule Beteiligten getragen werden müssen.*

4. *Schulen pflegen eine **Kooperation** zwischen allen am schulischen Leben Beteiligten und bauen **Transparenz der schulischen Arbeit** kontinuierlich aus. So wird das schulische Förderkonzept unter Mitwirkung von Schülern, Eltern, Lehrern und außerschulischen Partnern entwickelt, in den Mitwirkungsgremien der Schule erörtert und beschlossen.*

5. *Schulen praktizieren **Entwicklungsoffenheit**. So werden z. B. die jeweiligen schulischen Initiativen und Konzepte zur individuellen Förderung in ihrer Entwicklungsperspektive dargestellt. Strukturen, Verfahrensweisen, Instrumente und Arbeitsformen werden kontinuierlich weiter entwickelt. Die Schule zeigt Bereitschaft und Interesse, andere Schulen und Akteure an der Schul- und Unterrichtsentwicklung im Bereich der individuellen Förderung zu beteiligen bzw. teilhaben zu lassen. In der Kooperation mit anderen Schulen werden Konzepte und Verfahren entwickelt, die eine bruchlose Gestaltung individueller Lern- und Bildungsbiografien gewährleisten.*

*Mit diesem Verständnis von individueller Förderung wird einer Unterrichts- und Schulentwicklung im Sinne von »**Schule als lernende Organisation**« Vorschub geleistet.*

Eine Schule als lernende Organisation

- *richtet ihr Handeln an gemeinsamen Vorstellungen aus (Vision)*
- *legt ihre pädagogischen und didaktischen Strategien sowie ihre Handlungen offen, prüft sie kritisch und entwickelt sie kontinuierlich weiter (mentale Modelle)*
- *pflegt eine systematische und institutionalisierte Kooperation im Kollegium (Team-Lernen)*
- *stärkt und pflegt die Bereitschaft der einzelnen Kolleginnen und Kollegen, sich selbst weiterzubilden (Personal Mastery)*

- *verfügt über eine Praxis des Schulleitungshandelns, das individuelle Gegebenheiten der an Schule Beteiligten, Organisationsabläufe, Kooperationsprozesse, schulische Strukturen und Bezüge in ihrer Bedeutung füreinander wahrnimmt und vor dem Hintergrund des Bildungs- und Erziehungsauftrags von Schule mit den Betroffenen gemeinsam gestaltet (Systemisches Denken).*

nrw portal zur Individuellen Förderung

Lösung des Dilemmas?

In der Schule leben wir in dem schier unlösbaren Spagat zwischen Auswüchsen der Standardsicherung (schon im 5. Schuljahr schreiben alle Klassen am gleichen Tag im gleichen Fach die von einer Fachkonferenz gemeinsam entwickelte Klassenarbeit, orientiert an zu erwerbenden Fachkompetenzen) und den Anforderungen individueller Förderung.

Dieses Dilemma kann eine Schule nur dann lösen, wenn sich eine mutige Schulleitung mit dem Kollegium und den Eltern auf den Weg macht und unter Beachtung der juristisch verbindlichen Verwaltungsvorschriften nach Gestaltungsmöglichkeiten sucht.

Lerntheoretisch ist es Unsinn, Klassenarbeiten am Ende einer Unterrichtsreihe zu schreiben. Für die Schüler ist der Stoff abgeschlossen, es besteht also nicht die unmittelbare Notwendigkeit sich mit seinen Defiziten auseinanderzusetzen.

Wo steht geschrieben, dass Klassenarbeiten zur gleichen Zeit, im gleichen Raum stattfinden müssen?

Wo steht geschrieben, dass Klassenarbeiten, die nicht die Note ausreichend erzielten, nicht wiederholt werden dürfen?

In Finnland gibt es ein Zentralabitur mit zwei Terminen jährlich. Das Abitur kann über drei Termine gestreckt werden. Nicht bestandene Prüfungsteile dürfen wiederholt werden, auch bestandene Prüfungsteile können zum Erreichen einer besseren Note oder eines höheren Niveaus wiederholt werden.

Warum nicht einfach so bewerten: Grundanforderungen erreicht/nicht erreicht. Wiederholung möglich?

Ich verwende im Folgenden Leistungsüberprüfung im Sinne einer diagnostischen Leistungsfeststellung bzw. Leistungsermittlung wie bei jedem Führerschein: Wenn die Grundanforderungen erreicht sind, erhält man die Erlaubnis zu fahren. Sind die Grundanforderungen nicht erreicht, wird weiter geübt und zu einem späteren Zeitpunkt erneut die Prüfung angetreten.

Von daher ist es auch nur konsequent, dass Gesamtschulen, die bis zur Klasse 8 keine Versetzung kennen, aber Noten geben müssen, die im Kasten individuelle Förderung aufgezeigten Grundsätze konsequent schon umgesetzt haben, indem sie Förderkonzepte haben, die sicherstellen, dass jeder Schüler die notwendigen Grundanforderungen erreichen kann, die zum Weitergehen in die nächste Jahrgangsstufe erforderlich sind.

Da die gesetzlichen Grundlagen auch für diese Schulen gelten, muss das schulische Förder- und Leistungskonzept kreative Wege aus den Vorgaben der gesetzlichen Grundlagen und den Anforderungen der individuellen Förderung finden.

Das Thema gewinnt zunehmend Beachtung, da auf dem Weg zur Inklusion es zunehmend mehr Schulen klar wird, dass Unterricht verändert werden muss und die bisherige Form der Leistungsbewertung nicht mehr passt.

Das Lisum (2005, S. 18) benennt als Qualitätsansprüche an den professionellen Umgang mit Leistungen:

A. Eigene theoretische Klarheit schaffen

- *Schulische Leistungen werden von vier Kompetenzbereichen bestimmt.*
- *Schulische Leistungen werden durch den Prozess der Genese, ein Produkt und ggf. eine Präsentation charakterisiert.*
- *Professioneller Umgang mit Leistungen ist in drei spezifische Etappen gegliedert: Leistungsermittlung, Leistungsbeurteilung, Leistungsrückmeldung/ Feedback.*
- *Professioneller Umgang mit Leistungen erfordert kontrollierte Subjektivität und Transparenz der Beurteilung.*
- *Zensuren sind nur eine und dazu ergänzungsbedürftige Form der Leistungsrückmeldung.*
- *Professioneller Umgang mit Leistungen erfordert zwingend Selbsteinschätzung der Schüler sowie Einschätzung der Leistungen Anderer.*
- *Professioneller Umgang mit Leistungen schließt selbstkritische Sicht der pädagogischen Arbeit der Lehrkraft ein.*

B. Konsens herstellen

- *Es müssen Vereinbarungen zum Umgang mit Leistungen mit Fachkollegen und Lehrkräften der Lerngruppe, mit Schülern und Eltern getroffen werden.*

Kompetenzorientierter Unterricht – die Lösung?

Solange sich die Kompetenzorientierung nur auf die fachliche Kompetenz bezieht und eigentlich in der Formulierung statt »die Schüler sollen können«

(Lernzielformulierung) jetzt das Vokabular die »Schüler sollen die Kompetenz erreichen« steht, wird sich Unterricht nicht verändern.

Hilbert Meyers (2012, Handout auf der Didacta) macht im Titel schon klar:

Kompetenzorientierung allein macht noch keinen guten Unterricht!

Der Begriff Kompetenz (wörtlich übersetzt »Fähigkeit«) ist ein theoretisches Konstrukt, also eine Erfindung von Wissenschaftlern, mit deren Hilfe zwischen der gezeigten Leistung und den ihr zugrunde liegenden Tiefenstrukturen des Könnens, Wissens und Wollens unterschieden wird. Statt von »gezeigter Leistung« wird auch von »Performanz« (vom engl. performance) gesprochen, statt von Kompetenzen auch von »Dispositionen«:

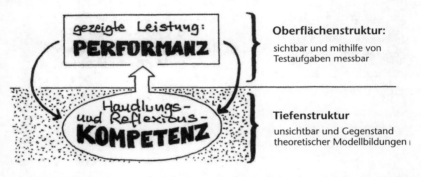

Oberflächenstruktur:
sichtbar und mithilfe von Testaufgaben messbar

Tiefenstruktur
unsichtbar und Gegenstand theoretischer Modellbildungen

Man kann Kompetenzen nicht sehen, riechen oder fühlen. Man sieht nur, was Menschen mit Hilfe ihrer Kompetenzen zustande bringen.

Meyer (2012, S. 7)

Meyer (2012, S. 11) lädt zur Reflexionsübung Zollstock-Messer-Experiment (siehe Arbeitshilfe 1 am Ende des Beitrags) ein, weil er damit »sinnlich-handfest mehrere Charakteristika kompetenzorientierten Lernens deutlich macht, die in den Kerncurricula und Fachdidaktiken nur hin und wieder benannt werden:

1. Kompetenzorientiertes Lernen ist immer ganzheitlich. Sie (die Schüler) mussten experimentieren; sie mussten Kopf, Herz, Finger und auch die Füße einsetzen.
2. Es ist in der Regel fächerübergreifend. Es ging um Physik, Technik, kommunikative Verständigung.
3. Es ist in mehr oder weniger heftige Emotionen eingebettet.
4. Es erfordert – zumindest in diesem Experiment – Teamarbeit. Sie mussten also Ihre sozialen Ressourcen aktivieren.«

Wenn Schulen mit Kompetenzrastern arbeiten, ändert sich nicht automatisch der Unterricht.

Es bedarf dazu weiterer reformpädagogisch erprobter Instrumente, wie:

- **Lerntagebücher**
  In Lerntagebüchern dokumentieren Schüler regelmäßig und kontinuierlich ihre Lernfortschritte. Sie sind ein gutes Instrument das Gelernte zu festigen. Die Wirkung ist jedoch nicht nur auf der kognitiven Ebene erkennbar, sondern auch auf der affektiven Ebene wird die Schülerpersönlichkeit gestärkt durch den Stolz über den Erfolg, über das Rituelle der Handlung.
  Es gibt viele Formen von Lerntagebüchern. In diesem Zusammenhang sei verwiesen auf die im Institut Beatenberg »Layout« genannte Tages- und Wochenplanung und Reflexion. Margit Weidner (2003) hat für ihre Klassen an einer Förderschule Erziehung Lernbegleithefte entwickelt. Die Leonardo da Vinci Gesamtschule in Wolfsburg hat Wochenpläne in den Diario genannten Logbüchern.
  Die kommerziellen Lernplaner, die viele Schulen verwenden, sind relativ einfach zu Lerntagebüchern zu gestalten. Wesentlich ist, dass selbst gewählte Tagesziele formuliert werden und am Ende des Tages, des Projekts, der Zeit im Lernbüro die Arbeit reflektiert wird.

- **Entwicklung einer Feedbackkultur**
  Ein regelmäßiges Feedback ist ein effektives Mittel, um das soziale Klima zu gestalten. Mit den Regeln des Feedbacks wird eine besondere Kultur der Auseinandersetzung mit der anderen Person gepflegt. Zuerst ist immer der Focus auf die positiven Erfahrungen mit der Person gerichtet und dann erst darf eine kritische Auseinandersetzung folgen. Die Rückmeldung muss immer konkret und situativ sein und darf nicht verallgemeinern oder sich auf Persönlichkeitsmerkmale beziehen. Das wirkt den oft und schnell getroffenen Zuschreibungen entgegen, die ein soziales Klima vergiften. Richtiges Feedback geben erfordert Empathie, auf jeden Fall wird damit empathisches Handeln gefördert. Die das Feedback entgegennehmende Person bekommt die Chance sich im Spiegel der anderen zu sehen. Das ist ein wichtiges Korrektiv. Es schützt sowohl vor Selbstüberschätzung als auch Selbstunterschätzung. Feedback ist eine Kultur, die Konflikten entgegenwirkt. Ihre Ausrichtung ist das Verhandeln von Interessen und Bedürfnissen zu beiderseitiger Befriedigung. Regeln zum Feedback finden sich im Materialanhang, Arbeitshilfe 2.

- **Lernentwicklungsgespräche**
  Die Lernentwicklungsgespräche machen den Paradigmenwechsel zur herkömmlichen Leistungsbewertung am deutlichsten. Die Haltung zum Schüler ist hier eine grundsätzlich andere. Es wird von den Entwicklungspotentialen ausgegangen und nicht von möglichen Defiziten. Auch dies ist ein Instrument, das die Schüler in ihrer Persönlichkeit stärkt, die Lehrkraft in den Fähigkeiten, Achtsamkeit, Einfühlungsvermögen und beratendes Gespräch schult. Lernentwicklungsgespräche fördern eine vertrauensvolle Beziehung zwischen

Lernenden und Lehrenden. Sie sind der »Botenstoff« Vertrauen, der die Verknüpfung von der Erfahrung zu dem zu Lernenden schafft. Beispiele dazu finden Sie im Materialanhang, Arbeitshilfe 3.

- **Beobachtungsbögen für Lehrer**
  Dem Einsatz von Beobachtungsbögen liegt das gleiche lernpsychologische Konzept zugrunde und erzielt ähnliche affektive Wirkungen. Es richtet die Aufmerksamkeit der Lehrperson auf die individuellen Unterschiede in der Lernbiografie der Schüler.

- **Selbsteinschätzungsinstrumente für Schüler**
  Oft genug klaffen Selbsteinschätzung und wirkliche Leistung weit auseinander. Schlechte Schüler neigen dazu sich zu überschätzen, gute Schüler neigen dazu sich zu unterschätzen. Eine realistische Einschätzung der eigenen Leistung ist für Kinder und Jugendliche ein wesentlicher Schritt zur Entwicklung des Selbstbewusstseins und des Gefühls der Selbstwirksamkeit. Deshalb sollen auch hierzu einige Beispiele beigefügt werden, Arbeitshilfen 4 und 5.

- **Portfolio**
  (siehe dazu den Beitrag 6 von Irmtrud Lohmar: Portfolio in der Grundschule)

Zwei Beispiele für individualisiertes Lernen und Formen von individueller Leistungsmessung und Leistungsbewertung

Institut Beatenberg, Schweiz

Das Institut ist kein edles schweizer Internat, sondern ein Internat für Schüler mit einer individuellen Schulkarriere und für viele von ihnen die letzte Chance. Der Tages- und Wochenablauf in Beatenberg ist ganzheitlich, denn Lernen findet immer statt, wie Manfred Spitzer in einem Vortrag in Schwäbisch-Gmünd klarstellt.

So wird schon der Schulweg zum (Sport)unterricht. Das Internat ist in zwei einen Kilometer voneinander entfernten Häusern untergebracht. Wer in dem einen Haus wohnt, hat Unterricht in dem anderen und umgekehrt. Das Mittagessen wird im Wohnhaus eingenommen. So ist sichergestellt, dass jeder Schüler am Tag mindestens vier Kilometer zu Fuß durch die frische Luft geht.

Der Unterricht findet in altersgemischten Lerngruppen statt und ist nicht mehr nach einzelnen Fächern aufgeteilt, sondern cirka zweistündige Lernzeiten der individuellen Einzelarbeit, des kooperativen Lernens und des Lernens in Fachkursen wechseln einander ab.

Lernen findet, sooft es geht, auch außerhalb der Schule statt.

A. Müller (2007, S. 150): »Die aktive Gestaltung von Lernprozessen verlangt nach selbstwirksamer Beteiligung. Wer beteiligt ist, setzt sich auseinander – mit den Dingen und mit sich selbst.«

Müller (2007, S. 224) benennt als Kompetenzbereiche die fachlichen Kompetenzen (knowledge), methodische Kompetenzen (skills) und die personal-sozialen Kompetenzen (attitude). Dieser Kategorisierung entsprechen die Luxemburger Kompetenzbezeichnungen: Wisse, könne, welle. Die Kompetenzbereiche stehen in Beziehung zueinander. Lernen hat viel mit Beziehung zu tun, zu sich, zu anderen und zu den Dingen. Beziehung vor allem zu sich selbst ist verbunden mit Wertschätzung und das ist der Boden auf dem Commitment wächst. Commitment ist laut Müller (2007, S. 224) »ein Ausdruck für die persönliche, innere Entscheidung, etwas zu tun und zwar der Sache wegen, ohne Rücksicht auf äußere Faktoren. Wir fühlen uns dann innerlich für ein Verhalten verantwortlich, wenn wir überzeugt sind, ohne äußeren Druck zu handeln. Belohnungen sind nichts anders als eine sozialverträgliche Variante äußeren Drucks.«

Commitment kann man als Leistungsbereitschaft übersetzen, es umfasst aber noch mehr: Einsatz, Hingabe und Engagement.

»Lernen wird dann zur persönlichen Chefsache, wenn Schüler zu Aussagen kommen wie: »Ich lerne gerne«. Oder: »Leistung macht Spaß.«

»Lernen macht Spaß – oder krank. Ein ausgeprägtes Köhärenzgefühl trägt wesentlich zur Förderung und Aufrechterhaltung der Gesundheit bei. Es setzt sich aus drei eng miteinander verbundenen Komponenten zusammen:

1. **Gefühl der Verstehbarkeit (comprehensibility)**
   [...] Stimuli [...] können eingeordnet und erklärt – und damit eben verstanden – werden.
2. **Gefühl von Bewältigbarkeit (manageability)**
3. **Gefühl von Sinnhaftigkeit (meaningfuness)**
   [...] Sinn entwickelt sich namentlich dann, wenn Menschen sich selbstwirksam beteiligt fühlen und ihnen das, was sie tun, etwas bedeutet«. (Müller 2007, S. 227)

Im Institut Beatenberg findet eine klare Trennung von Lernsituation und Leistungssituation statt. Am Arbeitsplatz jedes Schülers hängen Kompetenzraster für jedes Fach. Zu Beginn eines Schuljahres wird mit einem Punkt der Ist-Stand markiert. Die Diagnose des Ist-Standes wird mit Hilfe einfacher Tests, Beobachtung und Selbsteinschätzung festgestellt. In den höheren Jahrgängen haben Jugendliche die berufsspezifischen Kompetenzprofile (u. a. hat der kantonale Gewerbeverband Zürich auf seiner Homepage www.kgv.ch über fünfzig berufsspezifische Kompetenzprofile) als Ziellinien auf dem Kompetenzraster eingetragen.

Schüler können Tests individuell und nach eigener Entscheidung zu selbst gewählten Zeitpunkten schreiben.

Erreichte Kompetenzstufen werden mit Prüfungen bewiesen und mit Punkten auf dem Kompetenzraster sichtbar gemacht.

Jeden Freitag ist Präsentationstag, an dem die Ergebnisse der Wochenarbeit vorgestellt werden. Die Schüler entscheiden selbst, was, wie viel und mit wem sie etwas präsentieren wollen. Rückmeldungen und Bewertungen kommen nicht nur von den Lehrkräften, die sich als Lernbegleiter (Lerncoach) definieren, sondern auch von den Mitschülern. Selbst- und Fremdeinschätzungen und die genannten reformpädagogischen Instrumente werden zur Leistungsfeststellung und zur Leistungsbewertung genutzt. Und wer mit der wöchentlichen Lernzeit sein Wochenziel nicht erreicht, hat die Möglichkeit am Freitagnachmittag nachzubessern.

Max Brauer Gesamtschule in Hamburg – ein Vorbild für die Bremer Umgestaltung

Inspiriert u. a. vom Institut Beatenberg hat sich die Max Brauer Gesamtschule in Hamburg 2005 auf den Weg gemacht.

Unter der Überschrift »dem Lernen Zeit geben« ist die Lernzeit in drei große Blöcke eingeteilt: Lernen im Lernbüro (individuelles Lernen in den Kernfächern D-M-E), Lernen in Projekten (innerhalb der Klasse), Lernen in Werkstätten (jahrgangstufenübergreifend). Siehe: www.maxbrauerschule.de/mbs/downloads/2008_ggg.pdf

Bremen ist auf dem Weg zur Zweigliedrigkeit: Neben Gymnasien gibt es als weiterführende Schulen Oberschulen. Die Oberschulen orientieren sich strukturell an der Max Brauer Gesamtschule.

Einem Kind Zeit in seiner Entwicklung zu lassen und es mitentscheiden zu lassen, wann es was lernen will, ermutigende und abwechslungsreiche Lernumgebungen zu schaffen ist der richtige Weg (siehe dazu den Beitrag 4 von Johanna Springfeld: Kompetenzorientierter Unterricht – tut das gut?). Nicht weg von der Pädagogik, aber hin zur Autagogik ist der sinnhafte Weg um Lernleistungen zu verbessern.

Mama, heute mache ich das Seepferdchen

Unsere Tochter war fünf Jahre alt, als sie am Ende der Sommerferien, nach den dritten Ferien am Atlantik auf einem Campingplatz mit Schwimmbad, einem Strand, auf dem bei Ebbe viele kleine Wassertümpel zum Planschen stehen blieben, und der jeweils folgenden Schwimmbadwoche bei der Oma, zusammen mit der zehn Jahre älteren Cousine und dem vier Jahre älteren Bruder mitteilte: »Mama, heute mache ich mein Seepferdchen!«

Ich hielt die Luft an, da dieses Kind bisher nur mit Schwimmflügeln geschwommen war, gerne und viel, und in Begleitung auch durchs tiefe Wasser. Ich äußerte meine liebelosen Erwachsenen-Bedenken: »Du bist doch noch nie durchs tiefe Wasser ohne Schwimmflügel geschwommen!« Antwort des sich vertrauenden Kindes: »Heute traue ich es mir zu, ich probiere es einfach.«

Und es hat geklappt! Und wurde auch gefeiert!

In einer schwedischen Untersuchung gingen Schulforscher der Frage nach, was Schüler zum Lernen motiviert.

Die Forscher befragten Kinder, Lehrer und Eltern nach wichtigen Faktoren für das Interesse am Lernen. Hier die Ergebnisse in der Reihenfolge der Gewichtung:

A. Having the possibility to choose.
   (Die Möglichkeit haben auszuwählen)
B. Learning new things
   (Etwas Neues lernen)
C. Having an influence over time spent on work
   (Einfluss haben auf die Zeit, die man auf die Arbeit verwendet)
D. Having the possibility to work with tasks on different levels
   (Die Möglichkeit haben mit Aufgaben auf unterschiedlichen Niveaus zu arbeiten)
E. Having good friends
   (Gute Freunde haben)
F. Having a committed teacher who can vary and innovate classroom work
   (Einen engagierten Lehrer haben, der den Unterricht abwechslungsreich und modern gestalten kann)
G. Having a good environment
   (Eine gute Lernumgebung haben)
H. Feeling confidence
   (Vertrauen haben)
J. Being noticed by the teacher
   (Vom Lehrer beachtet werden)

Ein wörtliches Zitat aus dem Interview mit einer Schülerin erläutert das Ergebnis: »I like to work in my own tempo and I like when I have influence over what I do.« (»Ich arbeite gerne in meinem eigenen Tempo und ich liebe es, wenn ich Einfluss darauf habe, was ich tue.«) (Dimenäs u. a. 2006, S. 114).

Die Faktoren, die Dimenäs benennt finden sich auch in der privaten Erfahrung wieder.

Als jüngeres Geschwisterkind besteht ein großer Nachahmungstrieb, orientiert an dem größeren Geschwisterkind. Die Neugier etwas Neues zu lernen ist Fünfjährigen natürlich gegeben. Es gab eine anregende und abwechslungsreiche Lernumgebung und die Möglichkeit auf verschiedenen Niveaus zu üben: Alleine am Meer, in den Tümpeln bei Ebbe, im Planschbecken und in Begleitung von Cousine oder Mutter im tiefen Wasser.

Auch der Einfluss auf die Übungszeit war für das Kind in den Ferienzeiten gegeben.

Das Kind fühlte sich sicher in seiner Lernumgebung und wurde vom Begleiter beachtet und gelobt, wenn es im Schwimmbad immer mehr Bahnen mit den Schwimmflügeln schwamm.

Das alles führte dazu, dass auch Selbstvertrauen aufgebaut wurde und die Angst vor dem Scheitern noch nicht bekannt war, sodass das Kind, völlig ruhend in sich, den Zeitpunkt seiner Leistungsüberprüfung frei wählte.

Vielleicht wäre das Kind enttäuscht gewesen, wenn es nicht geklappt hätte, aber dann wäre es Aufgabe eines Lernbegleiters, zu ermutigen und die Leistungsüberprüfung zu einem späteren, wieder von dem Kind gewählten Zeitpunkt, wiederholen zu lassen.

Denn Leistung macht Freude.

Arbeitshilfe 1

Hilbert Meyer

Reflexionsübung: Das Zollstock- und Messerexperiment

Ich lade Sie ein, ein kleines kognitiv und sozial aktivierendes physikalisches Experiment durchzuführen und gleich danach eine Lernstandsanalyse zu Ihren eigenen Kompetenzen zu machen.

Ziele:

1. Lösung des Experiments
2. Identifizierung der für die Lösung erforderlichen Kompetenzen

Rollen:

Die Gruppe besteht aus drei Mitgliedern. Zwei davon sind die Spieler, der Dritte ist der Beobachter.

Zeit:

Die Lösung der Aufgabe dauert 30 bis 45 Minuten. Seien Sie nicht verzweifelt, wenn Sie auch nach 10 Minuten noch keine einzige Idee haben, wie man an die Aufgabe herangehen kann – die Aufgabe ist lösbar, auch von Naturwissenschaftsagnostikern.

Material:

ein Zollstock (1 oder 2 m), ein Küchenmesser mit dünner Klinge.

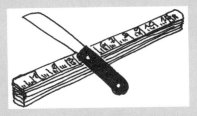

Arbeitsauftrag Nr. 1: Lösung des Experiments

1. Balancieren Sie einen Zollstock und ein Messer so aus, dass beide Gegenstände gemeinsam eine beliebige Grundlage nur an einem Punkt berühren!

Spielregeln:

1. Die beiden Gegenstände müssen dauerhaft (und nicht nur eine Sekunde lang) auf nur einem Punkt die Grundlage berühren. Ein flach gelegtes Messer ruht nicht »auf einem Punkt«.

2. Zollstock und Messer dürfen nicht beschädigt werden.

3. Weitere Hilfsmittel dürfen nicht hinzugenommen werden.

Dezenter Hinweis 1: Die Aufgabe lässt sich nicht realisieren, wenn Sie es auf dem Fußboden versuchen.

Dezenter Hinweis 2: Wer weiß wie ein Fosbury-Flop funktioniert hat die Lösung bald gefunden.

Arbeitsauftrag Nr. 2: Beobachtungsaufgabe

Versuchen Sie gleich nach der Lösung der Aufgabe in einer kurzen Reflexionsphase zu rekonstruieren, welche Kompetenzen Sie allein bzw. Ihr Team für die Lösung der Aufgabe aktivieren musste!

Wenn Sie die Übung zu dritt machen: **Gucken Sie ein Teammitglied aus, das das Arbeitsverhalten der beiden anderen protokolliert.** Dieser Dritte darf beim Experimentieren mit machen.

Beobachten Sie möglichst genau, wie die Spieler an die Aufgabe herangehen.

Achten Sie auf die verbalen, aber auch die nonverbalen Äußerungen. Achten Sie darauf, welche Kompetenzen die Teammitglieder aktivieren.

Dafür können vier Lernkompetenzen nutzen:

1. **Fachkompetenzen:** Welches physikalische, technische oder sonstige Alltags- und Fachwissen haben Sie aktiviert, um die Aufgabe zu lösen?

2. **Methodenkompetenzen:** Welche Lösungsstrategien haben Sie eingesetzt? (dumpfes Ausprobieren? Entwerfen eines Experimentierplans? Formulierung von Hypothesen?)

3. **Sozialkompetenzen:** Wer hat wann die Regie übernommen? Haben Sie echte Teamarbeit gemacht oder gab es ein Gerangel um die Teamvorherrschaft? Welche sozialkommunikativen Kompetenzen sind für die Verständigung im Team eingesetzt worden?

4. **Selbstkompetenz:** Hatten Sie das sichere Gefühl, diese Aufgabe lösen zu können oder haben Sie sich gleich gesagt: »Physik ist nichts für mich«? (Die Antwort auf diese Frage gibt Aufschluss über Ihre Selbstwirksamkeitsüberzeugungen.)

Übung von Jochen Hering, Uni Bremen, während einer gemeinsamen Fortbildung von IG-Metall-Dozenten   www.member.uni-oldenburg.de/hilbert.meyer/download/7.2.-%DCbung_zollstock-und-messer-experiment.pdf

Auflösung der Übungsaufgabe: Zollstock-und-Messer-Experiment

Das Problem: Man muss wissen, was »Schwerkraft« ist oder zumindest ein Alltag geschultes Wissen darüber haben, dass Gegenstände zu Boden fallen wollen, wenn sie nicht daran gehindert werden. Wenn Sie als Schüler/in gelernt hatten, was physikalisch betrachtet ein »Schwerpunkt« ist, waren Sie bei diesem Experiment fein raus. Wenn Sie das nie gewusst haben oder wieder vergessen haben, mussten Sie über Ihr Experimentieren eine Idee von Schwerkraft neu entwickeln – und das schaffen erstaunlich viele.

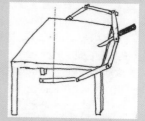

Die Lösung: Die Lösung besteht darin, Zollstock und Messer so zu verbinden, dass der größere und schwerere Teil des umgeklappten Zollstocks nach unten hängen kann. Das geht z. B. dadurch, dass Sie das Messer in der Mitte des Zollstocks bei einer der Nieten, die die einzelnen Stücke des Zollstocks zusammenhalten, einklemmen und dann Messer und Zollstock auf einer Tischkante platzieren und danach die einzelnen Abschnitte des Zollstocks so umbiegen, dass der gemeinsame Schwerpunkt von Messer und Zollstock unter die Tischkante wandert.

Meyer (2012), S. 17

Arbeitshilfe 2

Feedback

»Was ich gesagt habe, weiß ich erst, wenn ich die Antwort darauf kenne.« In diesem Satz von N. Wiener wird deutlich, dass die Rückmeldung (auch Feedback genannt) ein wesentlicher Bestandteil zwischenmenschlicher Kommunikation ist: »Sag mir, wie meine Botschaft bei dir ankommt, damit ich weiß, wie ich in der Kommunikation fortfahren kann.«

Wir reagieren auf die gleichen Reize mit verschiedenen Antworten, wir hören heraus, was wir heraushören wollen, wir sind »besetzt« von bestimmten Erfahrungen und Gewohnheiten. Deshalb ist es wichtig, dass der Sender durch die Rückmeldung des Empfängers erfährt, wie seine Botschaft »übersetzt« worden ist. Dabei kommt es sowohl auf den Inhalt als auch auf eine annehmbare Art und Weise der Vermittlung an.

Rückmeldungen informieren darüber, wie Botschaften angekommen sind, wobei u.a. Unterschiede in der Selbst- und Fremdwahrnehmung zutage treten können: Ich habe zum Beispiel den Eindruck, mich relativ zurückhaltend gegeben zu haben, erfahre aber von anderen, dass ich auf sie dominant gewirkt habe.

Dabei spielen nonverbale Botschaften eine große Rolle, z.B.: Gähnen, auf die Uhr blicken, ein freundlicher Blick, Fixieren von Kopf bis Fuß, heftiges Nicken oder brüskes Abwenden sind sehr deutliche Formen der Rückmeldung. Durch sie finden also Klärungen der Beziehungen von Menschen statt. Die Mitteilungen werden verständlicher, und Irritationen verringern sich oder verschwinden.

Schließlich ist Feedback auch Ausdruck der Offenheit und des gegenseitigen Vertrauens, des achtsamen Umgangs mit sich und anderen, der Wahrnehmung eigener und fremder Bedürfnisse: Ich teile den anderen mit, wie es mir geht, wie ich über mich denke, wie ich zu mir selbst stehe … Ich teile den anderen mit, wie sie auf mich wirken, wie ich zu ihnen stehe und was ich über sie denke … und ich bin offen für die Botschaften der anderen. Das »dialogische Prinzip« ist hier besonders spürbar.

R. Miller »Das ist ja wieder typisch«, S. 100

Die vier Kriterien des guten Feedback:

1. **Unmittelbar**
2. **Persönlich (ICH-Botschaft)**
3. **Konkret**
4. **Konstruktiv**

Arbeitshilfe 3

Schülerbogen zur Vorbereitung des Eltern-Schüler-Lehrer-Gesprächs

Name: _____ **Klasse:** _____

Lehrer/Lehrerin: _____ **Datum des Gesprächs:** _____

1. In welchem Fach/ in welchen Fächern ist mir das Lernen leicht gefallen?
_____
_____
_____

2. Was hat mir besonders Spaß gemacht?
_____
_____
_____

3. Ich glaube, gut kann ich . . .
_____
_____

4. Was ist mir schwer gefallen?
_____
_____

5. Verbessern möchte ich mich in . . .
_____
_____

6. Mehr erfahren möchte ich über . . .
_____
_____

7. Worüber ich sonst noch gerne sprechen möchte:
_____
_____
_____
_____

Lernende Schule 21/2003, S. 50

Lehrerbogen zur Vorbereitung des Eltern-Schüler-Lehrer-Gesprächs

Klasse:_____ **Lehrer/Lehrerin:**_____ **Datum des Gesprächs:**_____

1. In welchem/n Fach/ Fächern hat der Schüler/die Schülerin am intensivsten und mit Freude gelernt?
_____
_____

2. Wo hat er/sie sich besonders stark am Unterricht beteiligt?
_____
_____

3. Welche besonderen Lernsteigungen hat er/sie erbracht?
_____
_____

4. Welche Fähigkeiten und Kenntnisse hat er/sie gezeigt? Bei welcher Gelegenheit?
_____
_____

5. Was fällt dem Schüler/der Schülerin schwer?
_____
_____

6. Besondere Interessen, die mir aufgefallen sind?
_____
_____

7. Wo sollte der Schüler/die Schülerin besonders gefördert werden?
_____

8. Welche Unterstützung kann ich/können andere dem Schüler anbieten?
_____
_____

9. Worüber ich sonst noch sprechen möchte:
_____
_____

Lernende Schule 21/2003, S. 50

Elternbogen zur Vorbereitung des Eltern-Schüler-Lehrer-Gesprächs

Name: _____ **Klasse:** _____

Lehrer/Lehrerin: _____ **Datum des Gesprächs:** _____

Liebe Eltern,

bitte überlegen Sie, über welche Fragen Sie bei unserem Treffen gerne sprechen möchten. Hierzu finden Sie auf diesem Blatt einige beispielhafte Fragen, an die Sie sich natürlich nicht halten müssen. Sie dienen lediglich zur Anregung.

Bei unserem Gespräch wird Ihr Kind im Mittelpunkt stehen. Es hat einen eigenen Vorbereitungsbogen. In den Klassen 5 und 6 kann es sinnvoll sein, Ihr Kind beim Ausfüllen zu unterstützen, aber bitte nur durch Fragen. Denn Ziel ist es, dass Ihr Kind sich selbstständig einschätzen lernt.

Ich danke Ihnen schon jetzt für Ihre Unterstützung und freue mich auf unser Gespräch

(Unterschrift)

Anregungen für Ihre Fragen:

- Wie wohl fühlt sich mein/unser Kind in der Klasse bzw. Schule?
- Wie kommt es mit den Lehrkräften und Mitschülerinnen und Mitschülern aus?
- Was finden ich/wir am Unterricht und am Klassenleben gut bzw. schlecht?
- Wie hat sich mein/unser Kind in den verschiedenen Fächern und in seinen Leistungen entwickel?
- Was kann mein/unser Kind gut, wann und wo fällt ihm das Lernen leicht und bereitet ihm Freude?
- Was kann mein/unser Kind noch nicht so gut, was fällt ihm schwer, wo braucht es Unterstützung?
- Wie können wir als Eltern unser Kind dabei unterstützen?
- Wie können wir (Eltern, unser Kind und der/die Lehrer) uns über die Unterstützung besser abstimmen?
- Was ist seit unserem letzten Gespräch geschehen, welche Abmachungen konnten eingehalten werden, welche nicht?
- Welche Vorschläge habe ich/haben wir für das nächste Halbjahr?
- Was möchte/n ich/wir noch von der Klassenlehrkraft wissen?
- Was möchte/n ich/wir der Klassenlehrkraft gerne noch sagen?

Quelle: Dr. Katrin Höhmann, (Veröffentlichungsort: Friedrichverlag Jahresheft 2004) – leicht geändert

Lernvertrag

zwischen: _____ und _____
(Name der Schülerin/des Schülers)   (Name des oder der Lehrenden)

Der Vertrag wurde am _____ geschlossen.

Die Beteiligten vereinbaren miteinander:

Zum Bereich (zutreffendes bitte ankreuzen)

- Unterricht
- Hausaufgaben
- Verhalten
- Sonstiges: _____

daran zu arbeiten, das folgende Ziel zu erreichen: _____

_____

_____

Der Lehrer/die Lehrerin verpflichtet sich dem Schüler/die Schülerin wie folgt dabei zu unterstützen, dass er/sie dieses Ziel erreichen kann:

Der Schüler/die Schülerin verpflichtet sich, zum Erreichen dieses Ziels, Folgendes zu berücksichtigen bzw. zu tun:

Die Eltern verpflichten sich ihr Kind auf folgende Weise zu unterstützen:

Das nächste Gespräch findet statt am: _____

_____ _____ _____
Datum/Unterschrift Schüler(in)   Datum/Unterschrift Lehrer(in)   Datum/Unterschrift Eltern

Arbeitshilfe 4
Beispiel: Selbsteinschätzung/Englisch JG 6
Name:

Schätze dich selbst ein. Die Tabelle hilft Dir. Sei dir gegenüber ehrlich!	ja	weitge-hend	mit Pro-blemen	habe ich noch nicht verstan-den
Ich kann das simple past mit -ed bilden				
Ich beherrsche die irregular verbs im simple past				
Ich weiß, wie man eine Frage im simple past stellt				
Ich kann die Verneinung im simple past bilden				
Ich kenne die Fragewörter, um Fragen zu stellen				
Ich kenne den Unterschied zwischen needn't und mustn't				
Ich kann jemandem den Weg beschreiben				
Ich beherrsche die Vokabeln von Unit 2				
Zur Vorbereitung auf die Klassenarbeit werde ich zu folgenden Bereichen verstärkt üben:				

Arbeitshilfe 5

Ich gehe mit Fehlern bewusst um

Selbstbewertungsbogen für Schülerinnen und Schüler

Name:	Trifft völlig zu	Trifft größtenteils zu	Trifft nur teilweise zu	Trifft nicht zu
Klasse: Schuljahr:				
Datum				
1. Ich habe überprüft, ob die Ergebnisse sinnvoll sein könnten				
2. Ich habe meine Ergebnisse mit den Lösungen verglichen und notiert, was richtig oder falsch war				
3. Ich habe die Fehler untersucht und herausgefunden, was ich falsch gemacht habe				
4. Ich habe zum Fehler einen Kommentar geschrieben				
5. Ich habe die Aufgabe nochmals richtig gelöst				
6. Was kann ich aus meinen Fehlern lernen?				

Literatur

Blomgren u. a., (2000): In: Dimenäs u. a. (2006), S. 114

Bohl, T. (2006): Prüfen und bewerten im offenen Unterricht. Weinheim und Basel

Brunner, I., Häcker, T. & Winter, F. (2008): Das Handbuch Portfolioarbeit. Seelze-Velber

Brunner, I. & Schmidinger, E. (2004): Leistungsbeurteilung in der Praxis. Linz

Dimenäs, J. (2006) u. a. (Hrsg.): Our Children – How Can They Succeed in School? A European Project about Mixed Ability and Individualised Learning. Jyväskylä

Gasser, E. (2006): ...und plötzlich führen alle Wege nach Pisa! Bern

Grunder H.-U. & Bohl T. (Hrsg.) (2008): Neue Formen der Leistungsbeurteilung. Baltmannsweiler

Institut Beatenberg: www.institut-beatenberg.ch

Helmke, A.: www.unterrichtsdiagnostik.de/media/files/Broschuere_2.03_13.02.2011.pdf

Kahl, R. (2011): Individualisierung – das Geheimnis guter Schulen. DVD Archiv der Zukunft. Hamburg

LISUM (2005): Professioneller Umgang mit Leistungen in der Schule. Sekundarstufe I. Grundsätze -Instrument – Beispiele

Meyer, H. (2012): Kompetenzorientierung allein macht noch keinen guten Unterricht. Handout Didacta 2012

Max Brauer Schule: www.maxbrauerschule.de/mbs/downloads/2008_ggg.pdf

Meyer, H.: www.member.uni-oldenburg.de/hilbert.meyer/download/7.2.-%DCbung_zollstock-und-messer-experiment.pdf

Müller, A. (2006): Eigentlich wäre Lernen geil. Wie Schule (auch) sein kann: alles ausser gewöhnlich. Bern

Müller, A. (2007): Wenn nicht ich...? Und weitere unbequeme Fragen zum Lernen in Schule und Beruf. Bern

nrw portal zur Individuellen Förderung: www.chancen-nrw.de/cms/front_content.php?idcat=268,

Pädagogik (2012): Heft 2 Fördernde Bewertung

Schwarz, J., Volkwein, K. & Winter, F. (2008): Portfolio im Unterricht. Seelze-Velber

Von Saldern, M. (2011): Schulleistung 2.0. Von der Note zum Kompetenzraster. Norderstedt

Spitzer, Manfred (2007): Lern. Die Entdeckung des Selbstverständlichen. Vortrag in Schwäbisch-Gmünd. Filmdokumentation von Reinhard Kahl. Archiv der Zukunft.

Weidner, M. (2003): Kooperatives Lernen im Unterricht. Seelze-Velbert

Weinert, F. (Hrsg.) (2001): Leistungsmessungen in Schulen. Weinheim und Basel

Werner, G. (2006): Faire Noten mit Portfolio-Arbeit. Lichtenau

Portfolio in der Grundschule

Irmtrud Lohmar

Die im Schülerportfolio enthaltenen Arbeitsergebnisse und Dokumente zeigen nicht nur deren derzeitigen Leistungsstand, sondern zugleich auch deren Entwicklung.

»Schau mal vor einem Jahr habe ich noch Druckschrift geschrieben, habe eine Reihe Fehler gemacht, habe mich für Haustiere interessiert. Heute schreibe ich in Schreibschrift, interessiere mich für Tiere in anderen Ländern und schreibe darüber.« (Leyla, Anfang zweites Schuljahr)

In der Portfoliomappe tragen die Schüler, eine Auswahl von Arbeiten zusammen, die ihre Bemühungen, Lernfortschritte und Arbeitsergebnisse dokumentieren.

Ein gut geführtes Portfolio gleicht einer Schatzkiste, die den Kindern selbst, deren Eltern und Lehrern Einblick in die Lernentwicklung und Lernleistung gewährt. Zunehmend mehr übernehmen die Schüler bei dieser Art der Arbeit selbst Verantwortung für das eigene Lernen; der eigene Lernprozess wird ihnen bewusster. Lernwege und Lernschritte werden weitgehend eigenständig geplant und durchgeführt. Sie lernen ihre Stärken und Neigungen kennen. Die im Portfolio gesammelten Arbeiten sind frei gewählt, können aber auch in direkter Verbindung zu den Zielen, die auf Fachkonferenzen für das jeweilige Schuljahr festgelegt wurden, stehen. Demnach zeigt das Portfolio in sortierter und chronologischer Form, welche Kompetenzen die Schüler erworben haben. Sie sind die Basis für weitere Entwicklungs- und Bildungsfortschritte. Die Schüler nehmen ganz bewusst wahr, welche Kompetenzen sie bereits erworben und, wie sie bei den unterschiedlichen Themen den Arbeitsprozess erlebt haben, wobei sie Spaß und wobei sie Anstrengung und Mühe verspürt haben. Im Portfolio werden sowohl die Leistungsfähigkeit, als auch erste Ansätze zur Reflexion und Zielorientierung deutlich.

Erste Fragen, erste Schritte

Portfolioarbeit ist bereits ab dem ersten Schuljahr, ja sogar im Kindergarten, möglich. Hierzu bedarf es allerdings vieler, die Arbeit begünstigender, grundsätzlicher Bedingungen:

- Ist die Schule eine »Lernende Schule«? Gibt es Kenntnisse über Portfolio?
- Haben die Lehrenden die Haltung, vielmehr die Stärken als die Schwächen ihrer Kinder zu sehen?

- Sind Formen des individualisierenden Lernens, wie Freiarbeit, Wochenplan, etc. eingeführt?
- Besteht eine ausgeprägte Reflexions- und Gesprächskultur mit allen am Bildungsprozess Beteiligten?
- Sind die Lernräume für die unterschiedlichen Bedürfnisse der Schüler gestaltet?
- Sind die Arbeitsmittel in leicht zugänglichen Regalen geordnet, Mathematik, Deutsch, Englisch und Sachkunde immer am gleichen Platz?
- Gibt es für differenziertes Arbeiten Funktionsecken, Lese-, Mal- Mathematik- bzw. Computerecken?

Vorbereitung

Im Kreisgespräch informieren die Lehrer kleinschrittig über eine neue Form der Unterrichtsarbeit und wie diese im einzelnen aussieht.

Die Schüler sammeln Arbeiten ihrer Wahl aus den unterschiedlichen Bereichen und Fächern und legen diese ungeordnet in eine dafür vorgesehene Mappe. Zunächst stehen zwei Wochenstunden zur Verfügung um am Portfolio zu arbeiten. Alle Schüler erhalten eine Liste, aus der hervorgeht welche Materialien sie benötigen: Ordner, Kästen, Datumsstempel, Schere, Kleber, Mappen, Hefter, etc. In offenen Regalen, in gut erreichbarer Höhe sind diese untergebracht. Die Schüler erhalten Anregung zu sorgfältiger und kunstvoller Gestaltung. Es wird besprochen, was ein Inhaltsverzeichnis ist. Als Anregung und Hilfe kann eine fertige Portfoliomappe gezeigt werden.

Arbeitsproben sammeln

Am Anfang könnten es folgende Themen sein: Selbstportrait, meine Familie, meine Hobbys, meine Freunde, Lieblingstiere, Lieblingsbücher, das esse ich gern, das mag ich, das mag ich nicht, die eigene Lebensgeschichte.

Je nach Absprache folgen Arbeiten aus den verschiedenen Unterrichtsbereichen.

Gestaltungsarbeiten, die in der Regel dreidimensional sind, sollten fotografiert werden.

Auch Schüler in Arbeitssituationen, z. B. bei intensiver Gruppenarbeit, Kooperation und Konzentration, können im Foto festgehalten werden. Auch außerschulische Unternehmungen eignen sich gut zur Dokumentation und zum Berichten (eine Erlaubnis zum Fotografieren sollte vorliegen).

Grundsätzlich kann alles, was die Schüler interessiert, gesammelt und beschrieben werden. Es geht zunächst um die Freude am Tun.

Das Portfoliogespräch und die Auswertung

Das Auswertungsgespräch findet mit den Schülern einzeln während des Unterrichts statt und sollte nicht gestört werden. Beim Erstgespräch wird Wert auf die äußere Gestaltung, Inhaltsverzeichnis, Nummerierung und Datierung gelegt. Es soll ein brauchbarer und für die Schüler nachvollziehbarer Rahmen entstehen.

Gemeinsam mit dem Kind werden die Arbeitsproben angeschaut und für die Mappe ausgewählt. Wichtig ist, dass die Entscheidung des Kindes respektiert wird und die Begründungen ernst genommen werden. Manche brauchen, um den Blick auf Form und Inhalt zu richten, besonders am Anfang, Hilfen mit strukturierenden Fragen, wie:

- mein Thema ist ...
- ich habe dieses Thema bearbeitet und ausgesucht, weil ...
- daran kann man besonders gut erkennen, dass ...
- das will ich noch hinzufügen ...
- das ist mir gut gelungen ...

Eine umfassendere Reflexion zunächst mündlich, bezieht sich auf die gesamte Arbeit eines bestimmten Zeitraumes, in dem die Schüler gesammelt haben.

- was gefällt dir an deiner Arbeit besonders gut,
- woran hast du intensiv gearbeitet,
- was ist dir leicht, was ist dir schwer gefallen,
- was ist dir selbst an deiner Arbeitsweise aufgefallen,
- welche Fächer hast du bevorzugt,
- wie hast du das Portfolio aufgebaut, bzw. wie sollen wir es gemeinsam aufbauen,
- was könntest du noch verbessern,
- woran möchtest du weiter arbeiten.

Dieses Erstgespräch trägt wesentlich dazu bei, insbesondere Schüler, die erweiterter Hilfe benötigen, zu motivieren, eine klare Struktur anzubieten, und verzichtet noch auf Bewertungen. Da es aber auch bei der Portfolioarbeit um Selbst- und Fremdeinschätzungen geht, werden mit jedem Schulhalbjahr und dem je individuellen Vermögen der Schüler zunehmend mehr Aspekte über Qualität und Ziele in das Gespräch aufgenommen.

Es folgt ein schrittweises Heranführen an schriftliche Selbstbeurteilungen, aber auch schriftliche Rückmeldungen durch die Lehrenden, die jeweils Bestandteil des Portfolios werden.

Kriterienraster

Ab dem dritten Schuljahr sollten die Schüler verbindliche Kriterienraster kennenlernen und damit arbeiten. Im ersten und zweiten Schuljahr sollten die Kinder in erster Linie Freude an der Arbeit haben ohne an Fremdbeurteilung und Eingrenzung denken zu müssen. Von außen gesetzte Normen, würden die Schüler in diesem Alter unnötig hemmen. Mit fortschreitender Reife und dem Erwerb erweiterter Fähigkeiten und Fertigkeiten lernen die Schüler, wie man Kriterienraster erstellt. Anhand von guten Arbeitsmappen können die Lehrenden über Kriterien der Form und der Gestaltung gemeinsam mit der Klasse ein Raster entwerfen, das verbindlich ist .Dabei wird auch mit der Klasse erörtert, warum es wünschenswert ist, eine bestimmte Form einzuhalten. Diese »Mustermappe« sollte jederzeit einsehbar und einen festen Platz in der Klasse haben. Fatal wäre, wenn es in der Mappengestaltung keine individuellen Züge mehr gäbe. Damit die Schüler ein Gefühl für eine gute schriftliche Arbeit bekommen geben die Lehrer ihnen mehrere verschiedene Arbeiten zu lesen, es folgt eine gemeinsame Diskussion darüber, warum diese Arbeiten gut und andere weniger gut sind. Es werden Kriterien z. B. für eine gute Sachbeschreibung, wie

- hat der Text eine Einleitung, einen Hauptteil und einen interessanten Schluss,
- ist er logisch aufgebaut,
- werden Situationen exakt beschrieben,
- wird deutlich, was der Schreiber mitteilen möchte,
- wie hat er Spannung erzeugt,
- was ist faszinierend, interessant, witzig oder informativ an dieser Geschichte,
- wurden die Rechtschreibregeln beachtet,
- wurden die Sätze mit Punkt, Ausrufe- und Fragezeichen beendet,
- wurden Satzanfänge, Orts- und Personennamen groß geschrieben,
- variierten die Satzanfänge, etc.

Es lohnt sich mit der Erarbeitung von Kriterienrastern Zeit zu verwenden, da mit dem Kennenlernen und Verstehen von Kriterienrastern, die Schüler ein Mehr an Selbständigkeit und Kompetenz erreichen.

Das Portfolio und die Leistungsbewertung

Neben anderen erbrachten Leistungsbeweisen, ist das Portfolio ein Beitrag zur Leistungsbewertung. Anhand von vereinbarten Kriterien können die Schüler messen, ob sie den Ansprüchen genügen. Es handelt sich im weitesten Sinne um eine an der Sache und am Lernen orientierte Leistungsmessung und -beurteilung. Im Portfolio ist die Lernentwicklung und der Lernzuwachs deutlicher ablesbar, als dies bei Tests oder Klassenarbeiten der Fall ist. Lehrerende, Schüler und insbesondere die Eltern können anhand des Portfolios gemeinsam über die Arbeiten und die sichtbar gewordenen Lernschritte miteinander ins Gespräch kommen. Für das Selbstwertgefühl der Schüler ist es bedeutend, dass in der Beurteilung Schüler, Lehrende und Eltern als Partner agieren.

Literatur

Bostelmann, A. (Hrsg.) (2006): Das Portfoliokonzept in der Grundschule. Mühlheim an der Ruhr

Easley, S.-D. & Mitchell, K. (2004): Arbeiten mit Portfolios. Mühlheim an der Ruhr

Grace, C. & Shores, E. (2005): Das Portfoliobuch für Kitas und Grundschule. Mühlheim an der Ruhr

Raker, K. & Stascheit, W. (2007): Was ist Portfolioarbeit. Mühlheim an der Ruhr

Teams und Kooperationsformen in der inklusiven Schul- und Unterrichtsentwicklung

Ulrike Müller-Harth

Ich schreibe diesen Artikel auf dem Hintergrund meiner über 25-jährigen praktischen Erfahrung als Regelschullehrerin in »Integrativen Lerngruppen« in der Sekundarstufe I.

Zudem habe ich als Koordinatorin zusammen mit dem Schulleitungsteam den Schulversuch an der Gesamtschule Köln-Holweide aufgebaut, an der Gesamtschule Aachen-Brand auch als Koordinatorin gearbeitet und viele weitere Schulen – vor allem Gesamtschulen – bei der Entwicklung von Konzepten für »Gemeinsamen Unterricht« (GU) und später für »Integrative Lerngruppen« (ILG) beraten (vgl. Harth u. a. 1993).

In diesem Artikel beziehe ich mich vor allem auf meine Erfahrungen mit Teamarbeit in der Sekundarstufe I in NRW und spreche meistens von »Integrativen Lerngruppen« (ILG). Sie sind die Organisationsform, in der zur Zeit Kinder und Jugendliche mit Förderbedarf in der Sekundarstufe I in der Regel unterrichtet werden und deren Rahmenbedingungen durch Erlasse festgelegt sind.

In der Grundschule werden Integrationsklassen »GU« (Gemeinsamer Unterricht) genannt.

Alle Schulen der verschiedenen Schulstufen, die ich in NRW kenne, arbeiten zur Zeit noch eher integrativ, d. h., es werden Kinder mit Beeinträchtigungen in das System der allgemeinen Schulen integriert.

Wenn man Inklusion auf der Grundlage der UN-Konvention betrachtet, meint aber Inklusion mehr als die Integration von Menschen mit Behinderung. Sie ist die Anerkennung und Wertschätzung von Vielfalt (vgl. Boban u. a. 2003). Je unterschiedlicher und vielfältiger Menschen in einer Gruppe sind, desto mehr kann die Gemeinschaft und jeder Einzelne von ihr profitieren. Für die Schule bedeutet dies, dass nicht die Kinder sich an die Institution anpassen müssen, sondern die Institutionen an die Kinder.

Inklusion geht über den Bereich der Bildung hinaus und stellt einen wertebasierten Ansatz mit Blick auf gesellschaftliches Handeln im Allgemeinen dar.

Schulen, die sich auf den Weg von der Integration zur Inklusion machen, haben erkannt, dass dies ein Prozess ist, der alle Bereiche in ihrer Institution einbezieht.

In diesem Zusammenhang kommt auch der Kooperation in Teams eine zentrale Bedeutung zu, damit Schulen inklusiv arbeiten und zu Schulen für alle Kinder werden können.

Ich möchte hier die Kooperationsstrukturen beschreiben, die nach meiner Erfahrung inklusive Schul- und Unterrichtsentwicklung fördern können, wenn nicht sogar die Basis dafür sind.

Übersicht über mögliche Kooperation

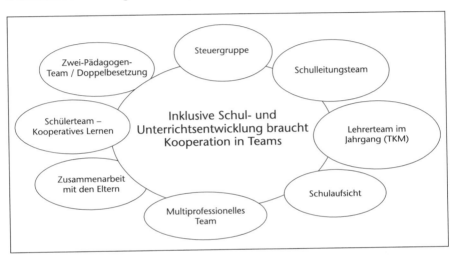

Das Vorbereitungsteam

Jede Institution, die sich auf den Weg macht, Vielfalt anzuerkennen und sie als Bereicherung zu sehen, braucht Vorbereitung. Diese wird immer dann zum Erfolg hin zur Inklusion führen, wenn die Institution ein multiprofessionelles Vorbereitungsteam bildet, das schon vorhandene Erfahrungen bündelt, die Situation in der jeweiligen Institution beleuchtet und Ziele bestimmt.

Ein Vorbereitungsteam sollte folgende Personengruppen umfassen: Schulleitungsmitglieder, Mitglieder der Steuergruppe, Regelschullehrer und Sonderpädagogen, andere Berufsgruppen wie z. B. Sozialarbeiter, Eltern, Schüler sowie auch Vertreter des »nicht lehrenden Personals«, um möglichst alle Aspekte von Vielfalt in der Planung zu berücksichtigen.

Hilfreich ist von Beginn an die Prozessentwicklung mit dem Index für Inklusion, die schon vorhandene Ressourcen in der Institution sichtbar macht und dann den Prozess weiter begleiten kann. Unterstützt werden können Schulen von Prozessbegleitern und Moderatoren auf der Basis des Index.

Gerade im Raum Köln und Bonn sind in der Zwischenzeit schon viele Prozessbegleiter von der Montag Stiftung Jugend und Gesellschaft ausgebildet worden (vgl. Platte u. a. 2010).

Außerdem gibt es auch Moderatoren, die von den Kompetenzteams beim Schulamt oder über das Institut für Teamarbeit von den Schulen angefordert werden können, um inklusive Prozesse zu begleiten.

Das Schülerteam

In jeder heterogenen Schülergruppe müssen die Möglichkeiten zur Kooperation verstärkt werden. Dazu ist neben den üblichen Unterrichtsformen die Arbeit in auch wechselnden Gruppenkonstellationen förderlich. Die traditionelle Gruppenarbeit, in der häufig die Erwartungen und Anforderungen an die einzelnen Schüler nicht klar waren, hat sich in letzter Zeit vor allem durch das kooperative Lernen weiterentwickelt. Es bietet durch seine Methodenvielfalt Möglichkeiten, alle Schüler mit ihren unterschiedlichen Lernvoraussetzungen einzubeziehen und zu fordern. Die Schüler lernen, den anderen wertzuschätzen, Möglichkeiten der Kommunikation untereinander und auch klare Rollenverteilungen in einem partizipierenden Prozess zu erkennen. Es wird ihnen verdeutlicht, dass nicht immer alle alles können müssen, sondern dass erfolgreiches Arbeiten von dem Einsatz der Kompetenzen jedes Einzelnen abhängig ist. Ihre Teamarbeit und -fähigkeit wird gefördert.

Umfassende Untersuchungen bestätigen den Erfolg des kooperativen Lernens: Die Schüler erhalten einen Zuwachs an Leistung und Selbstwertgefühl, eine größere Akzeptanz von Unterschieden und ihre positiven Eigenschaften nehmen zu (vgl. Brüning u. a. 2006).

Neben der fachlichen Arbeit in allen Fächern sind Methoden, die das soziale Miteinander der Lerngruppe stärken, ein weiterer Pfeiler. Methoden- oder auch Tischgruppentraining helfen, die Schüler in ihren sozialen Kompetenzen zu stärken und diese zu erweitern.

Im Rahmen ihrer Lerngruppe werden die Schüler angeleitet, zum Beispiel im Klassenrat zu arbeiten, die Tutorenstunde (Klassenlehrerstunde) durchzuführen und ihre Interessen auch über ihre eigene Lerngruppe hinaus zu vertreten.

Das Zwei-Pädagogen-Team (Doppelbesetzung)

Jede erfolgreiche Arbeit in einer ILG basiert auf dem Miteinander von zwei Personen in einer Klasse. Nach Michael Schwager (Lehrer an der Gesamtschule

Köln-Holweide) ist neben der Klassengröße die gleichzeitige Anwesenheit mehrerer Erwachsener im Unterricht die wesentliche Ressource der inklusiven Schule (vgl. Schwager 2011). In der Regel sind dies ein Regelschullehrer und ein Sonderpädagoge, aber es können auch zwei Regelschullehrer und Teams mit anderen Professionen, wie z. B. Sozialpädagogen, Logopäden, Schulbegleitern etc., sein.

Diese Zusammenarbeit kann in unterschiedlichen Formen ablaufen (hier ohne Anspruch auf Vollständigkeit nur kurz skizziert):

- einer unterrichtet – einer beobachtet
- einer unterrichtet – einer unterstützt
- an Stationen unterrichten
- parallel unterrichten
- in Leistungsgruppen unterrichten
- mit ergänzender Differenzierung unterrichten
- als Team unterrichten

Nach meiner Beobachtung, auch durch Hospitationen, ist jede dieser Form von Doppelbesetzung möglich und je nach Situation sinnvoll, es gibt keine Hierarchie dieser Organisationsformen.

Eine Gelingensbedingung für die Arbeit in jeder heterogenen Gruppe ist aber die Bereitschaft, zu zweit zu arbeiten, die Tür öffnen zu wollen, und die Wertschätzung von Kompetenz und Erfahrung der anderen. Die Entwicklung von Gemeinsamkeit ist dann abhängig von den Voraussetzungen in der jeweiligen Lerngruppe sowie den Persönlichkeiten der Lehrenden selbst.

Gemeinsame Absprachen über Rituale, den Umgang mit Regeln und gemeinsamen Werten sind dabei gerade in der Anfangszeit notwendig und brauchen Zeit.

Hier hat sich nach meiner Erfahrung ein feste Zeit bewährt, in der man sich austauscht, plant, aber auch förderliche oder hemmende Entwicklungen feststellt. Dabei kann sich eine Feedbackkultur entwickeln, die die Unterrichtsentwicklung fördert. In den meisten Doppelbesetzung-Teams wird nach einiger Zeit besonders dieser Austausch als Bereicherung und als mögliche Kompetenzerweiterung erlebt, die Arbeit zu zweit wird als Entlastung empfunden.

Das Lehrerteam

In vielen Schulen haben sich schon seit Jahrzehnten erfolgreich Teamstrukturen etabliert. Neben dem Team-Kleingruppen-Modell (TKM), das sehr stringent den Aufbau einer Schule in viele kleine Schulen organisiert, gibt es unterschiedliche Strukturen auf Jahrgangsebene oder darüber hinaus, die alle das Ziel haben, die Zusammenarbeit der Lehrer zu verbessern. Gerade in großen Schulen in der

Sekundarstufe I bieten Lehrerteams notwendige Voraussetzungen, um sich über die Entwicklung der Schüler auszutauschen, sich gegenseitig zu beraten und Unterrichtsentwicklung zu betreiben.

Die meistens Teams sind auf Jahrgangsebene organisiert und umfassen zwischen zwei und vier Lerngruppen. Größere Teams sind weniger arbeitsfähig.

Es gibt regelmäßige Teamsitzungen, in denen viele pädagogische Themen, aber auch organisatorische Dinge, wie z. B. die Planung von Projekten und Klassenfahrten, Raum haben.

Falls eine Schule noch weitere Teams im Jahrgang hat (in größeren Systemen), kann hier auch eine Vernetzung mit den anderen Teams stattfinden.

Durch die Erweiterung der Teams vor allem durch die Sonderpädagogen werden deren Kompetenzen für alle Teammitglieder eingebracht und erreichen so auch die Kollegen, die nicht unmittelbar in einer ILG arbeiten.

Das multiprofessionelle Team

In nahezu allen Schulen der Sekundarstufe I, die integrativ arbeiten und sich inklusiv weiterentwickeln wollen, sind Strukturen entstanden, die die unterschiedlichen Professionen zusammenbringen. Häufig haben sie sich aus den Vorbereitungsteams entwickelt.

In großen Systemen sind sie als »Integrationskonferenz« oder »GU-Konferenz« fest etabliert und in der jeweiligen Struktur der Schule verankert. Die Leitung dieser Konferenzen übernehmen häufig Koordinatoren, die nur in wenigen Fällen aufgrund einer Beförderungsstelle auch Mitglied der erweiterten Schulleitung sind. Manchmal wird diese – vor allem für die Inklusionsentwicklung – wichtige Funktion von Sonderpädagogen übernommen, deren Status an der allgemeinen Schule dringend einer Klarheit bedarf.

Die Aufgaben dieser Organisationsstruktur sind vielfältig. Hier werden häufig die sonderpädagogischen Kompetenzen gebündelt, Fallbesprechungen durchgeführt, Unterrichtsmaterial entwickelt und ausgetauscht. Es können Kontakte zu außerschulischen Institutionen organisiert sowie die Vernetzung mit anderen Schulen verbessert werden.

Die Zusammenarbeit mit den Eltern

Damit inklusive Bildungsprozesse in allen Teilen der Gesellschaft und damit auch in der Schule gelingen, ist die systematische Einbeziehung von Eltern ein wesentlicher Faktor für den Erfolg von Schule (vgl. Stangier 2011).

Ziel sollte die aktive Teilhabe von Eltern im System sein. Die dazu notwendigen Kooperationsstrukturen variieren. Es gibt neben dem direkten Austausch – zum Beispiel mit dem Zwei-Pädagogen-Team in einer ILG – Elternabende, aber auch übergreifende Strukturen, wie z. B. einen Inklusionsausschuss der Schulkonferenz.

Daneben spielen die Steuergruppen (s. u.) eine wichtige Rolle und geben den Eltern Raum, bei der Schulentwicklung mitzuwirken.

Wichtig ist die Kooperation mit den Eltern außerdem beim Übergang von der Grundschule zur Sekundarstufe I. Die Schule sollte die Eltern als Ressource und als Experten für ihr Kind sehen, deren Einbeziehung der Inklusionsentwicklung förderlich ist.

Die Steuergruppe

Nach Einführung der selbständigen Schulen in NRW haben sich in vielen Institutionen Steuergruppen etabliert, denen für die Schulentwicklung eine zentrale Rolle zukommt. In der Verbindung zwischen Schulleitung und Kollegium sind verpflichtende Schulprogramme entstanden. Die Steuergruppen geben sich manchmal eigene Namen, wie z. B. Schulentwicklungsgruppe, die ihre Funktion näher beschreiben. Ihre Zusammensetzung ist sehr unterschiedlich, wünschenswert sind aber neben Lehrkräften aller Fachrichtung auch die Schulleitung sowie Eltern und Schüler. Außerdem ist ein Mandat der Schulkonferenz eine wichtige Voraussetzung für erfolgreiche Arbeit.

Im Idealfall koordiniert die Steuergruppe die Schulentwicklungsarbeit einer Schule, sorgt dafür, dass bereits Vorhandenes wahrgenommen und weitergeführt wird. Sie kann Impulse für die Weiterentwicklung setzen und somit auch eine inklusive Schulentwicklung initiieren und koordinieren. Verbindlichkeit, Transparenz und Kontinuität sollten die Basis ihrer Arbeit sein.

Das Schulleitungsteam

Zentrale Aufgabe jeder Schulleitung ist die Schulentwicklung, an vielen Gesamtschulen besonders von der didaktischen Leitung verantwortet.

Nach meinen Erfahrungen bei der Einrichtung von ILG an Gesamtschulen brauchen die Schulen gerade im Vorfeld eine Schulleitung, die als Team hinter dem Gedanken der Integration und heute der Inklusion steht. Mit ihrer Unterstützung können im Vorfeld Fortbildungen und Informationsveranstaltungen sowie notwendige Hospitationen in Grundschulen und weiterführenden Schulen mit Integrationserfahrung organisiert werden.

Der Prozess in der Schulgemeinde muss von der Schulleitung im engen Kontakt mit der Steuergruppe initiiert und begleitet werden. Es ist nicht förderlich, dass sich einzelne Schulleitungsmitglieder Inklusion zu »ihrer Sache« machen, die anderen dies nur »mittragen«.

Bei Neueinstellungen sollte die Schulleitung die Bewerber auf ihre Einstellung zur Inklusion befragen und dies mit in die Auswahl einbeziehen.

Das Schulaufsichtsteam (eine Vision?)

Nach meiner Beobachtung gibt es in der Schulaufsicht wenige Strukturen, die die Kooperation zwischen den unterschiedlichen Schulformen, vor allem zwischen Regelschule und Förderschule, befördern. Dies liegt sicher an den unterschiedlichen Zuständigkeiten von Schulamt, Schulverwaltungsamt, Bezirksregierung und Landschaftsverband, es ist bisher aber auch nicht immer Bereitschaft vorhanden, auch hier Ressourcen zu bündeln und die Kompetenzen aller zu nutzen. Häufig erlebt man eine eher abwartende Haltung. Es wird auf mangelnde Rechtsgrundlagen verwiesen, anstatt im eigenen Bereich den Inklusionsgedanken zu verankern.

Besonders im Fortbildungsbereich wird dies deutlich: es fehlt eine gemeinsame Linie der Beteiligten, um Fortbildungen zu organisieren, die die Lehrer auf den Umgang mit Vielfalt vorbereitet und Unterrichtsentwicklung fördert.

Ausblick

Ohne Verstärkung von Teamarbeit auf allen Ebenen und Nutzung von schon vorhandenen Kooperationsstrukturen ist inklusive Schul- und Unterrichtsentwicklung nicht denkbar. Auch hier kann die Vielfalt der Strukturen helfen, die Vielfalt in einer Schule wertzuschätzen und damit das Menschenrecht auf Bildung für alle und die Umsetzung der UN-Konvention Realität werden zu lassen.

Bei Neugründungen von Schulen der Sekundarstufe I müssen die Bedürfnisse aller Kinder von Anfang an mit bedacht werden. Sie müssen zwingend als Schule für alle inklusiv arbeiten und von Beginn an Teamarbeit auf den verschiedenen Ebenen organisieren.

Keine Schule, die sich auf den Weg zur Inklusion macht, muss von vorne anfangen, »das Rad neu erfinden«, sondern kann auf schon Vorhandenes aufbauen und von den langjährigen Erfahrungen der schon bestehenden ILG profitieren.

Inklusion ist eine Chance für jede Schule!

Literatur

Booth, T. (2012): Der aktuelle »Index für Inklusion« in dritter Auflage. In: Reich, K. a. a. O., S. 181–204

Boban, I. & Hinz, A. (2003): Index für Inklusion, Lernen und Teilhabe in der Schule für alle entwickeln. (Martin-Luther-Universität) Halle-Wittenberg

Brüning, L. & Saum, T. (2006): Erfolgreich unterrichten durch Kooperatives Lernen. Essen

Harth, U. u. a. (1993): Gemeinsamer Unterricht von behinderten und nichtbehinderten Kindern und Jugendlichen in der Sekundarstufe I der Gesamtschule Köln-Holweide. Heft 52. Düsseldorf

Hinz, A., Körner, I. & Niehoff, U. (2010): Auf dem Weg zur Schule für alle. Marburg

Mittendrin e. V. (2012): Eine Schule für alle. Mülheim an der Ruhr

Montag Stiftung Jugend und Gesellschaft (www.montag-stiftungen.de/jugend-und-gesellschaft.html)

Reich, K. (Hrsg.) (2012): Inklusion und Bildungsgerechtigkeit. Standards zur Umsetzung einer inklusiven Schule. Weinheim/Basel

UN-Behindertenrechtskonvention 2006

Der Index für Inklusion hilft bei inklusiven Veränderungsprozessen in Schulen

Barbara Brokamp

Was bedeutet Inklusion?

Nicht erst durch die UN-Konvention von 2006 für die Rechte von Menschen mit Behinderungen ist das Thema Inklusion zu einem internationalen Thema geworden. Inklusion heißt, alle Menschen willkommen zu heißen und niemanden von gesellschaftlichen Prozessen auszuschließen, ganz unabhängig von Geschlecht, Alter, Religion, Herkunft, sozialem Status, Berufsgruppenzugehörigkeit, körperlichen oder geistigen Bedingungen usw. Dabei geht es nicht um ein Miteinander trotz der Unterschiedlichkeit, sondern um ein Miteinander, das Vielfalt wertschätzt. Jeder Mensch ist einmalig und kann mit seinen besonderen Fähigkeiten und Erfahrungen das Zusammenleben bereichern. Damit haben alle die gleichen Rechte und Chancen und werden mit Respekt und Wertschätzung behandelt.

Voraussetzung für gelingende inklusive Prozesse ist eine entsprechende Haltung, die sich im Denken und Handeln von einzelnen Menschen und der Kultur, Struktur und Praxis eines ganzen Systems abbildet. Voraussetzung sind auch die Fähigkeit der Mitarbeiter zur Kooperation und der Wille die Veränderungsprozesse gemeinsam und in offener Kommunikation und Auseinandersetzung zu gestalten.

Tony Booth, ein englischer Pädagogikprofessor, der erheblich zu einer inklusiven Bewegung im Bildungsbereich beigetragen hat, versteht unter Inklusion die Umsetzung »inklusiver Werte«: Ich habe »immer wieder den Gedanken betont, dass es bei Inklusion um die Umsetzung inklusiver Werte geht. Es war der dritte und wichtigste Aspekt im Kontext meines Verständnisses von Inklusion. Der erste bestand darin, die Partizipation an Kulturen, kommunalen Gemeinschaften und Curricula im Bildungsbereich zu stärken und Aussonderung zu reduzieren. Der zweite lag im Etablieren von Systemen und Strukturen, die offen sind für Vielfalt und die jede/n in gleicher Weise wertschätzen.« (Booth 2012, S. 186) Werte sind für ihn die Grundlage für Orientierung und Aufforderung zum Handeln.

Unter inklusiven Werten versteht Booth folgende: Gleichheit, Fairness Gerechtigkeit, Partizipation, Wertschätzung von Vielfalt, Nachhaltigkeit, Vertrauen, Liebe/Sorge, Mitgefühl, Optimismus/Hoffnung. (vgl. Booth 2012, S. 190)

Inklusion versteht sich als kontinuierlicher Prozess, der nicht einen »Endzustand Inklusion« als Ziel formuliert, sondern immer wieder neu auf allen Ebenen gestaltet wird: auf individueller Ebene, im zwischenmenschlichen Bereich, als Gemeinschaft, als Organisation, in der kommunalen Verantwortungsgemeinschaft und darüber hinaus im gesamtgesellschaftlichen und globalen Kontext. (vgl. Montag Stiftung Jugend und Gesellschaft, 2011)

Im Bildungsbereich ist es notwendig darauf hinzuweisen, dass Inklusion nur realisiert werden kann, wenn nicht nur eine Gruppe von benachteiligten Menschen ins Visier genommen wird. In einem Interview stellt Eichholz fest: »Man gewöhnt sich aufgrund der Behindertenrechtskonvention an, bei Inklusion nur an die Kinder und Jugendlichen mit Behinderung zu denken. Sobald man sich den menschenrechtlichen Hintergrund klar macht, steht aber fest: Inklusion meint alle. Jedes Kind hat das Recht dazuzugehören, und zwar unabhängig von jeder Art der Verschiedenheit. Die Konvention verlangt, dass das nicht nur als verbindliche Vorgabe anerkannt wird; dieses Recht soll sich den Kindern im Schulalltag als »sense of belonging«, als Gefühl der Zugehörigkeit, mitteilen, nicht zuletzt eine Frage gelebter Demokratie. Die »Kultur des Behaltens« ist dafür eine gute Richtung.« (Eichholz 2012)

Das inklusive Bildungswesen, von dem die UN-Konvention spricht, bedeutet inklusive Veränderungen auf allen Ebenen: in den einzelnen Schulen und Bildungseinrichtungen, in den Rahmenstrukturen von Schulen sowie in administrativen und kommunalen Zusammenhängen. Für inklusive Prozesse in Bildungseinrichtungen bedarf es Unterstützungen. Mit dem Index für Inklusion (vgl. Boban/Hinz 2003) steht hier ein sinnvolles Instrument zur Begleitung von Schulen in ihren inklusiven Veränderungs- und Entwicklungsprozessen zur Verfügung. Seit etlichen Jahren wird der Index für Inklusion bundesweit und international genutzt. Im Rahmen eines Projektes begleiten Moderatoren im Auftrag der Montag Stiftung Jugend und Gesellschaft Schulen und Kindertagesstätten, die mit dem Index für Inklusion arbeiten wollen.

Index für Inklusion

Der Index für Inklusion will dazu beitragen, dass sich jeder Mensch willkommen in der Bildungseinrichtung fühlt. Er ist keine Sammlung von zu erreichenden Qualitätsstandards, sondern ein Selbstbefragungsinstrument, das es darauf anlegt, möglichst alle Mitglieder der Schulgemeinde (Schüler, Eltern, alle Pädagogen und technisches Personal) zu einem gemeinsamen Reflexions-, Diskussions- und inklusiven Veränderungsprozess anzuregen.

Tony Booth und Mell Ainscow hatten ursprünglich dieses Instrument im englischsprachigen Raum entwickelt und 2000 die erste Auflage herausgegeben. Ihnen ging es darum, die Qualität von inklusiven Schulen als Ganzes zu erfassen, die gesamte Situation mit allen Facetten zu beleuchten. Diese Herangehensweise entspricht einem inklusiven Vorgehen, werden doch so unterschiedliche Perspektiven erfasst und Ressourcen und Potentiale entdeckt. Andreas Hinz und Ines Boban adaptierten und übersetzten den Index ins Deutsche, ließen den ersten Entwurf von vielen kritischen Lesern gegenlesen und gaben die deutsche Ausgabe schließlich 2003 heraus. Die oben beschriebenen Werte bieten die Grundlage für dieses Instrument. Die inhaltliche Systematik wird zunächst durch drei Dimensionen und jeweils zwei Bereiche abgebildet:

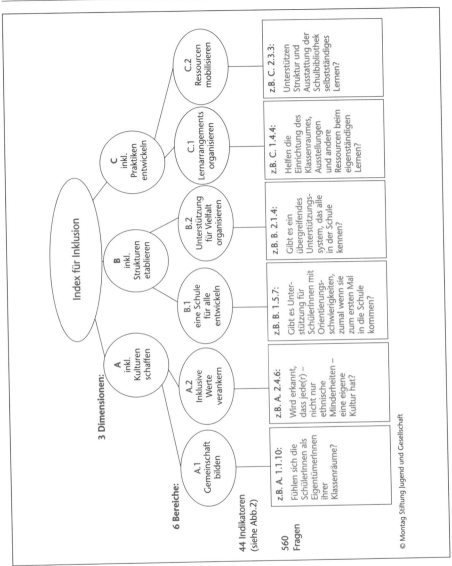

Die Systematik des »Index für Inklusion«: Dimensionen, Bereiche, Indikatoren, Fragen (Boban/Hinz 2003, S. 17) Nach Reich 2012, S.165

Die Dimension A. (Inklusive Kulturen schaffen) befasst sich mit der Veranke-rung inklusiver Werte, die von allen Schulgemeindemitgliedern entwickelt und getragen werden und orientierend für alle Vorhaben, Schritte und Veränderungsprozesse sind. Die Dimension beinhaltet die Entwicklung einer kooperierenden und sich gegenseitig wertschätzenden Gemeinschaft, die ihre individuellen Potentiale nutzt und deren Weiterentwicklung Raum gibt.

Die Dimension B. (Inklusive Strukturen etablieren) umfasst Aspekte, die sich mit der Inklusion als zentralen Aspekt für die Schulentwicklung beschäftigt. Inklusion durchdringt alle Strukturen und trägt so zu einer größeren Partizipation aller bei. Außerdem werden Formen der Unterstützung im Interesse aller Schüler gewährleistet und koordiniert.

In Dimension C. (Inklusive Praktiken entwickeln) werden die Praktiken, der Unterricht und die tägliche Praxis so gestaltet, dass sie den inklusiven Werten, Kulturen und Strukturen entsprechen. Außerdem werden Ressourcen innerhalb der Schule und der Gemeinde durch die Akteure mobilisiert.

Zu diesen Bereichen des Index sind nun Qualitätsaussagen (Indikatoren) formuliert, die die jeweiligen Bereiche konkretisieren und lebendig werden lassen (siehe Abbildung 2). Konkret werden diese Indikatoren durch Fragen praktikabel und anschaulich, auf Situationen anwendbar und diskutierbar gemacht (vgl. Abbildung 1, in dem exemplarisch Fragen zum Thema Lernräume dargestellt sind).

Indikatoren zum Index für Inklusion

	Bereiche	Indikatoren	Fragen
A. Inklusive Kulturen schaffen	**A 1** Gemeinschaft bilden	1. Jede(r) fühlt sich willkommen. 2 Die SchülerInnen helfen einander. 3. Die MitarbeiterInnen arbeiten zusammen. 4. MitarbeiterInnen und SchülerInnen gehen respektvoll miteinander um. 5. MitarbeiterInnen und Eltern gehen partnerschaftlich miteinander um. 6. MitarbeiterInnen und schulische Gremien arbeiten gut zusammen. 7. Alle lokalen Gruppierungen sind in die Arbeit der Schule einbezogen.	11 10 13 10 14 11 9
	A 2 Inklusive Werte verankern	1. An alle Schülerinnen werden hohe Erwartungen gestellt. 2. MitarbeiterInnen SchülerInnen Eltern und Mitglieder schulischer Gremien haben eine gemeinsame Philosophie der Inklusion. 3. Alle Schülerinnen werden in gleicher Weise wertgeschätzt. 4. MitarbeiterInnen und SchülerInnen beachten einander als Mensch und als RollenträgerIn. 5. Die MitarbeiterInnen versuchen, Hindernisse für das Lernen und die Teilhabe in allen Bereichen der Schule zu beseitigen. 6. Die Schule bemüht sich, alle Formen von Diskriminierung auf ein Minimum zu reduzieren.	12 10 10 11 10 15
B. Inklusive Strukturen etablieren	**B 1** Eine Schule für alle entwickeln	1. Der Umgang mit MitarbeiterInnen in der Schule ist gerecht. 2. Neuen MitarbeiterInnen wird geholfen, sich in der Schule einzugewöhnen. 3. Die Schule nimmt alle Schülerinnen ihrer Umgebung auf. 4. Die Schule macht ihre Gebäude für alle Menschen barrierefrei zugänglich. 5. Allen neuen SchülerInnen wird geholfen, sich in der Schule einzugewöhnen. 6. Die Schule organisiert Lerngruppen so, dass alle SchülerInnen wertgeschätzt werden.	8 8 8 7 10 13
	B 2 Unterstützung für Vielfalt organisieren	1. Alle Formen der Unterstützung werden koordiniert. 2. Fortbildungsangebote helfen den MitarbeiterInnen, auf die Vielfalt der SchülerInnen einzugehen. 3. »Sonderpädagogische« Strukturen werden inklusiv strukturiert. 4. Dem Gleichstellungsgebot wird durch den Abbau von Hindernissen für das Lernen und die Teilhabe aller SchülerInnen entsprochen. 5. Die Unterstützung für SchülerInnen mit Deutsch als Zweitsprache wird mit der Lernunterstützung koordiniert. 6. Unterstützungssysteme bei psychischen und Verhaltensproblemen werden mit den bei Lernproblemen und mit der inhaltlichen Planung koordiniert. 7. Druck zu Ausschluss als Strafe wird vermindert. 8. Hindernisse für die Anwesenheit werden reduziert. 9. Mobbing und Gewalt werden abgebaut.	10 13 11 11 8 13 14 15 14
C. Inklusive Praktiken entwickeln	**C 1** Lernarrangements organisieren	1. Der Unterricht wird auf die Vielfalt der SchülerInnen hin geplant. 2. Der Unterricht stärkt die Teilhabe aller SchülerInnen. 3. Der Unterricht entwickelt ein positives Verständnis von Unterschieden. 4. Die SchülerInnen sind Subjekte ihres eigenen Lernens. 5. Die SchülerInnen lernen miteinander. 6. Bewertung erfolgt für alle SchülerInnen in leistungsförderlicher Form. 7. Die Disziplin in der Klasse basiert auf gegenseitigem Respekt. 8. Die LehrerInnen planen, unterrichten und reflektieren im Team. 9. Die ErzieherInnen unterstützen das Lernen und die Teilhabe aller SchülerInnen. 10. Die Hausaufgaben tragen zum Lernen aller SchülerInnen bei. 11. Alle SchülerInnen beteiligen sich an Aktivitäten außerhalb der Klasse.	16 17 10 19 11 16 12 10 15 14 14
	C 2 Ressourcen mobilisieren	1. Die Unterschiedlichkeit der SchülerInnen wird als Chance für das Lehren und Lernen genutzt. 2. Die Fachkenntnis der Mitarbeiter wird voll ausgeschöpft. 3. Das Kollegium entwickelt Ressourcen, um das Lernen und die Teilhabe zu unterstützen. 4. Die Ressourcen im Umfeld der Schule sind bekannt und werden genutzt. 5. Die Schulressourcen werden gerecht verteilt, um Inklusion zu verwirklichen.	9 10 15 6 7

Hinweise zur praktischen Arbeit mit den Fragen des Index für Inklusion

Der Fragenkatalog ist ein Angebot mit Buffet-Charakter (Beispiele siehe unten). Es müssen nicht alle Fragen bearbeitet werden und schon gar nicht in einer bestimmten Reihenfolge. Je nach Situation in einer Schule, werden von Schülern, Eltern, dem Ganztagspersonal oder Lehrkräften Fragen ausgewählt. Dabei kann als Orientierung ein Thema (evtl. Indikator) dienen (vgl. Abbildung 2), ein bestimmter Anlass oder es können auch »zufällig« Fragen ausgewählt werden. Häufig werden die Fragen etwas verändert, die Sprache den Diskutierenden angepasst oder inhaltlich präziser mit der Situation abgestimmt. Auch ganz neue Fragen werden formuliert nach ähnlichem Muster, wichtig ist dabei, »besserwisserisches«, moralisierendes oder rhetorisches Auftreten zu vermeiden und stattdessen wertschätzend und ehrlich »neugierig« zu fragen, um ein Gespräch anzuregen. Die gewählte Sprache sollte jedem verständlich sein und die Möglichkeit geben, mitzudiskutieren. Alle Perspektiven sind gefragt und die persönliche Teilhabe kann dadurch erhöht werden. Auch bei unterschiedlichen Sichtweisen kann die Diskussion ruhig und fair geführt werden.

Fragen können grundsätzlich ganz unterschiedliche Wirkungen haben. Sie können Kontrollfunktionen haben, jemanden bloßstellen oder beschämen und die eigene Machtposition als fragende Person demonstrieren. Diese Art des Fragens ist hier nicht impliziert.

Hier sollen durch Fragen ehrliche Auseinandersetzungen auf verschiedenen Ebenen initiiert werden.

Alle Menschen in einer Schule kommen miteinander ins Gespräch. Sie können, angeregt durch die jeweilige Frage, in dem spezifischen Bereich eine Bestandsaufnahme beginnen – und dabei nicht nur »nach außen« schauen, sondern auch sich selber befragen. Jede Frage lädt dazu ein, immer auch die eigene Haltung zu hinterfragen. So werden Sichtweisen und Wahrnehmungen anderer sichtbar. Die eigene Schule wird »beleuchtet«, unterschiedliche Situationen reflektiert und neue Zusammenhänge entdeckt. Vielleicht werden »blinde Flecke« gesehen und »heilige Kühe« infrage gestellt. In jeder Frage verbirgt sich die Suche nach Barrieren, die Benachteiligungen begünstigen oder eine Teilhabe erschweren. Solche Barrieren werden aufgespürt und Möglichkeiten des Abbaus zeigen sich. Diese Art der Fragen erwarten keine richtigen oder falschen Antworten. Sie führen dazu, dass eigene Erfahrungen und die eigene Situation bewusster Bestandteil der Reflexion werden und durch diese innere Teilhabe vieler die Möglichkeit der Identifikation mit den Entwicklungs- und Veränderungsaufgaben wächst. Dadurch wächst auch die Übernahme von Verantwortung und führt durch Perspektivenvielfalt und den ausdrücklichen Wunsch einer auch emotionalen Beteiligung zu einem angenehmen Diskussionsklima und einer zu pflegenden Kommunikationskultur.

Grundsätzlich ist jede Methode, die zum Austausch, Nachdenken und Reflektieren anregt oder beiträgt, geeignet für den Umgang mit den Fragen. Methoden aus dem kooperativen Lernen sind gut übertragbar, da sie im Kern schon partizipativ und darauf angelegt sind, Potentiale, Meinungen, Wissen und Erfahrungen aller Teilnehmer ernst zu nehmen. So wird bei der Grundherangehensweise »Think – Pair – Share« aus dem kooperativen Lernen jede Person individuell zur aktiven Auseinandersetzung angeregt und die Meinung jeder Person auch in der Gruppe transparent.

Die Fragen können in allen Phasen eines Entwicklungsprozesses angewendet werden; mit dem Blick durch eine »inklusive Brille«, die es ermöglicht, alle Maßnahmen und Entscheidungen, Zielsetzungen und Prioritätensetzungen immer an den inklusiven Werten mithilfe der Indexfragen zu orientieren.

Die Erfahrungen zeigen, dass die Arbeit mit den Fragen des Index für Inklusion überall, jederzeit und von jedem begonnen werden können.

Hier nun einige konkrete Fragen – Beispiele

In der Dimension B. (Inklusive Strukturen etablieren) werden unter dem Indikator B. 1.2 (Neuen Mitarbeitern wird geholfen, sich in der Schule einzugewöhnen) folgende Fragen formuliert:

1. Erkennt die Schule eventuelle Schwierigkeiten neuer Mitarbeiter beim Einleben in eine neue Arbeit in einer vielleicht neuen Umgebung?
2. Vermeiden langjährige Mitarbeiter einen ausschließenden Gebrauch von Wörtern wie »wir« und »sie«, durch den sich neue Kollegen als Außenseiter fühlen könnten?
3. Hat jedes neue Mitglied des Kollegiums einen Mentor, der umfassend daran interessiert ist, ihm beim Einleben in der Schule zu helfen?
4. Lässt die Schule neue Mitarbeiter spüren, dass die Erfahrung und das Wissen wertvoll sind, die sie in die Schule mitbringen?
5. Gibt es Möglichkeiten für alle Mitarbeiter – einschließlich der neuen –, sich über ihre Fähigkeiten und ihre Sachkenntnis auszutauschen?
6. Werden neue Mitarbeiter mit allen nötigen grundlegenden Informationen über die Schule versorgt?
7. Werden neue Mitarbeiter gefragt, welche zusätzlichen Informationen sie brauchen, und werden sie ihnen gegeben?
8. Werden Beobachtungen der neuen Mitarbeiter über die Schule als wertvoll erachtet, um erste Eindrücke der Schule auf Außenstehende zu eruieren?

Jede dieser Fragen kann zu sehr intensiven Diskussionen und Reflexionen, oft sogar Lösungsideen führen.

In einem weiteren Beispiel wird deutlich, dass es um alle Mitarbeiter und Akteure in der Schule geht. Unter dem Indikator C. 1.3 (Der Unterricht entwickelt ein positives Verständnis von Unterschieden) werden folgende Fragen formuliert:

1. »Werden die Schüler ermuntert, Sichtweisen zu erkunden, die sich von ihren eigenen unterscheiden?
2. Wird den Schülern dabei geholfen, sich in Dialoge mit anderen zu begeben, die verschiedenste Hintergründe und Blickwinkel haben?
3. Werden die Stärken jeder Person innerhalb der Lerngruppe bekannt gemacht und wirksam?
4. Haben die Schüler die Möglichkeit, mit jemandem zusammenzuarbeiten, der sich von ihnen im Hinblick auf sozialen Hintergrund, ethnische Herkunft, Beeinträchtigung, Geschlecht oder im Alter unterscheidet?
5. Machen die Mitarbeiter in Klassengesprächen deutlich, dass sie andere Meinungen respektieren und schätzen?
6. Werden alle Sprachen und Kommunikationssysteme als gleichwertig behandelt?
7. Wird durch Lernaktivitäten ein positives Verständnis von Unterschieden in sozialem Hintergrund, Kultur, Ethnizität, Alter, Geschlechterrolle, Beeinträchtigung, sexueller Orientierung und Religion entwickelt?
8. Wird die Vielfalt kultureller Einflüsse auf die Sprache und auf Unterrichtsinhalte den Schüler aufgezeigt?
9. Haben alle Schüler die Möglichkeit, mit Kindern und Jugendlichen in reicheren und ärmeren Teilen der Welt zu kommunizieren?
10. Erwerben die Schüler ein geschichtliches Verständnis der Unterdrückung bestimmter Gruppen?
11. Lernen die Schüler, Stereotypen in Unterrichtsmaterialien und Klassengesprächen zu hinterfragen?« (Boban/Hinz 2003, S. 83)

Literatur

Boban, I. & Hinz, A. (Hrsg.) (2003): Index für Inklusion. Lernen und Teilhabe in der Schule für alle entwickeln. (Martin-Luther-Universität) Halle-Wittenberg

Booth, T. (2008): Eine internationale Perspektive auf inklusive Bildung: Werte für alle? In: Hinz, A.; Körner, I.; Niehoff, U. (Hrsg.) a. a. O.(Lebenshilfe) Marburg

Booth, T. (2012): Der aktuelle »Index für Inklusion« in dritter Auflage. In: Reich, K. a. a. O., S. 181–204

Booth, T. & Ainscow, M. (Hrsg.) (2000): Index for Inclusion. Developing Learning and Participation in Schools. CSIE. Bristol

Booth, T. & Ainscow, M. (Hrsg.) (2011): Index for Inclusion. Developing Learning and Participation in Schools. CSIE. Bristol

Brokamp, B. (2011): Ein Kommunaler Index für Inklusion – oder: Wie können sinnvoll kommunale Entwicklungsprozesse unterstützt werden? In: Flieger, Petra; Schönwiese, Volker (Hrsg.) Menschenrechte – Integration – Inklusion. Bad Heilbronn, S. 237–244

Eichholz, R. (2012): Im Interview mit Schumann, B.: a. a.O

Hinz, A., Körner, I. & Niehoff, U. (Hrsg.) (2008): Von der Integration zur Inklusion: Grundlagen – Perspektiven – Praxis. (Lebenshilfe) Marburg. Montag Stiftung Jugend und Gesellschaft

Hinz, A., Körner, I. & Niehoff, U. (Hrsg.) (2011): Inklusion vor Ort – der Kommunale Index für Inklusion – ein Praxishandbuch. Berlin

Montag Stiftung Jugend und Gesellschaft: www.montag-stiftungen.de/jugend-und-gesellschaft/projekte-jugend-gesellschaft/projektbereich-inklusion. html

Reich, K. (Hrsg.) (2012): Inklusion und Bildungsgerechtigkeit. Standards und Regeln zur Umsetzung einer inklusiven Schule. Weinheim/ Basel

Schumann, B. (2012): Mehr als Regelschule plus Behindertenpädagogik. Interview mit Dr. Reinald Eichholz vom 21.02.12 in www.bildungsklick.de/ a/82558/mehr-als-regelschule-plus-behindertenpaedagogik/

UN-Behindertenkonvention 2006

Inklusion und Sonderpädagogik
Notwendige Gelingensbedingungen und Handlungsschritte

Irmtrud Lohmar

»Schule ist ein Ort, in dem alle willkommen sind« aus der Denkschrift »Zukunft der Bildung – Schule der Zukunft« von 1995, hat nun die Chance mit Art. 24 der UN Konvention in der Schule Wirklichkeit zu werden. Soll die Schule zur inklusiven Schule werden, dann ist sie als Lern- und Lebensort neu zu denken und in ihrer pädagogischen und didaktischen Ausrichtung neu zu gestalten.

Die Forderung nach inklusiver Bildung stellt für die Schul- und Sonderpädagogik eine immense Herausforderung dar. »Das seit Jahrzehnten praktizierte Verhältnis der Förderschule als subsidiäres System der allgemeinen Schule wird dadurch radikal infrage gestellt. Die Sonderschule muss ihr Selbstverständnis in einer inklusiven Schule neu klären« (Schuhmacher 2011, S. 2–5).

Aus der Sicht der behinderten Kinder und Jugendlichen könnte dies sein:

- Welche Kontakte und Freundschaften konnte ich schließen?
- Wie war der fachspezifische Umgang mit meiner Behinderung?
- Konnte ich über meine Behinderung sprechen?
- Waren die Lerninhalte für mich relevant und lebensbedeutsam?
- Hatte ich Lernzuwachs in den Basisfächern?
- War genügend Raum für handelnden und handlungsorientierten Unterricht?
- Habe ich soviel Hilfe wie nötig, soviel Freiraum wie möglich erhalten?
- Habe ich genügend Unterstützung bei der Lebensbewältigung und -gestaltung erhalten?

Nach dem Verständnis der Behindertenrechtskonvention gehören zu den Menschen mit Behinderungen »Kinder und Jugendliche, die langfristige, körperliche, geistige, seelische, emotionale, kognitive Beeinträchtigungen oder Sinnesbeeinträchtigungen haben, welche sie in Wechselwirkung mit verschiedenen Barrieren an der vollen wirksamen und gleichberechtigten Teilhabe an der Gesellschaft hindern können«.

Da ist Amina, sie fällt auf, weil sie eine talentierte Rednerin ist, alle Themen leidenschaftlich und mit Ausdauer bearbeitet, fit ist im Umgang mit dem PC, dem Handy und anderen elektronischen Geräten, zugleich hat sie eine extreme Rechenschwäche.

Jakob fällt auf durch originelle Ideen, kreatives Malen und gute Leistungen in Mathematik. Er fällt aber auch auf durch Kontaktschwäche innerhalb der Klasse, übergroße Ängstlichkeit und nächtliches Angstschreien (Aussage der Mutter). Beide Schüler gehören zu den Hochbegabten der Klasse.

Aber da sind noch Harun und Meike. Bei Harun liegt laut medizinischem Gutachten eine rechte Halbseitenlähmung mit leichten motorischen Schwierigkeiten vor. Er ist selten zufrieden mit seinen Arbeitsergebnissen, zerreißt seine Arbeitsblätter und ist aggressiv anderen Schülern gegenüber.

Meike möchte gerne viel sprechen, es dauert aber lange, bis sie die Sätze formuliert hat, die Mitschüler reagieren häufig ungeduldig.

Sie hat sich entschieden fortan zu schweigen und sie hat keine Freundin, die sie sich doch so sehr wünscht. Ihre Stärken zeigt sie im Kunst- und Sportunterricht.

Bei aller Unterschiedlichkeit muss doch festgehalten werden, dass behinderte Kinder und Jugendliche über die gleichen sozialen, emotionalen und vielfach auch kognitiven Fähigkeiten, wie andere Schüler verfügen. Sie sind so interessiert, so frech, so trotzig, so begeistert, so betroffen, so mutig, so lärmend, sie hängen rum, wie andere Schüler auch. Je nach Behinderungsbild (Seh-,Hör-, Sprachbehinderung, körperliche oder geistige Behinderung, Entwicklungsverzögerung, Verhaltensauffälligkeiten) benötigen sie vor allem personale Unterstützung, aber auch apparative, elektronische und technische Unterstützung, um ihr Lernen angemessen und zufriedenstellend bewältigen zu können. Alle Kinder und Jugendliche, mit oder ohne ausgewiesenen sonderpädagogischen Förderbedarf, haben Anspruch auf ein sowohl individuelles als auch gemeinsames Lernen in einer Schule, einer Klasse; und diese Schule übernimmt die Gesamtverantwortung für alle.

Alle Schüler haben das Recht mit ihren unterschiedlichen somatischen, sozialen und psychischen Behinderungen und Persönlichkeitsvarianten wahrgenommen, wertgeschätzt und individuell gefördert zu werden.

Inklusive Schulen entwickeln ein eigenständiges Schulprofil und ein Bildungskonzept, in dem es »normal ist verschieden zu sein«, in dem sich die Lehrenden einem erweiterten und ungewöhnlichen Verständnis von Vielfalt und Heterogenität stellen.

Bei den Lehrenden gilt es Haltungen und Sichtweisen zu entwickeln, die es ermöglichen unterschiedliche Lebensformen, Behinderungen, besondere Neigungen, Begabungspotentiale, Kreativität und Energien bei den Schülern zu entdecken und ihnen die nötigen Handlungsspielräume bereitzustellen.

In dieser neuen Lernkultur muss die bisherige schulische Arbeit neu überdacht und weiterentwickelt werden in Hinsicht auf:

- die Rolle der Lehrer und Sonderpädagogen, als Helfer und Berater bei der Selbstentfaltung und als Gestalter von Beziehungsangeboten,
- die Teamarbeit: Sonderpädagogen, Regelschullehrer, je nach Bedarf Physio-, Ergo- oder Sprachtherapeuten, Motopädagogen und Krankenpfleger, arbeiten kooperativ miteinander,
- die fachliche und didaktische Gestaltung von Unterricht, mit Blick auf die verschiedenen Formen des individualisierenden und handlungsorientierten Lernens,
- die Unterstützung aktiver Lernprozesse, des Lernens von- und miteinander,
- die Gestaltung einer aktivierenden Lernumwelt mit Räumen zur Differenzierung und Therapie,
- die Einführung von Regeln, Ritualen und Rhythmisierung im Schulalltag,
- die pädagogische Diagnostik/Kind-Umfeld-Analyse,
- die Arbeit nach Förderplänen,
- die Leistungsbewertung und Abschlüsse,
- die Kooperation mit den Eltern/Erziehungsberechtigten,
- die Vernetzung und interdisziplinäre Zusammenarbeit mit verschiedenen Institutionen.

Individualisierung

Individualisierung gewinnt im Zusammenhang mit Inklusion eine neue Bedeutung. In der inklusiv arbeitenden Schule ist Individualisierung von Unterricht die zentrale Leitidee. Sie ist unabdingbar, aber nicht einfach realisierbar.

In der Grundschule geht individualisiertes Lehren im Wesentlichen von einer vorbereiteten Lernumwelt aus, in der didaktisch und fachlich fundiert aufbereitete Materialien und Medien zur Verfügung stehen und den jeweiligen behinderungsspezifischen Erfordernissen entsprechend gestaltet sind. Lerninhalte können auf unterschiedlichen Wegen und mit unterschiedlichen Zielen bearbeitet werden. Vielfach müssen die Themen elementarisiert und sehr basal angeboten werden. Insbesondere der Anfangsunterricht bedarf ganz besonderer Beachtung. Der Prozess des Schreiben- und Lesenlernens und die Erstmathematik stellen für viele behinderte Schüler, aufgrund hirnorganisch bedingter Wahrnehmungsstörungen, eine extreme Herausforderung dar. Das Aufnehmen, Weiterleiten und die Wiedergeben von optischen Feingestalten sowie deren Umsetzung in die Motorik beim Schreiben und Lesen, die Wahrnehmung von Räumen, Größen und Mengen, sind bedeutsame Fähigkeiten im Erstunterricht.

Die Gestaltung dieses Unterrichts bedarf behinderungsspezifischer und fachspezifischer Kenntnisse. Generell besteht die Gefahr Schüler mit Teilleistungsstörungen weit unter ihrem Gesamtniveau einzuschätzen und ihnen dadurch insgesamt in ihrer Förderung nicht gerecht zu werden. So kann eine generalisierte Lernstörung entstehen. Immer wieder müssen neue Lernwege erprobt, alte modifiziert, individuell ausgerichtet und angeboten werden. Die Zusammenarbeit mit den Ergo-, Physio- und Sprachtherapeuten und deren vielfältigen Kompetenzen, leisten im Gesamtprozess der Rehabilitation einen wirkungsvollen Beitrag. Vorraussetzung allen Lernens besteht in der Förderung der motorischen Grundfunktionen, der Wahrnehmungsschulung sowie der Verbesserung der Kommunikation in einer ganzheitlichen Sichtweise. Da insbesondere die motorisch leicht behinderten Schüler häufig physio- und ergotherapeutisch unterversorgt sind, sind psychomotorische Bewegungsangebote erforderlich. Insbesondere die Grundschulzeit sollte als eine Lernzeit gestaltet sein, in der die Neugier auf Lernen gerichtet sein darf und der handelnde Umgang mit Lerngegenständen ermöglicht wird.

In der Auseinandersetzung mit Kunst, Kultur, Musik, vielfach auch Sport und den Sachfächern, wirken sich Behinderungen oft als besondere Potentiale aus. Die Ungelenktheit der Hand ist eine erlaubte Variante beim Malen. Sinnlich wahrnehmen, handelnd gestalten, meditativ aufnehmen und musizieren können alle. Diese

Fächer sollten in Umfang und Bewertung einen gleichwertigen Stellenwert zu den eher kognitiv orientierten Fächern haben. Auch das frühe und regelmäßige Umgehen mit dem PC erlaubt individuelle Zugänge zu den Interessensgebieten und eröffnet weitere Lernchancen.

In den Sekundarstufen steht die Wahl von Themenschwerpunkten in den einzelnen Fächern nach individueller Beratung eher im Mittelpunkt.

Hier geht es immer um die weitgehend selbständige Gestaltung des eigenen Lernprozesses.

Die Schüler haben bei dieser Form des Lernens die Wahl, Inhalte, Lernzeit, die Sozial- und Darstellungsform zu wählen und eigene Ziele zu bestimmen. Mit weitgehender Wahlfreiheit ist das Ziel verbunden, die ursprünglich in den meisten Kindern und Jugendlichen vorhandenen Impulse nach selbständigem Lernen zu unterstützen und für den Lernprozess zu nutzen. Freie, selbstbestimmte Formen des Lernens sind für behinderte Schüler von besonderer Bedeutung, da sie doch in Teilbereichen ihres Lebens eingeengt sind. Grundmuster dieses Lernens finden sich in allen Formen des offenen Unterrichts: Wochenplan, Lerntheke, Stationslernen, Portfolio, Projekte, Lerntagebuch, kooperatives Lernen etc. Große Chancen liegen im Lernen von- und miteinander. Hier können alle voneinander profitieren, wenn neben den bereits genannten Formen des Unterrichts genügend Zeit zur Übung und Wiederholung gegeben ist, wenn auch ältere und bewährte Formen, wie Kreisgespräch und Lehrervortrag einen festen

Platz im Unterrichtsgeschehen haben. Guter Unterricht lebt vom Wechsel der verschiedenen Lehr- und Lernformen. Die in der Sonderpädagogik häufig praktizierten Methoden der TZI – themenzentrierten Interaktion, der Kunsttherapie, der Psycho- und Motopädagogik, dem darstellenden Spiel, den Interaktionsübungen, der basalen Kommunikation etc., erweitern das Spektrum des affektiven und emotionalen Lernens. Bewegung und sich im Unterricht bewegen können, ist ebenfalls ein Baustein, der besonders den hyperaktiven Schülern zu vermehrter Konzentration verhelfen kann.

Das affektive Klima der Klasse muss stimmig sein. Die Lernenden können eher Sicherheit und Vertrauen entwickeln, wenn sich das Augenmerk auf ihre Fähigkeiten und weniger auf ihre Defizite richtet, wenn an ihren Stärken angeknüpft wird, ohne ihre Schwächen außer Acht zu lassen.

Dies gilt sowohl für die affektiven als auch für die kognitiven Lernbereiche.

Der Unterricht sollte erfolgsorientiert, nur geringfügig über dem Niveau der Schüler liegen (kognitive Dissonanz), leicht verständlich und mit bedeutsamen Inhalten verknüpft sein, was bei einer Klassenstärke von 25 Schülern vielfach nicht bei allen Themenbereichen ohne äußere Differenzierung gelingt.

Individuelle Leistungsbewertung – individuelle Abschlüsse

Auf der Grundlage von erreichten Arbeitsergebnissen, Portfolios, Rückmeldegesprächen, Lernentwicklungsberichten, vielfach auch Noten, wird die individuelle Leistung bewertet. Alle Schüler haben Anspruch auf die Würdigung ihrer individuellen Leistung, ihrer Lern- und Entwicklungsfortschritte. Regelmäßig werden neue Lern- und Entwicklungsziele festgelegt.

Über die unterschiedlichen Formen der Leistungsmessung sind die Erziehungsberechtigten zu informieren. Bei der Vergabe von Abschlüssen ist ebenso differenziert zu verfahren, sie sind für den weiteren Bildungs-, Berufs- und Lebensweg oft von entscheidender Bedeutung.

Am Ende der Schulzeit entsteht häufig ein Vakuum, da immer noch nicht genügend adäquate Arbeits- und Ausbildungsmöglichkeiten geschaffen sind, um zufriedenstellende Tätigkeiten und nicht die Ausgrenzung in die Werkstatt für Behinderte zu erleben. Auch hier leisten Physio- und Ergotherapeuten im Hinblick auf die berufliche Eingliederung im Umgang mit neuen Technologien, Adaption des Arbeitsplatzes und Einübung kompensatorischer Strategien einen wesentlichen Beitrag. In diesem Zusammenhang geht es nicht nur darum, innerhalb »bestehender Strukturen Raum zu schaffen für Behinderte, sondern gesellschaftliche Strukturen so zu gestalten, dass sie der realen Vielfalt menschlicher Lebenslagen, gerade auch von Menschen mit Behinderungen, von vorneherein besser gerecht werden.« (Aichele 2008, S. 271–275)

Teamarbeit – was ist neu?

Die inklusive Schule braucht eine Veränderung der Schulkultur und Schulstruktur. Diese neue Schule ist eine Verantwortungsgemeinschaft, in der gute Pädagogik als Beziehungsarbeit verstanden und diese mit Lernen verknüpft wird. Der wesentliche Beitrag zum Gelingen inklusiver Schularbeit wird im Team mit unterschiedlichen Professionen geleistet. Gebraucht wird das Teamkleingruppenmodell, das auch an vielen Integrationsschulen erfolgreich arbeitet. Das Team besteht aus dem Klassenlehrer, möglichst wenigen Fachlehrern und, unabdingbar, einem Sonderpädagogen sowie je nach Bedarf, Pflegekräften, Ergo-, Physio- und Sprachtherapeuten. Sie fördern nach gemeinsam erarbeiteten Konzepten »ihre Klasse«. Sie haben den Auftrag Bedingungen zu schaffen, unter denen erfolgreiches Lernen möglich ist.

Viele Kinder und Jugendliche haben nur geringe oder gar keine frühkindliche Bindung erfahren, sie sind ungebunden und brauchen die Orientierung in einem begrenzten personalen Rahmen, deshalb sollte nicht eine Vielzahl von Lehrenden mit ihnen arbeiten, sondern nur so viele, wie unbedingt erforderlich. Das heißt auch, dass Lehrende fachfremd unterrichten. Diese Form der interdisziplinären Zusammenarbeit erfordert von allen im Team eine Neubestimmung ihrer Positionen, die Erweiterung ihrer Kompetenzen und wirksame Formen der Zusammenarbeit, die auf gemeinsamen Zielen und Schwerpunkten basieren. Gemeint sind hier alle Maßnahmen fachlicher, pädagogischer Begleitung und Unterstützung wie:

- die Planung und Durchführung der Unterrichtsarbeit,
- die individuelle Lern- und Leistungsförderung,
- die Förderdiagnostik,
- der Umgang mit Behinderung,
- das Wahrnehmen der eigenen Person,
- die Bedeutung von Beziehung und Kontakt der Schüler untereinander,
- die Kollegiale Beratung im Team, der Austausch im Kollegium,
- die Eltern- und Schülerberatung.

Mögliche Zusammenhänge von Lern-,Entwicklungs- Umweltfaktoren und den verschiedenen Formen der Behinderung werden aus unterschiedlicher Perspektive transparent gemacht und ermöglichen allen im Team eine erweiterte Sichtweise einzunehmen und den diagnostischen Blick zu schärfen. Das Team muss wissen, was es heißt als zwölfjähriger Junge mit einer Gesichtsanomalie auf dem Weg von zuhause bis zur Klassentür mehrmals, offen oder verdeckt »Frankenstein« zu hören, um zu verstehen, warum dieser sehr intelligente Junge die Arbeit verweigert und in einer »ist doch egal«-Haltung erstarrt ist, und wie sie ihm helfen können.

Oft erst auf den zweiten Blick werden jene Kinder und Jugendliche wahrgenommen, die unabhängig von Behinderung, lebensgeschichtlicher Belastungen und hinderlichen familiären Bedingungen, wie Gewalt, Armut, Missbrauch, mangelnde Fürsorge und mangelnde Mütterlichkeit erlebt haben, oder fortwährend erleben.

Diese Schüler haben oft Schwierigkeiten dem Unterricht zu folgen, weil sie so sehr mit der eigenen emotionalen Auseinandersetzung und dem Erlebten beschäftigt sind. Sie zeigen ihre Nöte und Sorgen offen oder verdeckt in Aggressivität oder Rückzug.

Ihre Notrufe heißen:

- Wo kann ich mich wohlfühlen?
- Wo werde ich wahrgenommen?
- Wo bin ich bedeutsam?
- Wo bin ich gemeint?
- Wo kann ich mitreden?
- Wo verstehe ich das Geschehen und kann ihm folgen?

Zu ihrer emotionalen Stabilisierung brauchen die Kinder und Jugendlichen feste, tragfähige und belastbare Beziehungsangebote, einen Rahmen, der eine Rahmung bietet, in dem sie Wertschätzung und Orientierung erfahren, in dem sie offen über ihre Ängste und Nöte sprechen können.

Nicht selten haben diese Schüler in ihrem häuslichen Umfeld wenig individuelle Zuwendung, chaotische und ambivalente Erziehungsstile erlebt. Deshalb brauchen sie Ruhe, Geborgenheit, Vertrauen, ein deutliches Ja und ein klares Nein. (vgl. Lohmar, 2003, S. 278–280).

Förderdiagnostik

Wie die individuellen Begabungen und Verhaltensweisen erkannt, interpretiert und wirksam gefördert werden, wie ein Klassenklima geschaffen werden kann, in dem die Schüler Sicherheit und Vertrauen entwickeln können, ist gleichermaßen Aufgabe der Sonderpädagogen, wie auch aller Teammitglieder. Gemeint ist hier eine systemische, fundierte, pädagogische Diagnostik, die sich durch eine konsequente Kind-Umfeld-Analyse auszeichnet.

Sie ist auf umfassende Förderung und nicht auf Selektion ausgerichtet. Meistens stellt die Sonderpädagogin fest, unterstützt, begleitet und evaluiert den Entwicklungsprozess.

Sie erstellt einen Förderplan, der in enger Kooperation mit dem Team in der Unterrichtsarbeit umgesetzt wird. Basis jeder Diagnostik ist es, die vorhandenen Fähigkeiten, Ressourcen und Bedürfnisse der Schüler zu erkennen. Diese werden durch freie oder gezielte Beobachtungen mit diagnostischen Handlungsproben oder Testmaterial ermittelt. Damit diese Wahrnehmung nicht zufällig, einseitig und beliebig bleibt, brauchen die Beobachter Kategorien, mit denen sie das Beobachtete für sich deuten und einordnen können.

Eine Systematik kann durch folgende Bezugspunkte gesichert werden:

- Verhalten und Zustände in Bewegung, Motorik, den Sinneswahrnehmungen, der Sprache und anderen körperlichen oder chronischen Erkrankungen,
- Spontanes Verhalten, Eigenarten, Vorlieben, Neigungen, Ängste, emotionale Befindlichkeiten, alles, was dieses Kind, diesen Jugendlichen zu einem unverwechselbaren Individuum macht,
- Verhalten in den künstlich getrennten Entwicklungsbereichen, Wahrnehmung, Kommunikation und Emotion,
- Lern- und Arbeitsverhalten in der Einzel- und Gruppensituation,
- Leistungen in den Unterrichtsfächern,
- Diagnostik in den spezifischen Behinderungsformen (Sehen, Hören, Sprechen, Kognition, Motorik und Krankheit),
- Verhalten in Abhängigkeit von spezifischen belastenden Umweltfaktoren.

Das Förderplangespräch

Im Förderplangespräch tragen alle Beteiligten ihre gesammelten Beobachtungen zusammen, systematisieren diese und machen die Beobachtungen für den Prozess nutzbar. Der vordringliche Förderbedarf wird eingeschätzt und in einer Prioritätenliste erfasst.

Drei Förderschwerpunkte aus unterschiedlichen Bereichen des Lernens und der Persönlichkeitsentwicklung werden innerhalb eines bestimmten Zeitraums bearbeitet. Diese Auswahl orientiert sich an den Schülern selbst, aber auch an den vorhandenen personalen und institutionellen Ressourcen:

- Bevorzugung einer Kompetenz, die für die weitere Gesamtentwicklung bedeutsam ist, z. B. sinnentnehmendes Lesen, damit Sachtexte erschlossen werden können,
- Entscheidung für das Entwicklungspotential, das den Schülern mit großer Wahrscheinlichkeit neue Handlungsmöglichkeiten innerhalb, aber auch außerhalb der Schule ermöglicht, wie Verantwortung für den Umgang mit Zeit, Ordnen der eigenen Lern- und Unterrichtsmaterialien, Erlernen von Straßenbahn fahren, Einkaufen etc.,
- Leidensdruck bei den Kindern und Jugendlichen selbst, z. B. Erlernen einer Kampfsportart um die eigenen Aggressionen erleben und kanalisieren zu können,

- Themen, die mit der Familie und den Schülern verhandelbar sind, z. B. Eingliederung in bestehende Gruppen innerhalb der Schule oder des Stadtviertels zur Verbesserung von Interaktion und Kommunikation, Regulierung von Fernseh- und Zubettgehzeiten, regelmäßige Mahlzeiten bei jüngeren Schülern, vermehrte Sorgfalt auf Aussehen und Kleidung, auch um weniger Ablehnung durch die Umwelt erleben zu müssen.

Umsetzung der Förderung

Die Planung der Lehr- und Lernsituation ist ein eigener, neuer Schritt; Förderbedarf und Förderangebot müssen sich logisch aufeinander beziehen. Die im Förderplan beschriebenen Schritte müssen im Unterrichtsalltag konkretisiert und umgesetzt werden: Wer braucht mehr Rahmung, mehr Struktur und soziale Einbettung? Wer kommt zu kurz in Redeanteilen? Alle Teammitglieder halten sich an Absprachen, sodass die Schüler ein hohes Maß an Kontinuität erleben. Dennoch wird die Förderwirklichkeit immer wieder vom Geplanten abweichen. Hier gibt der Förderplan Halt und Orientierung. Seine Brauchbarkeit erweist sich als besonders wirkungsvoll, wenn Fortschritte, Blockaden und unerwartete Reaktionen kurz aufgezeichnet und damit für das Team transparent sind. Alle Teammitglieder fühlen sich gemeinsam verantwortlich und arbeiten in wechselseitiger Ergänzung miteinander.

Sie profitieren vom kollegialen Austausch, der wechselseitigen Beratung, der Sensibilisierung bei Konflikten und behinderungsbedingten Besonderheiten gegenüber. Alle sind aktiv bemüht Probleme und Schwierigkeiten zu verstehen, in ganzheitlichen Zusammenhängen zu reflektieren, sich engagiert damit auseinanderzusetzen und gemeinsam nach Lösungen zu suchen. Dies bedeutet immer wieder Arbeit:

- an der Entwicklung von Teamkompetenz
- an der Veränderung der Beziehungskompetenz
- an der Erweiterung der Unterrichtskompetenz
- am Umgang mit der Behinderung
- in der Zusammenarbeit mit Eltern
- in der interdisziplinären Kooperation

Umgang mit Behinderung

Ein sehr bedeutsamer Aspekt für alle im Team ist die Auseinandersetzung mit der Behinderung. Je nach Grad der Behinderung sind die Wahrnehmung und das Arbeiten mit behinderten Kindern und Jugendlichen von heftigen Emotionen begleitet. Sie sind oft mit unbewussten Vermeidungs- und Abwehrtendenzen verbunden. Die betroffenen Kinder- und Jugendliche, die häufig diesen emotionalen Erschütterungen, Ausgrenzung und Mobbing ausgesetzt sind, brauchen Akzeptanz und die Sicherheit in ihrem Sosein angenommen zu sein. Sie brauchen Bezugspersonen mit denen sie über ihre Ängste sprechen können, die sie verstehen und dies auch zeigen können.

Das Team, das auch Teil der Gesellschaft ist, in der Umgang mit Behinderung weitgehend ein Tabu ist, gerät häufig in einen Ambivalenzkonflikt. Neben den unbewusst abwehrenden Emotionen, möchten die Lehrenden akzeptierende und hilfreiche Annahme zeigen. Oftmals spüren die Schüler diesen Konflikt, der die förderliche Gestaltung einer hilfreichen Beziehung erheblich erschweren kann. Aus diesem Dilemma kommen die Teammitglieder nur heraus, wenn es ihnen gelingt, offen und direkt ihre Betroffenheit zu reflektieren. Sie müssen sich der schmerzlichen Einsicht stellen, dass es Behinderungen gibt und dass man daran leidet, aber auch ihr Wissen und Können einsetzen um Entwicklung zu ermöglichen. Das Team muss sich damit auseinandersetzen, wie man mit oft idealistischen Sichtweisen zu realistischen, den Schülern hilfreichen Verhaltensweisen kommt. Umgang mit Behinderung darf im Unterricht kein isoliertes Geschehen sein. Neben der verstehenden Haltung und dem persönlichen Gespräch, gibt es für alle Altersstufen in vielen Unterrichtsfächern Gesprächsanlässe, sodass im Laufe der Zeit eine offene Atmosphäre in der Klasse entsteht und sensibel und einfühlsam zunächst über Persönlichkeiten aus der Geschichte, der Literatur, der Musik, den Naturwissenschaften und der Kunst gesprochen werden kann, die trotz ihrer Behinderung Großes geleistet und ein eigenständiges, selbstbewusstes Leben geführt haben.

Wünschenswert wäre, dass sich zunehmend mehr Schüler trauen, ihre eigenen Sorgen zu thematisieren. Dabei könnten sie lernen ihre Gefühle differenzierter wahrzunehmen und auszudrücken, sich selbst und andere wahrzunehmen, ihre eigenen Probleme zu »betrauern«, aber auch als Herausforderung zu erleben.

Zahlreiche Kinder- und Jugendbücher und Filme bieten Identifikationsmöglichkeiten an, deren Bearbeitung im Unterricht zu einer kraftvollen »Dennoch-Haltung« oder zur schrittweisen Akzeptanz der eigenen Behinderung beitragen.

In jeder Altersstufe werden neue und andere Fragen aufgeworfen und neue und andere Bewältigungsstrategien gebraucht. Diese Auseinandersetzung, die zur Bewältigung von Behinderung führen kann, bedarf einer stimmigen Elternarbeit, oft therapeutischer Hilfen und eines sozialen Netzwerkes.

Kooperation mit den Eltern

Wenn sich häusliche, schulische und therapeutische Arbeit ergänzen sollen, ist intensive und professionelle Elternarbeit im schulischen Kontext erforderlich. Das Gelingen von guter Zusammenarbeit hängt wesentlich ab von einem Selbstverständnis, das ausgeht von Kooperation, ganzheitlicher, systemischer Sichtweise, wechselseitiger Bereicherung und exakten Zielvereinbarungen. Die Belastungen und Stärken des familialen Systems und dessen Umfeld sollen deutlich wahrgenommen und mit den Zielen schulischer und therapeutischer Arbeit verknüpft werden. Eltern eines behinderten Kindes zu sein, gehört mit zum Schwersten, was das Leben an Belastungen mit sich bringt. Die Trauer, der Schmerz um den Verlust eines gesunden Kindes, die Sorge um die Zukunft, die vielfach damit verbundene soziale Isolation und häufig auch Partnerprobleme, sind erhebliche Belastungen.

In der Beratung konkret geht es um Erhöhung der elterlichen Kooperationsbereitschaft durch Achten und Respektieren ihrer besonderen Situation als Eltern eines behinderten Kindes bzw. Jugendlichen. Ihre besonderen psychischen, sozialen und vielfach auch ökonomischen Belastungen, müssen verstanden und anerkannt werden.

Insbesondere das Erstgespräch bei der Einschulung und das Aufnahmegespräch in die Sekundarstufe haben besondere Funktionen. Hier geht es um die Einstimmung der Eltern auf die jeweilige Schulform und deren Bedingungen, aber auch um die Vorgeschichte der Kinder und Jugendlichen, um ihr Verhalten verstehen und damit umgehen zu können. Und es geht um mögliche Faktoren/Stressoren, die Schulschwierigkeiten begünstigen oder aufrecht erhalten können. Deutlich werden muss auch, dass es um Teilung von Verantwortung geht, nämlich die Schule die Verantwortung für das Lernen übernimmt und die Eltern die Gelingensbedingungen nach ihren Möglichkeiten unterstützen. Des Weiteren finden Lernentwicklungsgespräche und beratende Gespräche zur weiteren Schullaufbahn und zur beruflichen Eingliederung statt.

Vielfach muss der Berater hier auf enttäuschte Erwartungen und Verletzungen eingestellt sein, ebenfalls auf das Führen von Konfliktgesprächen. Grundsätzlich gehören Kompetenzen im Führen von Elterngesprächen zu den Fähigkeiten wenigstens eines Teammitglieds.

Für diese Formen der interdisziplinären Zusammenarbeit auf der Mikroebene, bedarf es der Rahmenbedingungen und zeitlicher Ressourcen und manchmal auch der Supervision.

Kooperation und Öffentlichkeitsarbeit

Die besondere Situation vieler Kinder und Jugendlicher und deren Eltern macht eine Zusammenarbeit mit unterschiedlichen Institutionen und Behörden notwendig: mit Frühförderzentren, Kindergärten, anderen Schulen, Heimen, Freizeiteinrichtungen, Sportvereinen, Werkstätten für Behinderte, Kliniken und Ärzten, Erziehungsberatungsstellen, Arbeits-, Gesundheits-, Jugend-, Sozial- und Ausländeramt sowie den Landschaftsverbänden und kirchlichen Einrichtungen.

Nur keine Hektik – langsamer ist oft schneller

Das heutige Schulsystem wird der Vielfalt der Schüler nicht gerecht. Der Weg in die Inklusion ist der richtige, doch die Bedingungen unter denen Inklusion gelingen kann, sind noch sehr offen.

Deshalb sollte die Umgestaltung von Schulen in inklusive Schulen, schrittweise und behutsam geschehen. Es könnte ein Qualitätsverlust gegenüber der individuellen und ganzheitlichen Förderung vieler behinderter Schüler, die bisher an fundiert arbeitenden Sonderschulen beschult werden, eintreten. Der Druck der Eltern: »Man muss die Schulen drängen und zwingen«, »Verdoppelung des Platzangebotes in nur wenigen Monaten« (KStA 10.1.2012) und die Ziele von Landes- und Bezirksregierungen, so schnell wie möglich Inklusion umzusetzen, werden den behinderten Schülern nicht gerecht, überfordern viele Schulen und verunsichern die Lehrerschaft. Wandel kann nicht angeordnet, er muss ermöglicht werden. Es müssen enorme finanzielle Mittel zur Verfügung gestellt werden, die den Kommunen die Umgestaltung der Regelschulen ermöglichen. Regelschulen und Sonderschulen sind gleichermaßen verunsichert und müssen sich auf gravierende Umformungsprozesse einlassen.

Ein weiterer Grund, warum Hektik und Druck aus der Umsetzung herausgenommen werden sollte, ist, dass vielfach in der Öffentlichkeit und auch in Fachkreisen übersehen wird, dass an vielen Sonderschulen sehr differenziert und mit fundierter Rehabilitationskompetenz gearbeitet wird, viele Schüler nach ihrer Stabilisierung in die Regelschule wechseln und dass nach langjähriger innerer Schulentwicklung ein sehr fundiertes, schülerzentriertes und behinderungsspezifisches Know-how und Setting vorhanden ist.

Auch Klemm und Preuss-Lausitz schlagen in ihrem Gutachten »NRW auf dem Weg zu einem inklusiven Bildungssystem« eine behutsame Umgestaltung vor. So sollen Schüler, die bisher integrativ in der Grundschule unterrichtet wurden, die Zusage auf Fortsetzung ihrer Schulzeit an einer Inklusionsschule erhalten.

Kurz- und mittelfristig sollen bis zum Jahr 2020 85% aller Kinder und Jugendlichen mit bisher ausgewiesenem sonderpädagogischen Förderbedarf inklusiv unterrichtet werden. Vorrangig sollen Schüler mit den Förderschwerpunkten Lernen, emotionale und soziale Entwicklung (LES) zu 100% in einer Inklusionsschule unterrichtet werden. Bei den Förderschwerpunkten Hören und Kommunikation, körperliche und motorische Entwicklung, Sehen und geistige Entwicklung, soll vorerst an der individuellen Feststellung des Förderbedarfs festgehalten werden. Hier gehen die Gutachter von insgesamt 50% der Schüler aus, die inklusiv beschult werden können (vgl. Klemm, Preuss-Lausitz 2011, S. 4–7).

Neben den vielen, an keiner Stelle zu unterschätzenden positiven Effekten, die sich durch das Zusammenleben und Lernen aller Kinder und Jugendlicher in einer Schule ereignen können, muss immer wieder an das Vorhandensein der stimmigen Rahmenbedingungen an den Inklusionsschulen erinnert werden, wie z. B. fundierte Fortbildung der Lehrkräfte, Klassengrößen zwischen 20–25 Schülern und die Doppelbesetzung. Es darf nicht übersehen werden, dass es die Mikroprozesse im Schulalltag sind, die darüber entscheiden, »in welcher Weise bestimmte Fähigkeiten und Neigungen in den Bereichen der Erlebens, Denkens, Entscheidens und Handelns, stabilisiert oder modifiziert werden.« (Biewer, Datler 2011, S. 459–463)

Mit Sorgfalt, Kenntnis und Sachlichkeit sind an den Inklusionsschulen die Entwicklungsprozesse supervidierend und wissenschaftlich zu unterstützen und zu begleiten, damit wir dem Ziel einer sozial integrierenden und fachlich gut arbeitenden Schule für alle Kinder und Jugendlichen, schrittweise näher kommen.

Literatur

Aichele, zit. in Schmidt, M. & Dworschak, W. (2011): Inklusion und Teilhabe. Zeitschrift für Heilpädagogik 7/2011, S. 272–276

Biewer, G. & Datler, W. (2011): Mikrodynamik und Makrostrukturen – Herausforderungen und Gefahren zukünftiger Entwicklung von der Heilpädagogik zur Inklusiven Pädagogik. Zeitschrift für Heilpädagogik 11/2011, S. 459–463

Franz, W. (2011): Entwicklungen sonderpädagogischer Förderung. Länderbericht NRW. Zeitschrift für Heilpädagogik 10/2011, S. 388–391

Klemm, K. & Preuss-Lausitz, U.: Zusammenfassung zentraler Empfehlungen und Vorschläge zur Implementation »auf dem Weg zu einem inklusiven Bildungssystem« bis 2020. Schule heute 8/9 2011, S. 2–7

Lohmar, I. (2003): Mit schwierigen Kindern ganzheitlich umgehen, S. 278–280, Bartnitzky, H.; Christiani, R. (Hrsg.): Die Fundgrube für jeden Tag. Berlin

Schuhmacher, J. (2011): Protokoll der Fachtagung des Landesverbandes Sonderpädagogische Förderung NRW, Mitteilungen Verband Sonderpädagogik 3/2011, S. 2–5, 49. Jahrgang

Kooperatives Lernen und Inklusion im Team-Kleingruppen-Modell (TKM)

Daniel Scholz

Die Zusammenführung der Konzepte des kooperativen Lernens und der Inklusion im Bereich schulischer Bildung wirft eine Vielzahl unterschiedlicher Fragen auf: Können alle Schüler mit den Methoden des kooperativen Lernens arbeiten? Welche Hilfestellungen sind erforderlich, damit alle Schüler an kooperativen Lernprozessen teilhaben können? Wie können die Lernvoraussetzungen der Schüler sichtbar gemacht und individuelle Bedürfnisse im kooperativen Lernen entfaltet werden?

Stellen Sie sich zu Beginn folgende Situation einer Lerngruppe vor, deren Schülerschaft als inklusiv bezeichnet werden könnte: Einige Schüler haben ein sehr weitreichendes Vorwissen, andere lernen sehr langsam. Einem Schüler, bei dem eine Autismus-Spektrum-Störung diagnostiziert wurde, fällt die Teilnahme an Gruppenaktivitäten schwer. Zwei Schüler leben erst seit kurzer Zeit in Deutschland und erlernen momentan die Sprache, ein weiterer Mitschüler erzielt überdurchschnittliche Leistungen und wird schnell unruhig, wenn er nicht ausreichend gefordert wird. Eine Schülerin erscheint sehr unregelmäßig zum Unterricht, ihre beste Freundin hat hingegen große Schwierigkeiten, sich über einen längeren Zeitraum zu konzentrieren. Hinzu kommt ein Schüler mit erhöhtem Unterstützungsbedarf, der zusätzlich durch eine Schulbegleitung betreut wird. Unter diesen Rahmenbedingungen wird die Relevanz der eingangs formulierten Fragen besonders deutlich. Der folgende Beitrag versucht, einige Antworten auf diese zu geben und skizziert spezifische Besonderheiten des kooperativen Lernens in einem an Inklusion orientierten Unterricht basierend auf Praxiserfahrungen aus der Gesamtschule Holweide.

Wenn im vorliegenden Beitrag von inklusiven Lerngruppen gesprochen wird, so geschieht dies mit dem Wissen, dass es nur einen an Inklusion orientierten Unterricht geben kann. Inklusion hat eine visionäre Dimension (vgl. Hinz 2010, S. 34) und stellt somit ausschließlich eine Leitperspektive und Orientierung für schulisches Lernen dar.

Das Team-Kleingruppen-Modell (TKM) an der Gesamtschule Holweide

Die Gesamtschule Holweide versteht sich als eine Schule der Vielfalt, in der die Schüler unabhängig von ihren individuellen Voraussetzungen gemeinsam lernen können. Seit ihrem Bestehen, und vor allem seit der Einführung des gemeinsamen Unterrichts im Jahr 1986, werden an der Schule Konzepte zum

Umgang mit der heterogenen Schülerschaft entwickelt und erprobt. Diese sind eingebettet in das Konzept des Team-Kleingruppen-Modells (TKM) (vgl. Ratzki u. a. 1996): Die Schüler und Lehrer aus drei Parallelklassen bilden gemeinsam ein Team. Acht bis zehn Teamlehrer unterrichten die Klassen in der Regel vom fünften bis zum zehnten Schuljahr, wobei jede Klasse von zwei Tutoren (Klassenlehrern) begleitet wird. Die Klassen sind in Tischgruppen organisiert, an denen vier Schüler über längere Zeiträume hinweg gemeinsam arbeiten und lernen. Die Tischgruppen bilden somit die kleinste Einheit im System. Zur Organisation und Strukturierung der Arbeit in den Tischgruppen werden Elemente der Unterrichtsstruktur des kooperativen Lernens angewendet. Das Organisationsmodell des TKM ermöglicht den Schülern einen individuellen Lern- und Entwicklungsprozess im Rahmen stabiler und kontinuierlicher Sozialbeziehungen.

Die Lehrerteams an der Gesamtschule Holweide arbeiten pädagogisch und organisatorisch bezüglich Stundenplanerstellung, Lehrereinsatz, Vertretungsunterricht, Klassen- und Teamfahrten und didaktisch-methodischer Entscheidungen in hohem Maße autonom. Zur Koordination der Zusammenarbeit sind im Konferenzraster regelmäßige Teamsitzungen festgelegt.

Jahrgangsebene	5. Jahrgang								
Teamebene	Team 1			Team 2			Team 3		
Klassenebene	5.1.1	5.1.2	5.1.3	5.2.1	5.2.2	5.2.3	5.3.1	5.3.2	5.3.3

Teamebene	Team 5.1		
Klassenebene	5.1.1	5.1.2	5.1.3
Tischgruppen			

Struktur des TKM an der Gesamtschule Holweide am Beispiel eines fünften Jahrgangs

Orientierung an Inklusion

In den letzten Jahren setzte sich die Gesamtschule Holweide eingehend mit dem Konzept einer inklusiven Schule auseinander. So führte die Schülervertretung im Jahr 2004 in Zusammenarbeit mit Andreas Hinz und Ines Boban eine Schülerbefragung zu unterschiedlichen Aspekten des Schullebens durch (vgl. Heeger/Reinert 2006; Schwager/Pilger 2006). Im Anschluss an die Schülerbefragung und angeregt durch den »Index für Inklusion« (Boban/Hinz 2004) entwickelten die Mitglieder des Schulausschusses für gemeinsamen Unterricht im Jahr 2005 einen Elternfragebogen zur Zufriedenheit der Eltern mit der Schule (vgl. Niehues u. a. 2009). Die Gesamtschule Holweide erhebt in diesem Zusammenhang nicht den Anspruch eine inklusive Schule zu sein. Dennoch haben sich ».. . in den letzten 30 Jahren eine ganze Reihe von Praktiken herausgebildet, die als inklusiv bezeichnet werden können« (Schwager 2007, S. 61). Alle Schüler werden zumeist im Klassenverband unterrichtet, um die kooperative Arbeit an einem Thema zu ermöglichen. Durch Binnendifferenzierung und individualisiertes Lernen werden die Schüler in der Aneignung eines gemeinsamen Lerninhaltes durch die Berücksichtigung individueller Lernzugänge unterstützt. Die Maßnahmen der äußeren Differenzierung an der Gesamtschule Holweide sind – auch in den oberen Jahrgängen – sehr gering. »Insgesamt ist der gemeinsame Unterricht in Holweide in starkem Maße gemeinsam« (Schwager 2005, S. 266).

Die Orientierung an den Ansprüchen einer inklusiven Schule führte außerdem zu einer Weiterentwicklung der Konzepte und gruppenpädagogischen Ansätze auf der Unterrichtsebene. So wurde das kooperative Lernen als gängiges Prinzip des Unterrichts an der Schule verankert.

Möglichkeiten des kooperativen Lernens in einem inklusiven Unterricht

Heterogene Lerngruppen in einem inklusiven Unterricht zeichnen sich durch eine Vielfalt von Interessen, Bedürfnissen, Erfahrungen, Wünschen und Lernwegen ihrer Schüler aus. Wenn Sie sich die zu Beginn vorgestellte Lerngruppe vor Augen führen, so werden diese Unterschiede auch dort sichtbar. Um der Verschiedenheit der Schüler im Unterricht gerecht zu werden, wird in der einschlägigen Fachliteratur meist auf Konzepte der Differenzierung und des individualisierten Lernens verwiesen (vgl. von der Groeben 2008; Bönsch 2011). Eine Unterrichtsstruktur, welche die Balance von Individualisierung und Gemeinsamkeit in inklusiven Lerngruppen berücksichtigt, ist die des kooperativen Lernens. Kooperatives Lernen ermöglicht einen Wechsel von individuellen und kooperativen Phasen im Unterricht. Vor allem die grundlegende Rhythmisierung des Lernens in drei aufeinanderfolgenden Schritten »Think – Pair – Share« (vgl. Brüning/Saum 2006, S. 17ff.) schafft einen sicheren Rahmen, der gerade für den Unterricht in heterogenen Lerngruppen von großer Bedeutung ist. Weiterhin fördert kooperatives Lernen die Verbindung von fachlichen und sozialen Lernprozessen und entspricht so einem wesentlichen Prinzip des gemeinsamen Unterrichts in inklusiven Lerngruppen.

Die folgende Darstellung der Möglichkeiten kooperativen Lernens unter inklusiven Bedingungen versteht Unterricht als soziales Geschehen, das sich stets in der Balance von Inhalten und Beziehungen vollzieht (vgl. Hansen 2010, S. 15ff.).

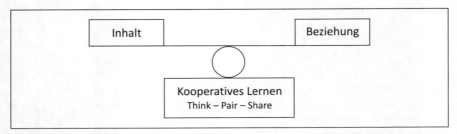

Die Unterrichtsstruktur des kooperativen Lernens in der Balance von Inhalt und Beziehung (in Anlehnung an Hansen 2010)

Sicherheit durch Struktur – Die kooperative Lernumgebung

Ein strukturierter und sicherer Rahmen des Unterrichts zur Ermöglichung von Lernprozessen und sozialen Interaktionen ist gleichermaßen für alle Schüler von großer Bedeutung. Hier spielen beispielsweise Lernbeeinträchtigungen, religiöse Orientierungen oder unterschiedliche Sprachen keine Rolle. Der zentrale Punkt liegt in dem Vertrauen darauf, dass alle Schüler lernen wollen und dabei in ihrer Individualität anerkannt werden. Der Dreischritt des kooperativen Lernens (Think – Pair – Share) bietet den Schülern einen sicheren Rahmen für ein derartiges Lernen in inklusiven Klassen.

Think

Am Beginn einer kooperativen Arbeit steht eine Einzelarbeitsphase, in der sich die Schüler individuell mit einem Sachverhalt auseinandersetzen und ihr Vorwissen aktivieren. Die Einzelarbeit muss so gestaltet sein, dass jeder Schüler einen Zugang zum Thema findet. Gerade diese erste Phase ist für den Unterricht in inklusiven Lerngruppen von besonderer Bedeutung, da hier Formen der Binnendifferenzierung und Individualisierung integriert werden können.

Pair

Die zweite Phase dient dem Austausch über die individuellen Arbeitsergebnisse mit einem Partner. Die Schüler ergänzen sich gegenseitig, kontrollieren ihr eigenes Verständnis und klären offene Fragen. Die Verschiedenheit der Schüler in inklusiven Lerngruppen bedingt automatisch eine Vielfalt in den Sichtweisen und Zugängen zu einem Sachverhalt. Dies kann bei einigen Schülern zu Unsicherheiten oder Zurückhaltung führen. Der wechselseitige Austausch über die Ergebnisse und Anliegen mit einem vertrauten Partner aus der Peergroup kann hier unterstützend wirken.

Share

In der dritten Phase tragen die Schüler ihre Erkenntnisse in der Gruppe zusammen und tauschen sich über diese aus. Im Anschluss daran kann eine Präsentation der gemeinsamen Arbeit im Plenum erfolgen. Auch hier bietet die Struktur ein hohes Maß an Sicherheit für jeden Schüler, da die Ergebnisse während der Vorstellung von der gesamten Gruppe zu verantworten sind. Dies erleichtert gerade auch ängstlicheren oder weniger geübten Schülern die Präsentation und das Sprechen vor der Lerngruppe.

Dieser Dreischritt des kooperativen Lernens kann in unterschiedlichen Situationen angewendet und immer wieder neu arrangiert werden (vgl. Brüning/ Saum 2009, S. 83). Ein mögliches Praxisbeispiel findet sich am Ende des Beitrags. Zur Strukturierung des Arbeitsablaufs bietet es sich an, den Schülern ein Arbeitsblatt mit den drei Schritten zur Verfügung zu stellen, das im Hinblick auf das zu bearbeitende Thema variiert werden kann (siehe Arbeitshilfe 1).

Inhaltliches Lernen

Die Möglichkeiten des kooperativen Lernens im Bereich des sachbezogenen Lernens von Schülergruppen im inklusiven Unterricht sind sehr weitreichend. Neben einer Berücksichtigung der individuellen Zugänge der Schüler zu einem Thema kommt es zu einem Vergleich der eigenen Konstruktionen mit denen der anderen Gruppenmitglieder. Der so angeregte Wissenstransfer fördert einen Austausch über die vielfältigen Perspektiven der Schüler auf einen Sachverhalt.

Individuelle Zugänge unterstützen – Binnendifferenzierung gestalten

Schüler in heterogenen Lerngruppen bringen unterschiedliche Perspektiven und divergierende Vorerfahrungen mit in den Unterricht. Die Arbeitsformen des kooperativen Lernens ermöglichen jedem Schüler unter Berücksichtigung des aktuellen Lernstands, persönlicher Interessen und Kompetenzen, einen individuellen Zugang zu einem Thema. Jedes Teammitglied wird mit seinen Erfahrungen in den Arbeitsprozess einbezogen und erfährt sich somit als bedeutsam für die Zielerreichung der gesamten Lerngruppe.

Die dazu erforderlichen Maßnahmen der Binnendifferenzierung und Individualisierung sollten in allen Phasen des Dreischritts eingebunden werden. Voraussetzung dafür ist allerdings eine sorgfältige Analyse der individuellen Lernvoraussetzungen und -bedürfnisse der Schüler. Um diese sichtbar zu machen, bedarf es unterschiedlicher diagnostischer Prozesse: z. B. alltägliche Beobachtungen, Lehrer-Eltern-Schüler-Gespräche, Auswertung von Schülerarbeiten. Auch die in der Think-Phase entstandenen Ergebnisse können Aufschluss über den aktuellen Lernstand der Schüler geben, da es sich hier um individuelle

Konstruktionen handelt, die in einem Unterrichtsgespräch wahrscheinlich verborgen geblieben wären. Ziel ist es, dass jeder Schüler – vor allem in der Think-Phase – weitestgehend selbstständig und alleine arbeiten kann. Bei der Planung und Durchführung kooperativer Lernarrangements sollten aus einem inklusiven Blickwinkel die folgenden Bereiche berücksichtig werden:

Lesekompetenz

Die Kompetenzen der Schüler im Bereich Lesen sind meist sehr unterschiedlich. Informationstexte sollten im Hinblick auf die Lernvoraussetzungen der Schüler in unterschiedlichen Niveaustufen angeboten werden. Außerdem können komplexe oder neu eingeführte Begriffe in einem kleinen Begriffslexikon am Rand des Textes erläutert werden. Schülern mit Beeinträchtigungen des Lernens oder der geistigen Entwicklung und Schülern mit geringen Sprachkenntnissen sollten Lesetexte in leichter Sprache zu Verfügung gestellt werden (vgl. Mensch zuerst – Netzwerk People First Deutschland e. V. 2008). Bei nicht lesenden Schülern können Bildergeschichten oder Hörtexte zum Einsatz kommen. Sollte es Schülern schwerfallen, wesentliche Informationen aus einem Text zu entnehmen, bietet sich das Hervorheben wichtiger Begriffe an. Beim Notieren von Stichwörtern können den Schülern zur Unterstützung außerdem Leitfragen in Bezug auf den Textinhalt angeboten werden.

Unterstützung und Barrierefreiheit

In inklusiven Lerngruppen gibt es Schüler, die zur Unterstützung eines aktiven Lernprozesses auf unterschiedliche Unterstützungsmöglichkeiten angewiesen sind. Für einige Schüler mit Beeinträchtigung der körperlichen und motorischen Entwicklung kann beispielsweise die ergonomische Gestaltung des Arbeitsplatzes von großer Bedeutung sein (höhenverstellbare Tische, Möglichkeit der Befestigung von Arbeitsmaterialien auf dem Tisch, ausreichend Platz für Schüler mit Rollstuhl). Für andere Schüler mit Beeinträchtigungen ist die Verwendung von spezifischen Hilfsmitteln zu berücksichtigen (z. B. Schreibhilfen, Computer, Bildschirmlesegeräte). Die möglichen Unterstützungsbedürfnisse sind hier nur beispielhaft genannt, in der Praxis sind diese von der Situation des jeweiligen Schülers abhängig. Der Einsatz von Hilfsmitteln macht außerdem eine enge Kooperation von allen beteiligten Teamlehrern in Zusammenarbeit mit spezifisch ausgebildeten Fachleuten (z. B. Therapeuten, Schulsozialarbeiter, Psychologen) erforderlich.

Kommunikation und Interaktion

Der wechselseitige Austausch erfordert ein hohes Maß an kommunikativen Fähigkeiten: zuhören, erzählen, Fragen stellen, neue Ideen und Lösungen mit anderen entwickeln. Daher sollte berücksichtigt werden, ob alle Schüler in der Lerngruppe über diese notwendigen Kompetenzen verfügen und wie diese unterstützt werden können. In inklusiven Klassen werden beispielsweise Schüler mit Beeinträchtigungen unterrichtet, die nicht oder nur wenig sprechen. Zur Erweiterung der kommunikativen Fähigkeiten sollte hier auf die Methoden der unterstützten Kommunikation zurückgegriffen werden. Dazu zählen körpereigene (z. B. Gestik, Mimik, Blickbewegungen und Gebärden) und externe Methoden (z. B. nichtelektronische Hilfen: Kommunikationstafeln mit Fotos und Bildern; elektronische Hilfen: Computer mit oder ohne Sprachausgabe).

Bei Schülern mit anderen Sprachen sollte die Sprachförderung in den Unterricht integriert werden, um kooperative Lernprozesse zu unterstützen: Begriffe durch Schüler erklären lassen, Materialien mit Erläuterungen versehen, verschiedenartige Sprechanlässe bieten, Gesagtes in einer einfacheren Variante wiederholen (z. B. leichte Sprache).

Ziel jedes kooperativen Prozesses ist die Teilhabe aller Schüler unabhängig von ihren kognitiven, kulturellen, sozialen oder sprachlichen Voraussetzungen. Zahlreiche Anregungen zur Gestaltung von Unterricht unter der Berücksichtigung der spezifischen Lernbedürfnisse von Schülern in inklusiven Lerngruppen finden sich z. B. im Praxisband »Eine Schule für alle« (mittendrin e. V. 2012).

Vielfältige Perspektiven eröffnen

Kooperatives Lernen bietet ein Umfeld, in dem vielfältige Perspektiven der Schüler auf eine Sache eröffnet und wechselseitig gelernt werden können. Es entsteht ein anregungsreicher Austausch über Inhalte in Verbindung mit dem individuellen Vorwissen des Einzelnen. Die möglichen Vorteile des kooperativen Lernens im Bereich der kognitiven und affektiven Lernziele wurden in unterschiedlichen empirischen Analysen belegt (vgl. Hänze 2008, S. 24f.). Auch schnell lernende und hochbefähigte Schüler erhalten keinen Nachteil, sondern erzielen in kooperativen Arbeitsformen gleichbleibende Leistungen (vgl. Traub 2010, S. 143). In der (sonder-)pädagogischen Fachliteratur wird immer wieder darauf verwiesen, dass Schüler mit Lernbeeinträchtigungen nicht automatisch über die nötigen Kompetenzen und Voraussetzungen für die kooperative Arbeit verfügen und diese durch gezielte Unterstützungsmaßnahmen angebahnt werden sollten (vgl. Souvignier 2007, S. 143). Die Praxis zeigt jedoch, dass dies nicht ausnahmslos und gleichermaßen für alle Schüler mit Lernbeeinträchtigungen gilt. Hilfestellungen und Unterstützungsangebote können für einige Schüler sehr wichtig sein, der Erfolg von kooperativen Lernprozessen ist jedoch weniger an Faktoren der einzelnen Person festzumachen, als vielmehr an der Zusammensetzung der Lerngruppe. Die heterogene Gruppe gilt als wesentliche Gelingensbedingung für kooperatives Lernen, da die Schüler so auf inhaltlicher und methodischer Seite voneinander lernen können. »Folglich profitieren Schüler mit besonderem Förderbedarf ganz wesentlich, wenn sie mit leistungsstärkeren Kindern und Jugendlichen zusammenarbeiten« (Benkmann 2009, S. 153). Durch die heterogene Gruppenzusammensetzung unter Berücksichtigung der Fähigkeiten und Fertigkeiten der Schüler »... haben lernbeeinträchtigte Kinder viele Vorbilder in Bezug auf eine anregungsreiche Sprache, eine neugierige Grundhaltung, ein zielgerichtetes Arbeitsverhalten und Lernstrategien« (Werning/Lütje-Klose 2006, S. 160).

Um einen effektiven Austausch der Schüler in inklusiven Lerngruppen über ihre unterschiedlichen Sichtweisen im Rahmen von Differenzierung und Individualisierung zu fördern, sind folgende Faktoren von besonderer Bedeutung:

Lerntempo

Das unterschiedliche Lerntempo von Schülern in inklusiven Klassen macht ein Lernen im Gleichschritt unmöglich. Die in der Think-Phase eingesetzten Differenzierungsmaßnahmen führen zwar dazu, dass die Schüler einen Sachverhalt in einem vorgegebenen Zeitrahmen erledigen, es sollten jedoch immer auch vertiefende Zusatzaufgaben für schnell lernende Schüler bereitgestellt werden. Diese können die Schüler z. B. während der Wartezeit auf den Partneraustausch bearbeiten.

Eine kooperative Arbeitsform, die sich an den unterschiedlichen Lerngeschwindigkeiten orientiert, stellt das Lerntempoduett dar (vgl. Wahl 2004, S. 58 ff.; Brüning/Saum 2006, S. 68ff.). Das Lerntempoduett wechselt zwischen Einzel- und Partnerarbeit und eignet sich zum Wissenserwerb, Üben oder zur Erarbeitung von Texten. Dabei setzt sich jeder Schüler zunächst im eigenen Tempo mit einer Aufgabe auseinander. Wer diese beendet hat, signalisiert dies durch Aufstehen oder wartet an einem vereinbarten Treffpunkt im Klassenraum, bis ein anderer Schüler dieselbe Aufgabe fertiggestellt hat. In Partnerarbeit werden nun die Ergebnisse kontrolliert und Erkenntnisse ausgetauscht. Anschließend folgt erneut eine Phase der Einzelarbeit mit der Bearbeitung einer vertiefenden Aufgabenstellung. Die Aufgaben sollten in ihrer Abfolge in unterschiedlichen Anforderungsniveaus gestaffelt sein. Die Arbeit im Lerntempoduett nimmt den Schülern das Gefühl des Zeitdrucks und ermöglicht gleichzeitig den Austausch der Ergebnisse im geschützten Rahmen mit einem Partner. Für schnell lernende Schüler sollten auch hier zusätzliche herausfordernde Aufgaben bereitgestellt werden.

Interessen und Lebenswelten

Eine projektorientierte Möglichkeit der Berücksichtigung unterschiedlicher Schülerinteressen in inklusiv orientierten Klassen bietet die Arbeit mit selbstständig entwickelten Fragen (vgl. Scholz 2012a, S. 34ff.). Folgende kooperative Vorgehensweise wäre denkbar: Die Schüler entwickeln individuelle Fragen im Hinblick auf ein Thema im Rahmen einer Gruppenaktivität. Dazu eignet sich vor allem die Placemat-Methode (Green/Green 2006, S. 136). Das Placemat wird von den Gruppenmitgliedern auf einem größeren Papier (z. B. DIN A3) gezeichnet.

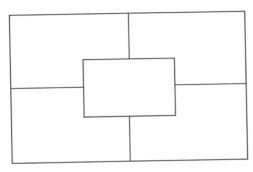

Placemat für eine Vierergruppe

Jeder Schüler schreibt zunächst seine Fragen zu dem Thema in sein Feld im Außenbereich des Blattes (Think). Nicht schreibende Schüler können ihr Feld mit Bildern und Symbolen gestalten oder einen Partner um Unterstützung bitten. Die Ergebnisse werden nun paarweise in der Gruppe vorgestellt (Pair) oder durch Drehen des Blattes von den Gruppenmitgliedern gesichtet. Anschließend einigen sich die Schüler auf zwei bis drei zentrale Fragestellungen der Gruppe, die in dem mittleren Feld auf dem Placemat festgehalten werden (Share).

Im Anschluss an diese Phase verständigt sich die Gruppe über das weitere Vorgehen und entwickelt einen Arbeitsplan. Folgende Leitfragen können diesem Schritt zugrunde liegen:

1. Wie lautet unsere Fragestellung?
2. Was wissen wir schon über das Thema?
3. Mit welchen Hilfsmitteln können wir die Fragestellung lösen?
4. Welche konkreten Schritte sind zur Beantwortung unserer Fragestellung notwendig?
5. Womit fangen wir an?
6. Wie werden wir unsere Ergebnisse präsentieren?

Ein derart offenes Vorgehen kann auch mit einer anfänglichen Einzelarbeitsphase beginnen, deren Ziel in der Entwicklung einer individuellen Fragestellung für jeden Schüler liegt. Diese wird in einem weiteren Schritt in der Lerngruppe vorgestellt und es können Arbeitsteams bestehend aus Schülern mit gleicher Fragestellung gebildet werden. Die Teams verständigen sich dann über die zu erledigenden Arbeitsschritte und die Form der Präsentation der Ergebnisse.

Die für diese Arbeitsform erforderlichen planerischen Fähigkeiten können nicht bei allen Schülern automatisch als gegeben erachtet werden. Aus diesem Grund sollte die Arbeitsphase durch regelmäßige Gespräche über den aktuellen Arbeitsstand mit der Lehrperson oder durch Zwischenreflexionen in der Gruppe begleitet werden.

Soziales Lernen

Soziale Lernprozesse bilden eine wesentliche Grundlage für den Unterricht in inklusiven Lerngruppen. Aufgrund der Heterogenität der Schüler sollte genügend Raum für die Anerkennung von Gemeinsamkeiten und Unterschieden, das Einüben sozialer Fertigkeiten und die gegenseitige Unterstützung der Schüler bereitgestellt werden.

Unterschiede anerkennen

Während der kooperativen Arbeit in inklusiven Klassen lernen Schüler mit ganz unterschiedlichen Voraussetzungen miteinander. Rufen Sie sich erneut die eingangs vorgestellte Lerngruppe vor Augen. Die Fähigkeit zur Kooperation kann in einer derart heterogenen Lerngruppe nicht ohne Weiteres vorausgesetzt werden. Neben der Einübung sozialer Fertigkeiten wird vor allem eine Auseinandersetzung mit der Vielfalt der Schüler erforderlich. Ein Wert, der durch kooperatives Lernen vermittelt wird, lautet: »Menschen, die andere Fähigkeiten besitzen, sind wertvoll, denn sie können durch ihre Ressourcen möglicherweise zum eigenen Erfolg beitragen« (Johnson/Johnson/Holubec 2005, S. 205). Um diese Ressourcen zu erkennen und zu aktivieren, sollte das Thema »Verschiedenheit« selbst zum fachlichen Aspekt des Unterrichts werden. Die Schüler können sich so z. B. mit den eigenen Heterogenitätsmerkmalen der Lerngruppe, mit unterschiedlichen kulturellen Sichtweisen oder mit den Themen Behinderung und Beeinträchtigung auseinandersetzen. Ein kooperatives Projekt zum Umgang mit Verschiedenheit findet sich bei Bick (2012, S. 229ff.). Vorschläge zur Beschäftigung mit Kulturunterschieden im Unterricht macht Turhan (2012, S. 235ff.). Die Schüler haben die Möglichkeit, sich in ihrer Unterschiedlichkeit wahrzunehmen und diese als Gewinn für die Lerngruppe zu erkennen. Die bewusste Beschäftigung mit der Vielfalt der Schüler ist eine wichtige Grundlage für soziales Lernen und das Lernklima in inklusiven Lerngruppen. Weiterhin wirkt sich eine so gestaltete Kultur der gegenseitigen Wertschätzung und Anerkennung innerhalb der Lerngruppe förderlich auf das Selbstwertgefühl der Schüler aus (vgl. Green/Green 2006, S. 63ff.).

Sozialfertigkeiten konkretisieren

Das Lernen in kooperativen Unterrichtsstrukturen setzt vielfältige soziale Fertigkeiten der Schüler voraus und fördert diese zugleich in hohem Maße. Hier liegen Chancen für Schüler, die nicht zwangsläufig über die nötigen sozialen Kompetenzen verfügen. Bereits im Vorfeld sollten die Sozialziele schrittweise mit den Schülern festgelegt und trainiert werden. Mögliche Sozialfertigkeiten sind (vgl. Weidner 2003, S. 98):

- aufmerksames/aktives Zuhören
- andere ausreden lassen
- das Verwenden gedämpfter, leiser Stimmen bei der Gruppenarbeit
- anderen helfen und um Hilfe bitten können
- Materialien teilen können
- das Akzeptieren von Unterschieden
- das angemessene Lösen von Konflikten
- Kompromisse schließen
- das Ermuntern/Ermutigen von anderen
- den Gedanken eines Gruppenmitgliedes aufgreifen und weiterführen können
- zusammenfassen/paraphrasieren können

Zur Konkretisierung der festgelegten Sozialziele bietet sich die Entwicklung eines T-Diagramms (T-Chart) an, das in die Kategorien »Ich höre« und »Ich sehe« eingeteilt ist (vgl. ebd. S. 37f.). So wird das zur Erreichung des Sozialziels erforderliche Verhalten für die Schüler veranschaulicht und durch die Sinne wahrnehmbar.

Leise Stimmen benutzen	
Ich sehe	**Ich höre**
– Schüler sitzen nah beieinander – Schüler beugen sich vor in die Gruppe – Schüler legen den Finger auf den Mund	– Flüstern oder halblautes Reden – »Kommt, wir müssen leiser sein!« – »Lasst uns aufpassen, dass wir nicht so laut werden.«

Weidner 2003, S. 37

In der Praxis hat es sich als hilfreich erwiesen, mit der Lerngruppe zu Beginn der Woche ein Sozialziel auszuwählen, an dem gearbeitet werden soll. Die Indikatoren für die Bereiche »Ich sehe« und »Ich höre« sollten mit den Schülern gemeinsam erarbeitet und anschließend für alle gut sichtbar in der Klasse visualisiert werden. Am Ende der Woche reflektieren die Gruppen ihre gemeinsamen Anstrengungen in Bezug auf die zu übende Sozialfertigkeit. Hier lassen sich als Anreiz für die Schüler auch unterschiedliche Belohnungs- und Verstärkersysteme integrieren.

Eine weitere Möglichkeit der Einübung sozialer Fertigkeiten stellen das Sozialtraining und das Tischgruppentraining dar. Das Sozialtraining wird an der Gesamtschule Holweide zu Beginn des fünften Schuljahres einmal wöchentlich einstündig von Schulsozialarbeitern in Kooperation mit den Tutoren durchgeführt. Ziel ist die Ermöglichung von positiven Gruppenerlebnissen und eine Verbesserung des Klassenklimas. Das Tischgruppentraining löst das Sozialtraining ab und wird jeweils mit einzelnen Tischgruppen durchgeführt. Die Schüler erhalten einmal in der Woche die Möglichkeit, sich mit gruppenbezogenen Aspekten auseinanderzusetzen und Handlungsstrategien bei möglichen Problemen zu entwickeln. Angestrebt werden hier eine Verbesserung der Kommunikation an der Tischgruppe und die Befähigung der Schüler zum selbstständigen Arbeiten im Team.

Gegenseitige Unterstützung

Inklusiver Unterricht benötigt konstante Unterstützungssysteme, auf die Schüler zurückgreifen können. Neben Hilfestellungen durch die Lehrenden sind vor allem Helfersysteme innerhalb der Lerngruppe von großer Bedeutung. Dies können zum einen zuvor festgelegte Experten für bestimmte Themen- oder Methodenbereiche sein, zum anderen bietet es sich an, feste Partner für den gegenseitigen Austausch und die Unterstützung zu bestimmen. Da sich Schüler gerne im Kontakt mit ihren Mitschülern befinden, erhält vor allem die Peergroup eine wichtige Funktion. »Um seine Versprechungen einzulösen, muss im inklusiven Unterricht die Peergruppe intensiv gepflegt werden (Prengel 2012, S. 177). Kooperatives Lernen nutzt das Bedürfnis der Interaktion der Schüler untereinander positiv und konstruktiv für die Arbeit in der Gruppe (vgl. Weidner 2003, S. 32). Als geeignete Strategie für den Unterricht in inklusiven Lerngruppen erweist sich vor allem das Peer Tutoring, welches die Einübung und Festigung kooperativer Lernmethoden fördert (vgl. Benkmann 2010, S. 130ff.). Bei diesem Verfahren arbeitet z. B. ein älterer oder schnell lernender Schüler mit einem langsam lernenden oder lernbeeinträchtigten Schüler zusammen. Durch die gegenseitige Unterstützung werden neben inhaltlichen Perspektiven auch methodenorientierte Aspekte wechselseitig gelernt. Dieser Prozess verläuft dabei nicht immer nur in einseitiger Form. So ist in der Praxis immer wieder zu beobachten, dass der vermeintlich lernschwächere Schüler nach gründlicher Vorbereitung auf einen Sachverhalt die Tutorenrolle übernimmt und den scheinbar lernstärkeren Schüler in der Erreichung des gemeinsamen Ziels unterstützt. Dies macht deutlich, welche Potentiale in einer anregungsreichen Atmosphäre innerhalb heterogener Lerngruppen durch gegenseitige Unterstützung eröffnet werden können.

Die Rolle der Lehrenden

Die in diesem Beitrag skizzierten Möglichkeiten des kooperativen Lernens im inklusiven Unterricht wirken sich in besonderem Maße auf Ihre Rolle als Lehrperson aus. In der Arbeit mit den Schülern nehmen Sie die Rollen des Beraters und Prozessbegleiters ein. »Das neue Lehrverständnis zielt darauf ab, Schülern zu helfen, ihr eigenes Wissen und Können aktiv zu erwerben, während sie kooperativ mit Klassenkameraden arbeiten« (Green/Green 2006, S. 98). In Bezug auf Ihre Tätigkeit im Kollegium oder Team ist außerdem ein hohes Maß an persönlicher Kooperationsfähigkeit erforderlich. So gestaltet sich der gemeinsame Unterricht in inklusiven Lerngruppen phasenweise in Formen der Doppelbesetzung oder des Team Teaching (vgl. Schwager 2011, S. 92ff). Diese kooperativen Arbeitsformen benötigen Raum für die gemeinsame Planung und Reflexion von Unterricht im Lehrerteam.

Weidner (2003, S. 111ff.) führt zur Beschreibung der Aufgaben des Lehrenden beim kooperativen Lernen folgende Tätigkeiten an:

- zuhören, abwarten und beobachten können
- beraten und Mut machen
- Lernprozesse und Lernergebnisse als gleichwertige Faktoren betrachten
- Lernumwege zulassen können
- Aufbereitung des Materials
- bündeln und strukturieren von Arbeitsergebnissen

Für den Unterricht im Rahmen inklusiven Lernens kristallisieren sich zwei wesentliche Prinzipien der Lehrerrolle heraus. Diese zeigen sich zum einen in einer veränderten Grundhaltung des Lehrenden und zum anderen in der Förderung einer Vertrauenskultur (vgl. Scholz 2012b, S. 39ff.):

Veränderte Sichtweisen

Die für den inklusiven Unterricht vorgeschlagenen didaktisch-methodischen Arrangements der Planarbeit, des Werkstattunterrichts, des Lernens an Stationen oder des kooperativen Lernens (vgl. Meister/Schnell 2012, S. 185; Wocken 2011, S. 163ff.) stellen eine wichtige Voraussetzung für die Anregung von Lernprozessen in heterogenen Lerngruppen dar. Als entscheidender Faktor für das Lernen in inklusiven Klassen wird hier jedoch weniger die Arbeitstechnik, als vielmehr die Haltung der Lehrenden gegenüber der Vielfalt der Schüler erachtet. Erst die Wahrnehmung von Unterschieden innerhalb der Lerngruppe bildet die Grundlage zur Berücksichtigung von Heterogenität in didaktisch-methodischen Entscheidungen. Dazu ist es erforderlich, die Heterogenität der Lerngruppe zu erkennen und diese positiv im Unterricht zu nutzen.

Blick auf Heterogenität schärfen

Stellen Sie Überlegungen dazu an, welche Heterogenitätsmerkmale Sie primär im Blick haben (z. B. Leistung, Begabung, Beeinträchtigung, kulturelle Vielfalt). Interessant sind an dieser Stelle auch die Heterogenitätsdimensionen, die ein Lehrerteam mit in den Unterricht bringt. Hier liegen ebenfalls zahlreiche zu aktivierende Ressourcen. Durch die inklusive Bildung von Schülern werden sich in Zukunft auch die kooperierenden Professionen an den Schulen vielfältiger gestalten.

Wahrnehmung und Akzeptanz von Unterschieden

Im Nachdenken über Gleichheit und Verschiedenheit geht es nicht um eine hierarchische Kategorisierung von Schülern nach unterschiedlichen Heterogenitätsdimensionen, sondern um die Berücksichtigung und Achtung der individuellen Fähigkeiten und Bedürfnisse eines jeden Lernenden (vgl. Prengel 2006, S. 184ff.). Wenn Sie die Unterschiede der Schüler für kooperative Lernprozesse nutzen wollen, so gilt es zunächst, diese zu erkennen:

Gemeinsamkeiten und Unterschiede

Eine Übung, die auch im Team durchgeführt werden kann, ist die Wahrnehmung von Gemeinsamkeiten und Unterschieden. Beantworten Sie dazu die folgenden Fragen: Was haben die Schüler in meiner/unserer Lerngruppe gemeinsam? Was unterscheidet die Schüler in meiner/unserer Lerngruppe? Die Übung eignet sich vor allem zum Kennenlernen einer neuen Lerngruppe und sollte in regelmäßigen Abständen wiederholt werden. So können Sie auch Veränderungen in Ihrer persönlichen Sichtweise erkennen. Die Ergebnisse bilden wiederum eine Grundlage für Teamgespräche und die gezielte Aktivierung von Schülern für bestimmte Bereiche des Unterrichts. So gibt es eventuell Schüler mit besonderen Interessen, die als Experten eingesetzt werden können oder Schüler, die aufgrund unterschiedlicher kultureller Hintergründe neue Erfahrungen in die Lerngruppe einbringen können. Des Weiteren kann sichtbar werden, welche Form von Unterstützungssystemen in den Unterricht integriert werden sollten (siehe Arbeitshilfe 2).

Stummes Schreibgespräch

Das stumme Schreibgespräch als Arbeitsform des kooperativen Lernens wird von den Kollegen im Team durchgeführt. Dabei werden große Blätter oder Flipchart Bögen im Raum ausgelegt, auf denen jeweils der Name eines Schülers notiert wird. Die Teamlehrer gehen nun durch den Raum und schreiben ihre Bemerkungen zum jeweiligen Schüler unsortiert und ohne Bewertung auf das entsprechende Blatt. Es besteht die Möglichkeit, die Bemerkungen gegenseitig zu ergänzen oder zu kommentieren. Anschließend erfolgt eine Bewertung der Aussagen im Team und eine Verständigung über festzulegende Prioritäten.

Die gewonnenen Erkenntnisse können wiederum Grundlage für die Entwicklung eines individuellen Förderplans für einzelne Schüler sein, auf dem die Förderbereiche mit den entsprechenden Zielsetzungen festgehalten werden. Weiterhin sollte der Förderplan Angaben zur Aufgabenverteilung (Wer macht was?) und prozessbegleitende Beobachtungen bezüglich der Zielerreichung enthalten. Die Beobachtungen werden während des Förderprozesses eingetragen und dienen der Evaluation der Fördermaßnahmen. Die individuellen Förderpläne sollten in jedem Fall mit den Schülern besprochen werden und in die persönlichen Zielsetzungen der Schüler eingebunden sein (siehe Arbeitshilfe 3).

Ein Vorteil des stummen Schreibgesprächs liegt in der klaren Struktur, die zielgerichtete Gespräche über Schüler ermöglicht und die Entwicklung von Zielen fördert. Durch einen zuvor festgelegten Zeitrahmen kann ein flexibler Einsatz der Methode im Alltag realisiert werden (siehe Arbeitshilfe 4).

Förderung einer Vertrauenskultur

»Das Vertrauen der Schüler in die Schule hängt eng zusammen mit dem Vertrauen, das Lehrer den Lernenden entgegenbringen« (Kopp 2009, S. 68). Eine Förderung von Vertrauen wird in hohem Maße durch die Struktur des kooperativen Lernens angeregt. Die Verantwortung für die Erreichung eines Gruppenziels und die Absprachen in der Gruppe liegen bei den einzelnen Gruppenmitgliedern. Durch die Anerkennung der Schüler als lernende Individuen in einer kooperativen Lernumgebung können Sie als Lehrperson Vertrauen fördern:

Ziele vereinbaren

Ein Schritt auf diesem Weg stellen individuelle Zielabsprachen mit Schülern dar, die sich auf inhaltliche oder soziale Bereiche des Lernens beziehen. Da im Schulalltag nicht immer ausreichend Zeit für ausgiebige Zielabsprachen mit Schülern bereitsteht, bieten sich dazu vor allem die Phasen des kooperativen Lernens an. Neben der bereits erwähnten Möglichkeit der Absprache von wöchentlichen Sozialzielen mit der gesamten Lerngruppe, können Sie als Berater auch während der kooperativen Arbeitsphasen individuelle Ziele mit Schülern entwickeln (siehe Arbeitshilfe 5).

Präsentation von Arbeitsergebnissen

Der Dreischritt des kooperativen Lernens sieht im Rahmen des wechselseitigen Austausches eine Phase der Präsentation von Arbeitsergebnissen vor. Ermöglichen Sie in Ihrem Unterricht Gelegenheiten zur Würdigung der Ergebnisse und Leistungen der Schüler in der Lerngruppe. Im Anschluss an eine Präsentation können Diskussionen, Ergänzungen und Formulierungen von neuen Fragestellungen erfolgen, die wiederum Grundlage für neue Lernprozesse sein können. Die Schüler erfahren so Wertschätzung in Bezug auf ihre Leistungen und eine Stärkung von Selbstwert und Vertrauen. Vielfältige Präsentationsmöglichkeiten bieten Brüning/Saum 2006, S. 44ff.

Reflexion von Gruppen- und Arbeitsprozessen

Die Reflexion von Gruppen- und Arbeitsprozessen sollte Sie als gängiges Prinzip in den Unterricht integrieren. Die Schüler erhalten so die Möglichkeit, ihre individuellen und gemeinsamen Anstrengungen in Bezug auf ihre Arbeitsergebnisse und die Zusammenarbeit der Gruppe zu bewerten. Dazu eignen sich vor allem Formen der Selbst- und Fremdbewertung durch unterschiedliche Fragebögen im Anschluss an eine Arbeitsphase. Mögliche Fragebogenitems sind:

Individueller Lernerfolg	Gruppenarbeitsprozess
• Ich arbeite selbstständig. • Ich helfe anderen. • Ich kann Unterstützung einfordern. • Ich halte die Regeln der Gruppe ein. • Ich habe die Präsentation gut vorbereitet.	• Die anderen Gruppenmitglieder haben mir zugehört. • Ich bin mit den Ergebnissen der Gruppe einverstanden. • Das war während der Gruppenarbeit hilfreich. • Es gab folgende Probleme in der Gruppenarbeit.

Geben Sie den Schülern ausreichend Zeit, die Reflexionen in den Gruppen oder in der gesamten Lerngruppe zu besprechen, da sich so zahlreiche Lerngelegenheiten für alle Schüler ergeben.

Praxisbeispiel

Im folgenden Praxisbeispiel wird eine Unterrichtseinheit (5. Jahrgang) im Fach Gesellschaftslehre zum Thema »Das Leben von Kindern in der Arktis« im Dreischritt (Think – Pair – Share) des kooperativen Lernens vorgestellt. Die Schüler stellen einen Vergleich des traditionellen Lebens der Inuit (früher) mit dem modernen Leben (heute) an. Schnell lernende Schüler oder Gruppen erhalten zusätzlich die Möglichkeit, Gemeinsamkeiten und Unterschiede in der Lebensweise der Inuit-Kinder und ihrem eigenen Leben herauszuarbeiten.

Die Unterrichtseinheit ist in drei Phasen gegliedert:

Aktivierungsphase

Die erste Phase dient dem Einstieg in das Thema und der Aktivierung von Vorwissen.

Zu Beginn hören die Schüler zwei Musikstücke (traditionelle und moderne Musik der Inuit) und drücken ihre spontanen Vorstellungen durch das Gestalten und Malen von individuellen Bildern zu der Musik aus (*Think*).

Zwei Schüler der Tischgruppe tauschen sich gegenseitig über ihre Bilder aus und erläutern ihre Gedanken und Eindrücke zur Musik (*Pair*).

Anschließend stellt jeweils ein Schüler das Bild des Partners an der Tischgruppe vor (*Share*).

Arbeitsphase

In der hier vorgestellten Unterrichtseinheit sind die Themen von der Lehrperson vorgegeben. Diese orientieren sich an Alltagsaspekten des Lebens in der Arktis: Ernährung, Wohnformen, Berufe, Fortbewegung, Bildung, Kleidung. Im Anschluss an eine Vorstellung der einzelnen Aspekte durch die Lehrperson wählt jede Gruppe ein Thema aus. Als offenere Form der Binnendifferenzierung könnte hier auch die Arbeit mit individuellen Fragen angewendet werden, die von den Schülern selbstständig entwickelt und in Form eines Projekts bearbeitet werden (vgl. Scholz 2012a, S. 32ff.).

Think

Jede Gruppe erhält ein Arbeitsblatt mit der Erklärung der Aufgabenstellung und der Struktur des Ablaufs und einen Infotext. Die Schüler lesen zunächst den Infotext und notieren Stichworte auf dem Arbeitsblatt. Die Berichte in den Infotexten werden bewusst aus der Kinderperspektive erzählt, da so eine intensivere Identifikation der Schüler mit der beschriebenen Situation angeregt wird. Als Möglichkeit zur Binnendifferenzierung wird für Schüler, die den Text schneller erschießen, eine Zusatzaufgabe auf dem Arbeitsblatt angeboten.

Pair

Die Schüler tauschen sich mit einem Tischgruppenpartner über den Infotext und ihr Verständnis aus. Es besteht die Möglichkeit der wechselseitigen Ergänzung und der Kontrolle des eigenen Verständnisses im sicheren Kontakt mit dem Partner.

Share

Die Tischgruppen bereiten auf der Grundlage ihrer Ergebnisse eine Präsentation vor. Als grafische Strukturierung und für die Darstellung der Gemeinsamkeiten und Unterschiede in der traditionellen und modernen Lebensweise der Inuit bietet sich das Venn-Diagramm an (vgl. Brüning/Saum 2007, S. 31).

Traditionelle Lebensweise der Inuit	Gemeinsamkeiten	Moderne Lebensweise der Inuit
Auswertung:		

Venn-Diagramm in Tabellenform

Die Schüler treffen nun gegenseitige Absprachen und verständigen sich über die Aufteilung der Arbeitsschritte. Außerdem besteht die Möglichkeit, unterschiedliche Rollen in der Gruppe zuzuweisen (z. B. Materialbeschaffer, Zeitwächter, Leser, Protokollschreiber, Schrittmacher). Diese erzeugen eine positive Abhängigkeit unter den Gruppenmitgliedern und fördern die Übernahme von Verantwortung für den individuellen und gemeinsamen Arbeits- und Lernprozess. Die Gruppen können weiterhin in der Austauschphase bei Bedarf eine vertiefende Zusatzaufgabe bearbeiten.

Präsentationsphase

Im Vorfeld von Präsentationen sollten sich die Schüler mit den Kriterien für eine gelungene Vorstellung von Ergebnissen auseinandersetzen. Mögliche Kennzeichen sind:

Interaktion	Darstellung	Inhalt
• Blickkontakt mit der Gruppe halten • Gestik und Mimik einsetzen • Körperhaltung berücksichtigen • Interesse wecken/Spannung erzeugen	• Gliederung sinnvoll gestalten • Sprache (Betonung, Tempo, Verständlichkeit) angemessen einsetzen • Medieneinsatz und Visualisierung ansprechend gestalten	• Sachwissen verständlich darstellen • Bezug zum Thema herstellen und halten

Merkmale einer Präsentation

Die Schüler der Tischgruppe präsentieren ihre Ergebnisse nun vor der Lerngruppe. Sie sind in der vorangegangenen Arbeitsphase zu Experten für ihren Teilbereich des Gesamtthemas geworden. Im Anschluss an die Präsentation notiert jeder Schüler der gesamten Lerngruppe in einem persönlichen Venn-Diagramm, was er verstanden hat. Diese Think-Phase nach der Präsentation ist für den individuellen Lernerfolg der Schüler von großer Bedeutung und kann zu weiteren Fragen führen.

Reflexionsphase

Während die Schüler der Lerngruppe ihren individuellen Lernerfolg reflektieren, dokumentiert die präsentierende Gruppe den Gruppen- und Arbeitsprozess auf einem Feedbackbogen.

Anschließend erfolgt eine mündliche Reflexion im Plenum. Diese sollte ritualisiert sein und dazu führen, dass sich die Schüler mit den Regeln für das Präsentieren beschäftigen und sie dadurch verinnerlichen. Zunächst besteht die Möglichkeit, inhaltliche Fragen an die Gruppe zu stellen. Anschließend erfolgt eine Feedbackrunde in Bezug auf die Präsentation.

Arbeitshilfe 1

Thema: _____

Think!

- Lies den Infotext und schreibe kurz in Stichworten auf, was du verstanden hast. Notiere deine Gedanken hier:

_____

_____

_____

_____

_____

_____

_____

_____

_____

_____

_____

_____

_____

Pair!

- Tausche dich mit einem Partner über deine Ergebnisse aus.

Share!

- Besprecht eure Ergebnisse an der Tischgruppe.
- Erstellt eine Präsentation mit den wichtigsten Inhalten.
- Präsentiert den anderen Gruppen euer Thema.

Arbeitshilfe 2

Blick auf Heterogenität schärfen – Vielfalt nutzen

Wie können wir die Vielfalt der Schüler unserer Lerngruppe für die Unterrichtsstunde/die Unterrichtseinheit/das Projekt nutzen?

Checkliste: Vielfalt nutzen	
Unterrichtsfach/Projekt:	Zeitraum:
Indikatoren	**Wer?/Was?/Wann?**
Vorwissen *Gibt es Schüler mit besonderen Interessen oder Fertigkeiten, die als Experten eingesetzt werden können?*	
Methoden *Gibt es Schüler, die in methodischen Bereichen geübt sind?*	
Helfersysteme *Gibt es Schüler die als Unterstützer tätig werden können?* *Welche anderen Unterstützersysteme müssen angeboten werden (z. B. Visualisierungen, unterstützte Kommunikation)?*	
Material *Welche Materialien müssen reduziert werden (z. B. leichte Sprache)?* *Welche Zusatzmaterialien/Spezialistenaufgaben müssen angeboten werden?*	

Arbeitshilfe 3

Individueller Förderplan

Name:	Klasse:	Zeitraum der Fördermaßnahmen:		
Förderbereich	Konkretisierte Förderziele	Fördermaßnahme(n) (z. B. Lernumgebung, Methoden, Materialien)	Wer macht was?	Beobachtungen/ Einschätzung der Zielerreichung

Arbeitshilfe 4

Stummes Schreibgespräch – Eine Anleitung

Notieren Sie unsortiert und ohne Bewertungen auf einem Plakat alle Beobachtungen über den Schüler.

Name des Schülers / der Schülerin

- Spontane Gedanken und Überlegungen

  Verhalten, Befinden, Wissen, Fähigkeiten, Erfahrungen, Sozialverhalten, Arbeitsverhalten, ...

- Konkrete Situationsbeschreibungen

  Unterricht, Schulweg, Pausen, Mensa, Ausflüge, Klassenfahrt, ...

- Informationen von Dritten

  Eltern, Bezugspersonen, Mitschüler, Kollegen, Schulberatung, Therapeuten, ...

Arbeitshilfe 5

Das ist das Ziel der Woche vom _____ **bis** _____

Dies kann man vom jemandem **sehen** und/oder **hören**, der das Ziel beherrscht.

Diese Dinge werde ich in dieser Woche deshalb besonders beachten:

Ich sehe	Ich höre

Wie gut habe ich das Ziel eingehalten? Ich zeichne jeden Tag den passenden Smiley ein.

☺   ☺   ☹

Zeit	Montag	Dienstag	Mittwoch	Donnerstag	Freitag
1					
2					
3					
4					
5					
6					
7					

Rückmeldung der Lehrer:

_____

_____

Datum/Unterschrift Lehrer: _____

Literatur

Benkmann, R. (2009): Individuelle Förderung und kooperatives Lernen im Gemeinsamen Unterricht. In: Empirische Sonderpädagogik 1/1, S. 143–156

Benkmann, R. (2010): Kooperation und Kooperatives Lernen unter erschwerten Bedingungen inklusiven Unterrichts. In: Kaiser, A.; Schmetz, D.; Wachtel, P.; Werner, B. (Hrsg.): Bildung und Erziehung. Behinderung, Bildung, Partizipation. Enzyklopädisches Handbuch der Behindertenpädagogik Bd. 3. Stuttgart, S. 125–134

Bick, H.-W. (2012): Unterrichtseinheit:»Wir sind alle verschieden verschieden«. In: mittendrin e. V. (Hrsg.): Eine Schule für alle. Inklusion umsetzen in der Sekundarstufe. Mülheim a. d. Ruhr: Verlag an der Ruhr, S. 229–234

Boban, I. & Hinz, A. (2004): Index für Inklusion – Lernen und Teilhabe in der Schule der Vielfalt entwickeln. Halle/Saale

Bönsch, M. (2011): Heterogenität und Differenzierung. Gemeinsames und differenziertes Lernen in heterogenen Lerngruppen. Baltmannsweiler

Brüning, L. & Saum, T. (2006): Erfolgreich unterrichten durch Kooperatives Lernen. Strategien zur Schüleraktivierung. Essen

Brüning, L. & Saum, T. (2007): Erfolgreich unterrichten durch Visualisieren. Grafisches Strukturieren mit Strategien des kooperativen Lernens. Essen

Brüning, L. & Saum, T. (2009): Individuelle Förderung durch Kooperatives Lernen. In: Kunze, I./Solzbacher, C. (Hrsg.): Individuelle Förderung in der Sekundarstufe I und II. Baltmannsweiler, S. 83–90

Green, N. & Green, K. (2006): Kooperatives Lernen im Klassenraum und im Kollegium. 2. Aufl., Seelze

Groeben, A. von der (2008): Verschiedenheit nutzen. Besser lernen in heterogenen Gruppen. Berlin

Hansen, G. (2010): Unterstützende Didaktik. Planung und Durchführung von Unterricht an Allgemeinen Schulen und Förderschulen. München

Hänze, M. (2008): Was bringen kooperative Lernformen? Ergebnisse aus der empirischen Lehr-Lern-Forschung. In: Individuell lernen – kooperativ arbeiten. Friedrich Jahresheft XXVI 2008. Seelze, S. 24–25

Heeger, M. & Reinert, M. (2006): Was halten Schülerinnen und Schüler vom Gemeinsamen Unterricht? Die SchülerInnenbefragung der SV der Gesamtschule Köln-Holweide. In: Platte, A.; Seitz, S.; Terfloth, K. (Hrsg.): Inklusive Bildungsprozesse. Bad Heilbrunn, S. 97–100.

Hinz, A. (2010): Inklusion – historische Entwicklungslinien und internationale Kontexte. In: Hinz, A./Körner, I./Niehoff, U. (Hrsg.): Von der Integration zur Inklusion. Grundlagen – Perspektiven – Praxis. Marburg, S. 33–52.

Johnson, D. W., Johnson, R. T. & Holubec E. (2005): Kooperatives Lernen. Kooperative Schule. Tipps – Praxishilfen – Konzepte. Mülheim a. d. Ruhr

Meister, U. & Schnell, I. (2012): Gemeinsam und individuell – Anforderungen an eine inklusive Didaktik. In: Moser, V. (Hrsg.): Die inklusive Schule. Standards für die Umsetzung. Stuttgart, S. 184–189

Mensch zuerst – Netzwerk People First Deutschland e. V. (2008): Das neue Wörterbuch für leichte Sprache. Kassel

mittendrin e. V. (Hrsg.) (2012): Eine Schule für alle. Inklusion umsetzen in der Sekundarstufe. Mülheim a. d. Ruhr

Niehues, U., Jacobs, C., Kühn, S., Lammering, E. & Noak, B. (2009): Eine Schule für Alle – zufriedene Eltern?!? Auswertung der Umfrage unter den Eltern der Gesamtschule Köln-Holweide. In: Börner, S.; Glink, A.; Jäpelt. B.; Sanders, D.; Sasse, A. (Hrsg.): Integration im vierten Jahrzehnt. Bilanz und Perspektiven. Bad Heilbrunn, S. 132–138

Prengel, A. (2006): Pädagogik der Vielfalt. Verschiedenheit und Gleichberechtigung in Interkultureller, Feministischer und Integrativer Pädagogik. 3. Aufl., Wiesbaden

Prengel, A. (2012): Humane entwicklungs- und leistungsförderliche Strukturen im inklusiven Unterricht. In: Moser, V. (Hrsg.): Die inklusive Schule. Standards für die Umsetzung. Stuttgart, S. 175–183

Ratzki, A., Keim, W., Mönkemeyer, M., Neißer, B., Schulz-Wensky, G. & Wübbels, H. (Hrsg.) (1996): Team-Kleingruppen-Modell Köln-Holweide. Theorie und Praxis. Frankfurt am Main

Scholz, D. (2012a): Der Abschied vom Lernen im Gleichschritt. In: mittendrin e. V. (Hrsg.): Eine Schule für alle. Inklusion umsetzen in der Sekundarstufe. Mülheim a. d. Ruhr, S. 32–38

Scholz, D. (2012b): Lehrer in neuen Rollen. Vom Hauptdarsteller zum Prozessbegleiter. In: mittendrin e. V. (Hrsg.): Eine Schule für alle. Inklusion umsetzen in der Sekundarstufe. Mülheim a. d. Ruhr, S. 39–44

Schwager, M. (2005): Eine Schule auf dem Weg zur Inklusion? Entwicklungen des Gemeinsamen Unterrichts an der Gesamtschule Köln-Holweide. In: Zeitschrift für Heilpädagogik 56/7, S. 261–268

Schwager, M. & Pilger, D. (2006): Evaluation als Beitrag zur Qualitätsentwicklung des Gemeinsamen Unterrichts. In: Platte, A.; Seitz, S.; Terfloth, K. (Hrsg.): Inklusive Bildungsprozesse. Bad Heilbrunn, S. 101–111

Schwager, M. (2007): Orientierung an den Ansprüchen einer inklusiven Schule. Das Beispiel der Gesamtschule Köln-Holweide. In: Rumpler, F./Wachtel, P. (Hrsg.): Erziehung und Unterricht – Visionen und Wirklichkeiten. Würzburg, S. 57–64

Schwager, M. (2011): Gemeinsames Unterrichten im Gemeinsamen Unterricht. In: Zeitschrift für Heilpädagogik 62/3, S. 92–98

Souvignier, E. (2007): Kooperatives Lernen. In: Heimlich, U.; Wember, F. B. (Hrsg.): Didaktik des Unterrichts im Förderschwerpunkt Lernen. Ein Handbuch für Studium und Praxis. Stuttgart, S. 138–148

Traub, S. (2010): Kooperativ lernen. In: Buholzer, A.; Kummer-Wyss, A. (Hrsg.): Alle gleich – alle unterschiedlich. Zum Umgang mit Heterogenität in Schule und Unterricht. Seelze-Velber, S. 138–150

Turhan, I. (2012): Unterrichtseinheit: Kulturunterschiede entdecken und akzeptieren. In: mittendrin e. V. (Hrsg.): Eine Schule für alle. Inklusion umsetzen in der Sekundarstufe. Mülheim a. d. Ruhr, S. 235–239

Wahl, D. (2004): Das Lerntempoduett. In: Huber, A. A. (Hrsg.): Kooperatives Lernen – kein Problem. Effektive Methoden der Partner- und Gruppenarbeit. Leipzig, S. 58–67

Weidner, M. (2003): Kooperatives Lernen im Unterricht. Das Arbeitsbuch. Seelze-Velber

Werning, R. & Lütje-Klose, B. (2006): Einführung in die Pädagogik bei Lernbeeinträchtigungen. 2. Auflage. München

Wocken, H. (2011): Das Haus der inklusiven Schule. Baustellen – Baupläne – Bausteine. Hamburg

Heterogene Schülergruppen und Elternkooperation

Wolfgang Vogelsaenger

Die Georg-Christoph-Lichtenberg-Gesamtschule Göttingen versteht sich seit ihrer Gründung 1975 als inklusive Schule. Als eine Schule, die alle Kinder willkommen heißt, unabhängig von ihren familiären Hintergründen, ihren Stärken oder Schwächen. Wir nehmen die Kinder entsprechend dem Querschnitt der Göttinger Bevölkerung auf (10% Kinder mit Hauptschul-, 25% Kinder mit Realschul-, 63% Kinder mit Gymnasialempfehlung und 2% Kinder mit sonderpädagogischem Förderbedarf). Wegen der hohen Anmeldezahlen werden die Kinder bis auf die Geschwister von Schülern per Losverfahren aufgenommen, sodass eine zufällige Heterogenität entsteht. Kinder im Rollstuhl, mit Hörbeeinträchtigungen, Hochbegabungen oder Migrationshintergrund sind über alle Klassen verteilt. Kinder mit sonderpädagogischem Förderbedarf in den Bereichen Lernen oder geistige Beeinträchtigung lernen in fünf Integrationsklassen.

Eine bewusst derart heterogen zusammengesetzte Schülerschaft erfordert individualisierende Lernprozesse und Leistungsrückmeldungen. Wir verzichten bis Mitte der 8. Klasse auf Noten, es gibt kein Sitzenbleiben oder Abschulen.

Kern unseres Lernarrangements ist die Kultur der Tischgruppenarbeit. In den 36 Klassen der Sekundarstufe I lernen alle Kinder in 176 Sechsertischgruppen, jeweils geschlechts- und leistungsheterogen für ein halbes bis ein Jahr zusammen.

Die Teams arbeiten an gemeinsamen Arbeitsaufträgen, die immer auch eine Leistungsdifferenzierung zulassen, sowohl im Klassenraum als auch an der Werkbank oder in den Naturwissenschaftsräumen, also im gesamten schulischen Kontext. So wird individualisierendes Lernen möglich, immer jedoch auch in die Gruppe eingebunden, die Rückhalt, Sicherheit und Hilfe gibt. In den sechs Schuljahren der Sekundarstufe I hat jeder Schüler mit jedem Schüler der Klasse über einen längeren Zeitraum in einem Tischgruppenteam zusammen gelernt. Das verhindert Diskriminierung und Ausgrenzung, der zukünftige Maurer arbeitet mit dem zukünftigen Architekten zusammen.

Unsere Ergebnisse können sich sehen lassen. Die Abschlüsse sind erheblich besser als es die Empfehlungen der Grundschulen vermuten ließen, bei allen zentralen Prüfungen schneiden unsere Kinder sehr gut ab.

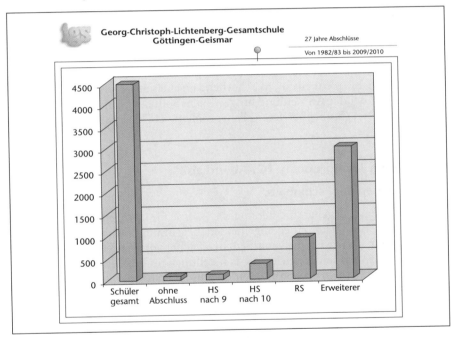

Die Rückmeldungen aus der Zeit nach der Schule sind ebenfalls ausgesprochen positiv. Vor allem für dieses Tischgruppenkonzept, das wir konsequent in die gesamte Teamarbeit der Schule weiterentwickelt haben, haben wir 2011 den Deutschen Schulpreis erhalten.

Wenn man das einzelne Kind in den Blick nimmt, individuell auf seine Möglichkeiten und Entwicklungen eingehen will, dann gehören selbstverständlich auch die Eltern mit ins Boot.

Seit unserer Gründung führen wir die sogenannten Tischgruppenabende durch. Hierzu müssen sich alle Eltern bei der Anmeldung ihrer Kinder verpflichten. In den Klassen 5 und 6 treffen sich die Kinder und Eltern einer Tischgruppe (TG) mit ihren Tutoren viermal im Jahr bei einem Kind jeder Tischgruppe zu Hause. Ab Klasse 7 können sich die Tutoren die Termine aufteilen. Das Kind lädt ein, es ist der Gastgeber, der sich um Knabbereien, Getränke und die Sitzordnung kümmert. Die Lehrer sind Gäste. Schon vor diesen Tischgruppenabenden bereiten die Kinder jeder Tischgruppe vor, was sie den Eltern präsentieren wollen. Die verschiedenen Fächer werden in der TG aufgeteilt, es wird gemeinsam überlegt, wie man das, was die TG im letzten Vierteljahr gelernt hat, präsentieren will.

Zu den ersten Treffen werden nicht unbedingt die Kinder einladen, bei denen es wohnlich beengt ist. Im Laufe der 6 Jahre sind aber auch diese Kinder und Eltern stolz darauf, die Gäste bei sich in der Wohnung zu empfangen. In dieser gemeinsamen Zeit hat sich so viel Vertrauen untereinander aufgebaut, dass solche Besuche möglich werden.

Die Einbeziehung der Eltern ist ein Kernpunkt unseres Konzeptes, daher werden die Eltern, die nicht zu einem TG-Abend erscheinen angerufen und auf ihre Verpflichtung bei der Anmeldung hingewiesen. Sollte es Gründe für die Nichtteilnahme geben (Sprachbarrieren, Fahrprobleme etc.), werden Lösungen entwickelt.

Wie läuft ein Tischgruppen(TG)-Abend ab?

Präsentationen der Fachinhalte

Das jeweilige Gastgeberkind bereitet die Räume für das Treffen vor und empfängt seine Gäste. Nach einer allgemeinen Begrüßung stellen die Kinder zunächst das vor, was sie für die verschiedenen Fächer vorbereitet haben. Das können Präsentationen sein, Sketche, die Darstellung von Problemen etc. Auch die Eltern können mit einbezogen werden, indem man sie fragt, ob sie in der Lage wären, Matheaufgaben zu lösen oder ob sie die englische Grammatik beherrschen. Die anderen Kinder können ergänzen, die Eltern nachfragen, die Lehrer Stellung nehmen.

Was haben wir davon?

Die Kinder wiederholen noch einmal den Stoff des letzten Vierteljahres, sie lernen, die Lerninhalte vor Erwachsenen zu präsentieren, sie begreifen und erleben sich als Gruppe, die gemeinsam für einen guten Eindruck und gute Leistungen verantwortlich ist. Sie erleben sich als Gruppe, die durchaus auf unterschiedlichen Niveaus arbeitet, die aber gemeinsam etwas schafft. Die Tischgruppe definiert sich nicht über Freundschaft, sondern über ihren Arbeitszusammenhang, ihren gemeinsamen Auftrag, etwas zu lernen. Die Eltern erleben die Arbeitsgruppe in Aktion, sie erfahren etwas über die Lerninhalte, können Unklarheiten klären, sind informiert, was da so läuft in der Schule, können ihr eigenes Kind erleben und einschätzen. Die Lehrer evaluieren die Qualität der von ihnen initiierten Lernprozesse, können Rückschlüsse auf die Qualität der Arbeit der TG ziehen und ihre Arbeit optimieren.

Einschätzung der TG-Arbeit durch die Tutoren

Nachdem die Fachinhalte vorgestellt wurden, geben die beiden Klassenlehrer eine Einschätzung der Arbeit dieser Tischgruppe. Hier können sie an die Präsentationen anknüpfen und die Entwicklung des letzten Vierteljahres darstellen. Gründe für Schwächen in der Arbeit können erörtert, Lösungswege gesucht werden. Hierzu können die Kinder und ihre Eltern eigene Vorschläge beitragen.

Was haben wir davon?

Es geht um das Coaching des Lernteams. Die Rückmeldungen über das Arbeitsverhalten und die Arbeitsqualität, über die Verantwortung, die die einzelnen Kinder für die Gruppe und ihren eigenen Lernweg übernehmen, über die Teamfähigkeit, Konflikte und Konfliktlösungen sind wichtige Impulse zur Optimierung der Arbeit im Team. Auch die Eltern geben ihre Kommentare, sie sind besonders authentisch, da sie vor dem Erfahrungshintergrund ihrer Berufe argumentieren können und so das Tischgruppenarrangement an Ernsthaftigkeit gewinnt. Die Eltern erfahren, dass ihre Kinder bei uns schon das lernen, was in ihrer Arbeitswelt nicht unbedingt selbstverständlich ist. Die Lehrer werden in ihrer Lernkultur bestärkt.

Eltern fragen, Lehrer und Kinder antworten

Drei Monate sind seit dem letzten Tischgruppenabend vergangen. Die Kinder haben kaum Hausaufgaben zu Hause erledigt, da sie diese in der Schule gemacht haben. Das ist gut für den Familienfrieden, die Eltern haben aber oft das Gefühl, nicht genügend informiert zu sein. Nicht alle Kinder erzählen, was sie in der Schule erlebt haben.

In dieser Phase können die Eltern Fragen stellen, Kritik äußern oder Anregungen geben. Auf alle Impulse gehen Tutoren und die Kinder der TG ein. Sie haben ein Interesse daran, dass die Eltern verstehen, was in der Schule passiert, dass Missverständnisse ausgeräumt werden und gute Ideen der Eltern mit in den Schulalltag integriert werden. Gerade in dieser Phase wird deutlich, dass Kinder, Lehrer und Eltern das gemeinsame Interesse haben, dass jedes einzelne Kind mit seinen individuellen Bedingungen im Mittelpunkt steht, dass sein Fortkommen die Aufgabe aller Beteiligten ist, dass es sich nicht lohnt, sich gegeneinander auszuspielen oder gegeneinander zu arbeiten.

Was haben wir davon?

In dieser Phase wird wie am gesamten TG-Abend die Sache in den Mittelpunkt gerückt. Natürlich sind auch die Beziehungen zwischen den Beteiligten zu klären (»Ich will nicht, dass dein Sohn meine Tochter schlägt!«), dabei ist jedoch immer wieder deutlich zu machen, dass dies immer nur einem Ziel dient, der individuellen Lern- und Persönlichkeitsentwicklung jedes einzelnen Teammitgliedes in der Auseinandersetzung mit dem Team, den Tutoren und den Lerninhalten. Die Erziehungsaufgabe der Eltern, die Bildungs- und Erziehungsaufgabe der Lehrer und die Eigenverantwortung der Kinder werden konkret an Beispielen aus dem Alltag der Kinder diskutiert. Die Lehrer werden entlastet, sie erhalten wichtige Informationen und gewinnen die Eltern als Bündnispartner.

Die Kinder gehen spielen, die Erwachsenen bleiben unter sich

Nach diesen gemeinsamen Phasen ziehen sich die Kinder ins Kinderzimmer oder nach draußen zurück, die Erwachsenen bleiben unter sich. Die Kinder spielen oder reden über das, was die Erwachsenen nicht hören sollen, die Erwachsenen besprechen das, was sie lieber unter sich ausmachen wollen.

Die unterschiedlichsten sozialen Schichten mit den unterschiedlichsten Erziehungskonzepten sitzen hier in der Küche oder im Wohnzimmer eines Kindes zusammen. Es geht um Fernsehen, Computerspiele, Lesen, Taschengeld, Drogen, Internet und Co. Die Rolle der Tutoren in dieser Phase ist es immer wieder, Moral- oder Wertediskussionen auf den Punkt der Förderung der individuellen Entwicklung der Kinder zu bringen. Auch wenn Eltern hier gerne abschweifen, kann von den Lehrern darauf hingewiesen werden, dass diese Diskussion in die letzte

Phase des TG-Abends gehört, wenn die Lehrer gegangen sind und die Eltern noch unter sich bleiben. Nach etwa zwei Stunden verabschieden sich die Lehrer und lassen die Eltern mit ihren Diskussionen zurück. Damit wird deutlich, dass letztlich sie die Verantwortung für ihre Kinder tragen, dass der schulische Anteil nur ein Teil der individuellen Entwicklung ist.

Was haben wir davon?

Es wird deutlich, dass sich Kooperation nicht nur auf die Kinder der Tischgruppe oder den Bereich der Schule bezieht. Auch die Eltern einer Tischgruppe müssen kooperieren, damit das Team sich entwickeln kann. Im Austausch wird klar, dass es unterschiedliche Erziehungskonzepte gibt, unabhängig vom sozialen Status. So wird das eigene Konzept relativiert, überprüft und möglicherweise geändert. Dabei sind nicht die Lehrer im Mittelpunkt, sondern die verschiedenen Eltern, die sich untereinander austauschen. Das entlastet, macht auch Grenzen schulischer Arbeit deutlich. Die Lehrer können einschätzen, wie die schulische Entwicklung vor dem familiären Hintergrund einzuschätzen ist und in welcher Form die einzelnen Elternhäuser in schulische Erziehungsprozesse einzubeziehen sind (oder auch nicht). Aus Sicht der Schulleitung schaffen diese TG-Abende eine Corporate Identity. Neue und alte Lehrer, Eltern und Schüler treffen sich, um sich mit einem Kernansatz der Schule zu beschäftigen. Alle Lehrer sind in diesen Abenden Repräsentanten der Schule, da sie auch auf allgemeine schulische Fragen eingehen müssen. Gleichzeitig erhält ihre schulische Arbeit hier eine direkte Evaluation, die durch keine anderen Instrumente derart intensiv geleistet werden könnte.

Eltern und Kinder bleiben (getrennt oder nicht) ohne die Lehrer zurück

In dieser letzten Phase wird klar, dass der Bildungsauftrag der Schule begrenzt ist und dass der Austausch im Elternteam mehr bringt als das »Schmoren im eigenen Saft«. In den zwei bis drei gemeinsamen Tischgruppenabenden gewinnen die Eltern untereinander Vertrauen, um auch Dinge zu besprechen, die sie sonst nicht angesprochen hätten. Konflikte zwischen Kindern können so auch über die Eltern geklärt werden, Schule wird dadurch entlastet. Ebenso können Kritik oder Beschwerden, die sonst an die Schulleitung oder die betreffenden Lehrer gerichtet wären, hier erst einmal unter den Eltern besprochen und möglicherweise relativiert werden, sodass ein schulischer Kontakt gar nicht notwendig wird. Wenn die Tischgruppen neu gebildet werden, sind es oft die Eltern, die es bedauern, nun auseinandergerissen zu werden, wo sie sich doch gerade so gut aneinander gewöhnt haben. Aus diesen engen Elternbezügen entwickeln sich oft auch über die Schule hinausgehende Unterstützungen und Netzwerke (berufliche Kooperation, Aufträge, Einstellungen, Kinderbetreuungen etc.)

Was haben wir von den Tischgruppenabenden?

Unser inklusiver Ansatz, unser Umgang mit Heterogenität beruht auf Kooperation. In diese Kooperation sind alle Menschen einbezogen, die zur Schulgemeinde gehören. Nur wenn die Erwachsenen Kooperation ernst nehmen und vorleben, können auch die Kinder diese akzeptieren. Die Arbeit aller Schulteams beruht auf den Prinzipien der Verantwortung und des Vertrauens, diese sind die Grundlagen unseres Erfolges. Ohne Zweifel kosten diese Abende Zeit. In den beiden ersten Schuljahren sind das 20 Abende, die meist gebündelt innerhalb von jeweils 2 Wochen stattfinden. In den nächsten Schuljahren können sich die beiden Tutoren auch aufteilen, da sie ja schon alle Eltern kennengelernt haben. Dann sind es nur noch zehn Abende pro Jahr. Dafür fallen viele der klassischen Elternabende oder Elternsprechtage weg, da die TG-Abende viel intensiver sind als die gewohnten Treffen. So werden etwa auch die Lernentwicklungsberichte auf den TG-Abenden besprochen.

Bei Einstellungsgesprächen weisen wir immer darauf hin, dass der Zeiteinsatz an unserer Schule erheblich höher ist als an klassischen Schulen.

Insbesondere die Lernentwicklungsberichte, die Teamarbeit in den Jahrgangs- und Fachteams und die Tischgruppenabende kosten Zeit. Dies müssen neue Kollegen akzeptieren, es sei denn sie kämen mit einer Idee, mit der die gleichen oder bessere Effekte in weniger Zeit erzielt werden könnten. Nur wenige Bewerber sind durch diese Zeitfrage abgeschreckt worden. Meist antworteten sie in diesen Gesprächen, die eigene Arbeit würde dadurch doch viel effektiver und befriedigender. Dies bestätigten sie dann auch immer wieder nach einigen Jahren eigener Praxis.

Eine Schule, die das einzelne Kind in den Blick nimmt, die ausdrücklich das Ziel formuliert, jedes einzelne Kind so zu fördern, wie es möglich ist, eine solche Schule muss auf Kooperation setzen (»Es braucht ein Dorf ... «).

Niemand kann alleine die Verantwortung für den Bildungsauftrag der Schule übernehmen. Baut man aber durchgängig und stringent auf Kooperation, kann Schule gelingen. Kooperation in Teams kann aber nur dann erfolgreich sein, wenn diese Teams Verantwortung für die eigene Arbeit haben, selbst etwas bestimmen und gestalten können. So wie die TG-Teams Verantwortung für ihren Lernweg übernehmen und dabei weitgehend gestalten können, wie, wann und wo sie arbeiten wollen, so können die Jahrgangsteams der Lehrer die Arbeit in ihrem Jahrgang weitgehend in Bezug auf die Stunden-, Vertretungs- und Aufsichtspläne, hinsichtlich der Projekte, Ausflüge etc. eigenverantwortlich gestalten. Auch die Teams der Sekretärinnen, der Hausmeister, der Mensa, der Sozialpädagogen, der Lehrer eines Faches/Fachbereiches, der Schulleitung und der Schulassistenten arbeiten nach diesem Prinzip. Wenn die Erwachsenen erleben, dass ihnen Vertrauen entgegengebracht wird, dass man ihnen etwas zutraut und sich nicht ständig reglementierend einmischt, dann können sie diese Haltung auch den Kindern gegenüber einnehmen. Insofern ist die Arbeit in Tischgruppenteams und an Tischgruppenabenden nicht einfach nur eine Methode, sondern tatsächlich eine Schulkultur.

© Fotos: Robert-Bosch-Stiftung, Theo Barth

Coaching von Schulleitungen und Leitungsteams

Heidrun Lotz

Immer mehr Schulleitungen und Leitungsteams nehmen Coaching als individuelle Beratung oder als Form einer person- oder organisationszentrierten Fortbildung in Anspruch. Dies begründet sich einerseits aus dem wachsenden Druck der Öffentlichkeit und der Behörden nach Erneuerung von innerer Schulorganisation, andererseits aus dem Beharren des Kollegiums in seinem gewohnten Handeln und den gleich gebliebenen Erwartungen an Leitung.

Schon im Zusammenhang mit der »selbstständigen Schule« erwarteten die Schulbehörden mehr Autonomie in der Gestaltung ihrer eigenen Angelegenheiten. Die Schulleitung bekam mehr Kompetenzen als Dienstvorgesetzte und es wurden nur noch die Rahmenbedingungen gesetzt, innerhalb derer die Prozesse zu verwirklichen sind.

Die Öffentlichkeit, Eltern, Verbände, Politik und Medien, erwarten mehr Profil und nachweisbare Qualität. Zur Beurteilung der schulischen Prozesse werden zunehmend Kriterien aus der Wirtschaft, aus dem Dienstleistungssektor herangezogen. Die Erwartungen sind nicht selten widersprüchlich, stehen oft der eigenen Intention, einen Wandel der Lernkultur zu bewirken entgegen.

Eine Lernkultur, die Formen des selbstständigen und selbst gesteuerten Lernens anstrebt, setzt neue Maßstäbe für Unterricht, fordert eine Abkehr vom Frontalunterricht hin zu kooperativen und individualisierten Lernformen. Spätestens in diesem Zusammenhang ist deutlich geworden, dass guter Unterricht und Schulentwicklung eng miteinander verzahnt sind, dass das eine nicht ohne das andere entwickelt werden kann.

Der nun geforderte Wandel zur inklusiven Schule stellt eine weitere Herausforderung an die Veränderung der Schulstruktur und Kultur des Miteinanders dar.

Mehr Führung ist gefragt

Führen bedeutet nicht lediglich Aktivitäten zu koordinieren. Die Führungskraft ist mehr als ein Manager, der für reibungslose Abläufe sorgt. Führen heißt, Impulse geben für Veränderung, Visionen entwickeln.

Eine Vision ist mehr als ein Ziel. Eine Vision ist das Denken des Undenkbaren. Es entsteht in Form eines inneren Szenariums der Zukunft. Ein Ziel ist nicht weit genug, nicht radikal genug. Es enthält schon die Beschreibung des Weges dorthin. Die Vision öffnet viele mögliche Wege, deren Tauglichkeit im Prozess geprüft wird. Daraus ergeben sich dann immer wieder neue konkrete Ziele.

Was Führung ist, kann am besten veranschaulicht werden durch die Abgrenzung von Leadership und Management. Der Leader ist Visionär, er konzentriert sich auf Menschen, baut auf Vertrauen.

Der Manager ist Bewahrer, achtet auf Strukturen und Regeln, verlässt sich auf Kontrolle.

Hinter diesen beiden Führungsmodellen stehen zwei gänzlich verschiedene Vorstellungen von Macht. Der Leader betrachtet Macht als Gestaltungskraft, sie besteht in der Kunst Menschen zum Ziel zu führen. Der Manager versteht unter Macht Herrschaft und stützt sich auf (formale) Autorität.

Der Leader baut auf seine Authentizität, die ihm Autorität verleiht. Er findet gemeinsam eine Vision mit anderen oder teilt sie mit ihnen und inspiriert sie (O'Connor 1999, S. 55ff.).

Die drei Säulen, die die Führungskraft trägt sind:

- die Autorität, die sich auf Authentizität gründet,
- das Wissen, das persönlich erworben wurde,
- das Vorbild, ihr Handeln, das den Wunsch weckt, das Ziel zu erreichen und gemeinsam zu tragen.

Die wichtigsten Prämissen für Führungshandeln sind:

- Wertschätzung, Selbstachtung und Identität stiften,
- Transparenz der Entscheidungen gewährleisten,
- Beteiligten das Gefühl geben, etwas beisteuern und Verantwortung übernehmen zu können.

In einem Bild veranschaulicht: Die Person, die das Team durch den Dschungel führt, steigt auf den höchsten Baum, von dem aus sie das Dorf sehen kann, das sie erreichen wollen. Sie schildert dem Team das Gesehene und weist die Richtung. Das Team erkundet die Wege, benutzt Landkarten, kennt das Umfeld, erkundet die Vegetation, sorgt für Nachschub, kümmert sich um den Zusammenhalt usw. Gemeinsam mit der Führung werden die weiteren Etappen geplant.

Mehr Team ist gefragt

Das Bild von der Expedition im Dschungel zeigt auch, dass ein Visionär ohne »Fußvolk« das Dorf nicht erreichen kann. Das spezifische Wissen und Können der Einzelnen, ihre unterschiedlichen Kompetenzen und Fähigkeiten sind notwendig, um das Ziel zu erreichen.

Wie eingangs geschildert sind die Anforderungen an Schulentwicklung äußerst komplex. Gerade hierin begründet sich die Notwendigkeit, eine möglichst große Vielfalt an persönlichen Profilen im Team anzustreben. Die Chance für eine erfolgreiche Arbeit des Leitungsteams liegt darin, diese Unterschiedlichkeiten sorgfältig zu analysieren, zu reflektieren und produktiv zu nutzen.

Das Team ist erfolgreich, wenn es so handelt, wie es sich guten, kooperativen und individualisierenden Unterricht in der Klasse vorstellt. Lehrer, die einen guten kooperativen Unterricht geben, beweisen täglich, dass sie erfolgreiche Zusammenarbeit von Teams bewirken können. Sie wissen, wie die emotionalen, sozialen und aufgabenbezogenen Ziele zu erreichen sind. Sie setzen den Anspruch an Qualität von Beziehungen – Respekt, Verantwortung, Vertrauen – um. Im kollegialen Miteinander gerät dieses professionelle Know-how oft aus dem Blick. Die Gründe dieses »blinden Flecks« seien hier nicht weiter diskutiert. Aber meist hilft schon die Frage zur Lösung des Problems: Was würden Sie tun, wenn dies in ihrer Klasse geschähe?

Was ist von einem Coaching zu erwarten?

Coaching ist die Reflexion der eigenen Person, im Umgang mit sich selbst (den eigenen Ressourcen), mit der eigenen Rolle in den Arbeitsbeziehungen, mit den Bedingungen seines Systems (Schule).

Themenverknüpfung und Kompetenzen im Coaching

Alle Anliegen, die im Coaching vorgebracht werden, werden in dieser Themenverknüpfung betrachtet. Potenziale, um ein neues Handlungsspektrum zu gewinnen, sind die persönlichen, sozialen, fachlichen und strategischen Kompetenzen, die die Person mitbringt. Im Coaching werden, je nach vereinbarter Schwerpunktsetzung, Lösungen und neue Wege für alte Probleme gefunden.

Themenverknüpfung und Kompetenzen im Coaching			
Die Person im Umgang mit . . .	**Sich selbst** (Persönliche Ressourcen)	**Dem Kollegium** (Gruppenstruktur)	**Dem institutionellen Kontext** (Ziele und Strukturen)
dem fachlichen Auftrag (Sach- und Fachkompetenz)			
Organisations- und Ablaufsteuerung (Methoden-kompetenz)			

Die Person im Umgang mit ...	Sich selbst (Persönliche Ressourcen)	Dem Kollegium (Gruppenstruktur)	Dem institutionellen Kontext (Ziele und Strukturen)
Rollen- und Beziehungs-gestaltung (soziale Kompetenz)			
Rahmenbedingung der Schule (strategische Kompetenz)			

Fischer-Epe 2005, S. 44

Wie arbeitet der Coach?

Die Person die coacht ist Klärungshelferin, sie hilft Anliegen und Probleme zu lösen. Sie gibt keine Ratschläge, sie bietet keine Patentrezepte, sie begleitet die Personen auf ihrem Weg, eigene Lösungen zu finden, die zu ihrer Persönlichkeit, die zum System mit seiner eigenen Biographie und Ausprägung passen. Das Coaching hilft den individuellen Entwicklungsweg zu entwerfen, begleitet das Team durch Widerstände, Konflikte, Rückschläge und Erfolge.

Der Problemlöser wird bei Watzlawick treffend beschrieben als »ein Bergstei-ger, der vom Tal auf den Gipfel hinaufguckt und die Kletterroute festzulegen sucht.« (Watzlawick 2005, S. 165)

Der Coach stellt sein Know-how zur Verfügung, um vom unerwünschten IST-Zustand zum wünschenswerten SOLL-Zustand zu kommen. Dies tut eine Per-son, indem sie für einen neuen Interpretationsrahmen für das alte Problem sorgt.

»So wie ich die Lage sah, war es ein Problem, nun sehe ich sie anders und es ist kein Problem mehr.« (Watzlawick 2005, S. 124)

Ein neuer Interpretationsrahmen wird erreicht, indem eine »Metaebene« her-gestellt wird. Sie erst verschafft den Überblick über das Geflecht von Rollen- und Beziehungen das nicht gesehen werden kann, solange die Person darin verstrickt ist.

Die Bereitschaft zur Selbstreflexion

Ein System (Schule) kann nur verändert werden, wenn die in ihm handelnden Personen sich verändern.

Deshalb ist für Coaching die Bereitschaft auf sich selbst zu schauen, den eige-nen Anteil an der unerwünschten Situation zu finden und zu reflektieren unab-dingbare Voraussetzung. Das gilt sowohl für Einzelpersonen wie für Teams.

Herzstück des Organisationsentwicklungskonzeptes »Lernende Organisation« ist die Reflexionsbereitschaft und -fähigkeit ihrer Führungskräfte. (Senge 1996, S. 343)

Die Veränderung beginnt in der eigenen Person. Die Bewertung einer Situation kommt zustande, weil wir ihr unseren persönlichen Sinn, unsere Bedeutung und Werte überstülpen. Um dies zu erkennen, müssen wir anstelle der alten Frage: WARUM ist das so? fragen: WOZU haben wir das bisher so praktiziert? Welche spezifische Funktion hat das Verhalten im System? Welchen Nutzen hat uns das gebracht, die Situation so beizubehalten? Wann war das nützlich? Was hat sich geändert und was wird heute damit verhindert? (Watzlawick 2005, S. 106ff.)

Der fremde Blick des Coachs

Die Selbstreflexion benötigt Unterstützung durch den Blick von außen.

Die fremde Person ist nicht selbst im System involviert. Sie sieht das Handeln der Ratsuchenden in ihrem System mit den Augen ihres eigenen »Systems«, das aus Erfahrung und Wissen ihrer Persönlichkeit besteht.

Erst der fremde Blick führt zur konstruktiven Irritation, erhellt den »blinden Fleck«, sowohl bei der Person als auch im Team, der in der Verstrickung nicht zu erkennen ist.

Viele Schulen, die Reformwege gegangen sind, haben sich eine wissenschaftliche Begleitung in ihrem Prozess gesucht. Auch dieser »fremde« Blick aus dem anderen System des Wissenschaftsbetriebes hat Tore geöffnet. Das Coaching bietet darüber hinaus den Vorteil die Fähigkeiten zur Selbstreflexion zu unterstützen.

Coachen von Leitungsteams

Den Entwicklungsweg beginnen

Der Entwicklungsweg für das Team beginnt schon mit der Diskussion, ob die Schulleitung sich ein Coaching »gönnen« möchte.

Den Weg den die Beratung nimmt, entscheidet der erste Kontakt mit dem Coach. Im ersten Gespräch wird eine Vision eines »guten« Teams in einer »guten« Schule entworfen, mit Wünschen und Zielen der Veränderung. Das Team formuliert daraus sein nächstliegendes Ziel. Es umfasst die Aktivitäten, von denen das Team glaubt, damit eine wesentliche Verbesserung seiner Arbeit bewirken zu können. Die anschließende Stärken- und Schwächen-Analyse richtet den Blick auf die Ressourcen, die vorhanden sind, um dieses Ziel zu erreichen. Es werden Vorhaben entwickelt, Aktivitäten geplant, die zwischenzeitlich bis zum nächsten

Coaching zu realisieren sind. So beginnt der persönliche Entwicklungsweg für das Team.

Der Coachingprozess durchläuft quer, den individuellen Zielen angemessen, alle Aufgabenbereiche des Teams. Er unterstützt im Prozess, je nach aktuellem Bedarf mit Wissen und Know-how die sozialen, fachlichen, methodischen und strategischen Kompetenzen.

Manche Schulleitungsteams sind neugierig, sich durch einen »fremden« Blick betrachten zu lassen. Auf Wunsch kann dann ein Coachingprozess mit einer strukturierten Beobachtung einer Schulleitungssitzung beginnen. Aus dem Feedback des Coachs und der anschließenden Reflexion ergeben sich auf ähnlichem Weg nächstliegende Ziele und Veränderungsvorhaben.

Themen verknüpfen und Prioritäten setzen

Die wichtigsten Leitungsaufgaben in einer Organisation sind:

- Selbstmanagement,
- Aufgabenmanagement
- Beziehungsmanagement

Die Themen und Entwicklungswege für das Coaching lassen sich nicht akademisch festlegen.

Aus der Biografie, der aktuellen Situation, den zukünftigen Anforderungen wird das Schlüsselthema erarbeitet, mit dem die Teamentwicklung beginnt.

Die Ressourcen für den Entwicklungsprozess liegen im Team. Im Coaching werden sie identifiziert, sichtbar gemacht, kommuniziert, die Aktivitäten auf die Stärken konzentriert.

Selbstmanagement

Das Team im Umgang mit sich selbst

Die Wirksamkeit von Teams ist so groß, wie es ihnen gelingt, die unterschiedlichen Kompetenzen der Einzelnen produktiv zu nutzen. Das ist für Pädagogen geläufig, denn es gilt ebenso für die Klasse und ist die Prämisse für alle kooperativen Lernformen im Unterricht. Team- bzw. Gruppenarbeit ist oft Bestandteil des Leitbildes der Schule, aber im Führungsteam wird es nicht gelebt. Das Wissen über kooperatives Lernen und der Umgang mit Heterogenität ist eine Ressource, die Schule anderen Organisationen voraus hat. Das Schulleitungsteam kann dies nutzen, Modell sein und Schlüsselfunktion wahrnehmen auf dem Weg zur Team-Schule.

Zentral für das Coaching ist, inwieweit das Team eine bewusste Wahrnehmung von sich selbst hat. Dazu muss sich das Team den Fragen stellen:

- Wie ausgeprägt ist das Empfinden, eine Gruppe zu sein? Oder sieht das Team sich eher als ein loser Verbund von Einzelkämpfern?
- Welches Klima herrscht im Umgang miteinander?
- Wie gestalten sich die Kontakt- und Beziehungsmuster?
- Sind die einzelnen Rollen und Kompetenzen im Team klar, akzeptiert, respektiert und werden sie genutzt?
- Wie offen bzw. bekannt sind die Werte und Überzeugungen der Einzelnen?
- Wie hoch ist die Identifikation mit dem Team?
- Gibt es Zielkonflikte mit eigenen Werten und Zielen und denen der Schule bzw. von Schule?

Das Team im Umgang mit seiner Führungsrolle

Der Umgang mit der Führungsrolle im System Schule ist äußerst vielschichtig.

Die Haltung zur Macht bewegt sich in einem Werte-Spannungsfeld zwischen Pädagoge sein und Führungskraft eines (sozialen) Unternehmens. Sie wird offen oder unausgesprochen, bewusst oder unbewusst eher skeptisch gesehen, bis negativ bewertet (von Lutzau 1999, S. 8).

Die Führungsrolle hat viele Gesichter. Die institutionellen Rahmenbedingungen sind der Führungsrolle nicht gerade förderlich. Schulleitungen werden die entscheidenden Führungskompetenzen, wie Entscheidung über Personaleinsatz und ein ausreichendes selbst verwaltetes Budget, nicht gewährt. In der Wirtschaft sind solche Beschränkungen ein beliebtes Instrument, nachgeordnete Führungskräfte in Abhängigkeit von der Zentrale zu halten. Für das Coaching bedeutet dies, sich mit dem Führen und Geführt werden, auseinanderzusetzen. Ohne vorhandene Entscheidungskompetenzen muss sich das Schulleitungsteam vor allem auf die persönliche Autorität stützen.

Es ist nicht einfach, die Rolle mit »naturgegebener« Autorität zu füllen, als Häuptling unter Häuptlingen, denn schließlich ist jede Lehrkraft selbst (pädagogische) Führungskraft in der Klasse.

Aufgabenmanagement

Prinzipiell hat das Aufgabenmanagement der Schulleitung die Balance zu wahren zwischen Struktur und Flexibilität des Systems.

- Welche Strukturelemente: Gremien, Lehrerkonferenzen, Jahrgangsteams, Projektteams, Qualitätszirkel, kollegiale Beratung usw. stehen zur Verfügung?

- Wie werden sie genutzt? Wie sind sie miteinander verzahnt? Wie sind die Schnittstellen gestaltet? Wie wird Transparenz geschaffen? Wie werden die Informationsflüsse gesteuert?
- Gibt es klar definierte Funktionsbeschreibungen? Sind die Aufgabenbereiche klar beschrieben und deutlich voneinander abgegrenzt? Sind solche Strukturelemente nur partiell vorhanden, verschwommen und verwischt, bröckelt die Säule der Stabilität?
- Wird der Gestaltungsspielraum der Einzelnen durch Verordnungen, Erlasse, Beschlüsse über den üblichen Rahmen, Stundentakt, Pausenregelung usw. hinaus eingeschränkt, bröckelt die Säule der Flexibilität?
- Ist die Aufgabenteilung im Team klar definiert und deutlich voneinander abgegrenzt?
- Haben die Teamsitzungen eine effiziente Struktur? Wie sind sie vorbereitet? Wie erfolgt die Ergebniskontrolle?
- Wie wird Transparenz hergestellt, wie werden die Informationsflüsse gestaltet?

(Fallner, Pohl 2001, S. 116ff.)

Beziehungsmanagement

Die Verknüpfung zwischen Organisationsstruktur und der Kultur des Umgangs miteinander ist eng. Man benötigt den Blick in die Biografie, in die historisch gewachsenen Beziehungsmuster. Das System hat Tendenzen in der Bewältigung von Anforderungen, wie ein Mensch.

Christoph Tomann hat mit seinen vier Grundstrebungen typische Dimensionen beschrieben, aus denen Persönlichkeiten in verschiedenen situativen Bedingungen handeln:

- Nähe-Distanz
- Dauer-Wechsel

(Tomann 2001, S. 220ff.)

Virginia Satir hat fünf Kommunikationshaltungen für das System erforscht, die den Bewältigungsmustern zugrunde liegen:

- Beschwichtigung und Bagatellisierung
- Anklage und Verteidigung
- Rationalisierung und Rechtfertigung
- Ablenkung und Diffusität
- Ausgewogenheit und Vernetzung

(Satir 1978, S. 98ff.)

Wer in den hier beschriebenen Bewältigungsmustern die für seine Schule typische nicht wiederfindet, dem sei eine weitere aus unseren Erfahrungen hinzugefügt: »Wegsehen«. Manchmal ist dies auch eine lebenserhaltende Ressource.

Drei Beispiele für Themenverknüpfung

Die folgenden drei Beispiele sollen veranschaulichen, welchen Weg der Prozess der Leitungsteams in der Themenverknüpfung durchlaufen haben.

Beispiel 1:
Sitzungsmanagement oder Agieren statt reagieren

Die Stärken- und Schwächen-Analyse hat einem Schulleitungsteam deutlich gemacht, dass es stets reagiert statt zu agieren. Das Team folgerte daraus, dass sich seine Arbeit erheblich verbessern würde, wenn die Teamsitzungen effektiver gestaltet wären. In der Folgezeit hat sich das Team bemüht, seine Sitzungen nach den Kriterien eines effektiven Sitzungsmanagements zu gestalten: arbeitsteilige Vorbereitung, Ergebniskontrolle, eine Tagesordnung nach durchdachten Prioritäten, Ergebnisprotokoll.

Vieles hat sich dadurch verbessert. Geblieben ist allerdings die Fülle an Besprechungsthemen, sodass zu Ende der Sitzungen ein Drittel der Punkte unerledigt blieb und auf die nächste Sitzung terminiert wurde. Die alten Fehler begannen sich wieder einzuschleichen. Bei der Prioritätensetzung nach den Kriterien Wichtigkeit und Dringlichkeit, wurde geschlampt. Das Tagesgeschäft bekam wieder Vorrang. Eine genauere Betrachtung der Aufgaben in der Zeitmanagement-Matrix (Covey 1988, S. 40) hat ein anderes Thema zutage gefördert: »Verantwortung übernehmen und abgeben können«.

Das Team hat sich stark verpflichtet gefühlt die Verantwortung für die gesamte Organisation Schule auf die eigenen Schultern zu nehmen.

Im Coaching wurde dann die Fähigkeit, Verantwortung abgeben zu können, gestärkt.

Lösungswege ergaben sich über die Fragen nach den Ressourcen:

- Welche Situation wurde erfolgreich bewältigt, in der ich Verantwortung gut abgeben konnte?
- Was waren dort die Voraussetzungen?
- Was brauche ich, um diese Voraussetzungen jetzt herzustellen?
- Wo sind in unserer Schule die Ressourcen, die solche Voraussetzungen erfüllen?

Gremien, Teams, Arbeitsgruppen Projekte, Kollegium, Verwaltung und Schulumfeld wurden untersucht. Es zeigten sich daraufhin unerwartete Möglichkeiten der Kooperation und vor allem der Delegation von Aufgaben.

Für den weiteren Prozess des Teams hat sich in der Folge eine neue Frage gestellt: Wie kann die Schulleitung die Beteiligungskultur im Kollegium fördern? Dies wird der nächste Schritt sein.

Beispiel 2:
Kommunikation im Team oder das Team ist mehr als die Summe seiner einzelnen Kompetenzen

Im Kontaktgespräch zum Coaching hat das Schulleitungsteam sich selbst dargestellt, als eine Versammlung von Einzelkämpfern. Jeder arbeitet für sich, die Arbeit der anderen bleibt intransparent, Erfolge werden nicht beachtet. Die Teamsitzungen sind zwar strukturiert, aber die Kommunikation ist asymmetrisch. Die Lösungen für anstehende Probleme erfolgen stets nach dem gleichen Muster: Delegation zurück zu den Verantwortlichen.

Das Team hat sich zum Einstieg in den Coachingprozess eine strukturierte Beobachtung einer Teamsitzung gewünscht. Aus dem Feedback des Coachs hat das Team für sich festgestellt, dass die asymmetrische Kommunikation das Hauptproblem darstellt.

Ein Ziel oberster Priorität sah das Team darin, die unterschiedlichen im Team vorhandenen Kompetenzen besser zu kennen, zu beachten und zur Lösung anstehender Aufgaben zu nutzen.

Das folgende Coaching befasste sich mit den unterschiedlichen Rollen, die im Team präsent sind. Es wurde eine »Landkarte« erstellt, der die vier typischen Grundbedürfnisse der Persönlichkeit, Nähe-Distanz, Dauer-Wechsel zugrunde gelegt waren.

Dieser Start in das Thema hat sich als äußerst fruchtbar erwiesen: Die Einzelnen haben mehr Klarheit über ihre Erwartungen an das Team, über ihre Kompetenzen im Umgang mit Beziehungen und Aufgaben und auch mehr Verständnis über die Vorstellungen der anderen Teammitglieder gewonnen. Dies sei im Rückgriff auf bekannte Rollenmuster veranschaulicht: Der Bedenkensträger gilt nicht mehr als »kleinkariert«, die Visionärin nicht mehr als abgehoben, die Schweigsame nicht mehr als entbehrlich. Mit diesem Ergebnis hat das Team zu mehr Identifikation gefunden und erreicht, dass für alte Probleme neue Lösungen gefunden wurden. Die Kompetenz des Team ist eben mehr als die Summe der Kompetenzen der Einzelnen.

Beispiel 3:
Die Führungsrolle oder vom Knecht zum Leader

Der Kontakt zur Schulleitung kam zustande, weil diese eine Unterstützung in einem aktuellen Konflikt zwischen Kollegium und Leitung suchte. Eine genauere Betrachtung der Situation ergab, dass die einzelnen Schulleitungsmitglieder von unterschiedlichen Teilen des Kollegiums angesprochen wurden. So sind Konkurrenzen im Schulleitungsteam entstanden.

Im Coaching wurde deutlich, dass im Team das Hauptmotiv für Führungshandeln war, sich gegenüber dem Kollegium zu legitimieren. Und das tat jeder auf seine Weise. Diese Unterschiedlichkeiten machten sich Kollegen zunutze, um ihre Anliegen, je nach Art, einmal bei diesem, einmal bei jenem durchzusetzen. So fühlte man sich in der Leitungsrolle eher als Knecht, die aktuellen Bedürfnisse des Kollegiums zu bedienen, denn als Führungskraft, die das schulische Geschehen richtungsweisend leitet.

Das Team setzte das Coaching zum Ziel, ein gegenseitiges Verständnis zu erreichen über die Haltung zur Macht und einen Konsens zu finden zu Grundsätzen und Prinzipien von Führung. Dies sollte in der Reihenfolge geschehen: Zuerst die Frage der Macht und der Rolle der Führung allgemein, bzw. in der Besonderheit des Systems Schule, dann die Klärung des Führungsleitbildes für das Team.

Im Schulleitungsteam haben die Einzelnen ihre Führungsrolle unterschiedlich beschrieben als:

- Lotse durch den Dschungel wachsender Anforderungen.
- Therapeutin, die die Dilemmas lösen hilft, die die Widersprüche der Schulpolitik hervorrufen.
- Prellbock, Feuerwehr, an dem das Tagesgeschäft hängen bleibt.
- Impulsgeberin, die mit dem Blick nach außen, das Profil der Schule vertritt und Innovationen anstößt.

Im Coaching wurde ein an den Persönlichkeiten der Einzelnen ausgerichtetes, gemeinsames, der Schule angemessenes Führungsleitbild entwickelt.

Resümee

Die drei Schulleitungsteams haben sich in ihrem Prozess in unterschiedlicher Weise und Reihenfolge auf den verschiedenen Ebenen des Systems bewegt.

Das erste Teams hat im Prozess über die Arbeit an den Strukturelementen des Teams (Sitzungsmanagement) die Thematik zunächst verschoben auf die Ebene des Beziehungsmanagements, die Frage nach der Kultur im Team. In der Folge entstand das Vorhaben, für die Schule mehr »Beteiligungskultur« herzustellen.

Das zweite Team hat sich nach der Rollenklärung im Team selbst ein neues Thema auf der Ebene der Strategie gewählt: »Mehr Team für die Schule, mehr kooperatives Lernen für die Klasse« und arbeitet konkret an der Vorbereitung einer pädagogischen Konferenz zu diesem Thema.

Das dritte Team hat nach der Entwicklung des Führungsleitbildes in seinem Prozess den Focus gelegt auf Strukturelemente der Leitungstätigkeit: »Grenzen setzen, Regeln vereinbaren im Umgang miteinander, Verbindlichkeiten herstellen«.

Vorstellungskraft und Fantasie nutzen

Ebenso entscheidend wie die individuellen Themenverknüpfungen für die Entwicklung einzelner Teams sind die Methoden.

Meist werden zur Lösung von Problemen und Anliegen kognitive, analytische Methoden gesucht und angewendet. Denn Schule ist vorwiegend eine Veranstaltung der linken Gehirnhälfte. Das hilft nur partiell weiter. Ideen über Organisationen beruhen immer auf Vorstellungen, auf inneren Bildern, die uns veranlassen Situationen zu sehen, zu verstehen, zu managen (Morgan 1998, S. 245ff.).

Die analytischen Verfahren berühren diese inneren Bilder nicht und belassen das Denken in alten Bahnen (Pohl, Braun 2004, S. 56).

Es ist aber unmöglich, neue Wege zu gehen und das Denken in alten Bahnen zu lassen. Deshalb arbeitet das Coaching zusätzlich und vorwiegend mit analogen, bildhaften Verfahren: mit Metaphern, Imaginationen, kreativen Medien, Organisationsaufstellungen, Szenarien und Zukunftswerkstätten.

Eine Anleitung zur Selbstreflexion

Im Folgenden werden drei Beispiele aufgegriffen, die so oder in anderer Form typische, häufig vorgebrachte Anliegen von Schulleitungen im Coaching sind. Sie werden hier so dargestellt, dass sie einem bestimmten Fragemuster folgen, das geeignet ist, das Anliegen aus verschiedenen Perspektiven zu betrachten und so auf eine Lösung hinführen.

Die Arbeit mit dem Anliegen geht von einer Prämisse aus:

Ich kann eine Situation nur verändern, wenn ich mein eigenes Handeln verändere. Wenn ich all meine Kraft investiere, das Verhalten einer anderen Person oder die Haltung einer Personengruppe (Kollegium) zu ändern, durch Überzeugung, Appelle, durch Druck oder Drohungen, werde ich mich »verkämpfen«, ausbrennen, ohne je das gewünschte Ergebnis zu erreichen. Das Gleiche gilt für Leitungsteams.

Wird z. B. Unverbindlichkeit oder mangelnde Eigenverantwortung im Kollegium beklagt, kann das nur verändert werden, indem das Leitungsteam selbst in dieser Weise handelt. Auch ein Leitungsteam kann »ausbrennen«, wenn all seine Mitglieder, und sei es auch mit »feurigen Zungen«, aber individuell und jeder für sich, Schulentwicklung betreibt.

Im Coaching werden Fragen zur Reflexion des eigenen Handelns in der vorgetragenen Weise gestellt. Solche Fragen sind:

- Wie sieht die Situation aus? Wie handle/handeln ich/wir üblicherweise?
- Welcher Anteil an meinem/unserem Handeln könnte dazu führen, die Situation noch zu stabilisieren?
- Welche anderen Möglichkeiten des Handelns gibt es stattdessen noch?
- Was brauche ich, um diese neuen Wege beschreiten zu können?

Diese Form der Auseinandersetzung mit der Situation erfordert zwar eine hohe Bereitschaft sich kritisch infrage zu stellen, ist aber weniger belastend und führt auf jeden Fall zu einer veränderten Situation.

Den Beispielen anhängend sind jeweils Instrumente aufgeführt, die die Leitungsteams im Zusammenhang mit ihrem Anliegen einsetzen könnten.

Die Instrumente werden hier nicht dargestellt. Um sie einzusetzen, ist jeweils die Literatur angegeben, wo dieses Instrument zu finden ist.

Empfehlung: Fast jede Übung aus dem Repertoire des kooperativen Lernens ist auch für Teamentwicklung bzw. zur Selbstreflexion von Teams geeignet.

Beispiel 1:
An mir als Schulleitung bleibt alles hängen.

»Die Kollegen sind nicht eigeninitiativ. Schon wenn ich auf dem Parkplatz ankomme, werde ich von den Kollegen mit Problemen, die ich erledigen soll überschüttet. Dann sind schon meine Vorhaben für den Tag hinfällig, ebenso die Planungen für die Schulleitungssitzung, die heute stattfinden soll.«

Die Teamsitzungen werden dementsprechend üblicherweise bestimmt durch ein Sammelsurium an dringend zu erledigenden Aufgaben. Die wichtigen Fragen, Weiterentwicklung des Schulprogramms, Evaluation der Teamarbeit, eigene Fortbildungen usw. werden wie immer verschoben.

Um sich von dringlichen, aber nicht wichtigen Alltagsproblem zu entlasten, müsste delegiert werden. Delegation und klare, verbindliche Aufgabenteilung sind ein Paar Schuhe. Das ermöglicht Grenzen zu ziehen und Aufgaben in die Eigeninitiative der Kollegen zurück zu verweisen.

Welche Fragen können wir dazu stellen, um eine Lösung zu finden?

Fragen zur Situation und Struktur	Fragen zur eigenen Person	Fragen nach dem Veränderungsbedarf
Ist klar beschrieben, vereinbart und transparent • welche Aufgaben, die einzelnen Lehrpersonen selbst zu erfüllen bzw. zu lösen haben? • welche Gremien, Teams und sonstige Mitarbeiter sich womit befassen? • wer im Leitungsteam wofür zuständig ist? Gibt es ein vereinbartes Regelwerk für Sitzungen im Leitungsteam? Gibt es Konsens über die wesentlichen Aufgabenbereiche von Leitung? Gibt es Prioritäten und ein vereinbartes Zeitmanagement?	Wie stark ist mein Bedürfnis stets einen reibungslosen Ablauf zu haben? Wie stark sind meine Überzeugungen, dass es stets der schnellere Weg ist, die Dinge selbst zu erledigen? Wie sehr wünsche ich mir, möglichst den Erwartungen aller zu entsprechen? Wie weit ist meine Fähigkeit ausgeprägt NEIN zu sagen? Wie viel Kompetenz abzugeben, kann ich ertragen? Wie viel Verlust an Qualität könnte ich, zu meiner Entlastung, hinnehmen?	Was brauche ich für meine Person? Die Bestätigung, dass • ein NEIN auch Klarheit und Orientierung schafft. • andere als meine Wege zur Lösung ebenso gut sind. • eine nicht so perfekte Lösung, ein nicht so reibungsloser Ablauf leichter zu ertragen ist als ständige Überforderung. Was brauche ich für die Struktur? Klare und für das Kollegium transparente Aufgabenteilung im Team. Vorbereitete, vom Ablauf her strukturierte Teamsitzungen mit verbindlichen Ergebnissen.

Welche Instrumente könnten für dieses Leitungsteam hilfreich sein, um an der Verbesserung ihrer Situation zu arbeiten:

- Zeitmanagement-Matrix (Covey 1998, S. 40)
- Verfahren zur Aufgaben- und Rollenverteilung (Eck 1980, S. 209)
- Kriterien für die Delegation von Aufgaben (Miller 2003, S. 129)

Beispiel 2:
In unserem Team wurschtelt jeder für sich

»Niemand fühlt sich im Team richtig wohl. Nur gelegentlich gibt es mal eine gute Kooperation mit der einen oder dem anderen. Respektieren, ja, aber richtiges Vertrauen zueinander haben wir nicht.«

Die Teamsitzung ist verkümmert zu einer Info-Veranstaltung über die zu bewältigenden Aufgaben. Absprachen zu Unterrichts- und Entwicklungsfragen werden außerhalb des Teams zwischen einzelnen Personen abgesprochen.

Ergebnisse erfährt man, wenn überhaupt, nur zufällig. Es gibt Untergruppen im Team und Einzelgänger.

In der Kommunikation treten häufig Missverständnisse auf, die zu Konflikten führen. Anstelle von konstruktiver Kritik gibt es häufig Schuldzuweisungen und hohe Empfindlichkeiten.

Teamarbeit und Unterschiedlichkeit gehören zusammen, wie Kopf und Zahl einer Münze. Weit verbreitet ist dagegen der Wunsch, alle Teammitglieder mögen so sein wie ich selbst: meine Werte haben, meine Prinzipien, meine Ansprüche an Qualität, mein Konfliktverhalten usw. Die Illusion der Homogenität ist nicht nur spezifisch für Schule, aber gerade dort typisch. Möglicherweise, weil gerade die Schulpolitik auf Homogenität in den Klassen ausgerichtet ist. Bei kooperativen Lernformen, die angestrebt sind, ist dies für die Klasse ebenso falsch wie für ein Team. Eine der vielen Widersprüche der Schulpolitik. Interpretation der Schülerpersönlichkeit (Annahmen) und Bewertung der Leistung (Urteile) sind die geforderten Prinzipien pädagogischen Handelns, im Team unter Kollegen werden sie zum Stolperstein.

Für das Team ist es wichtig, die Unterschiedlichkeit der anderen Teammitglieder positiv zu erleben. Wege zu einem produktiven Miteinander sind vor allem der Dialog, Verständigung über Ziele, Konsens herstellen und Konflikte nicht scheuen. (Ellinor; Gerard 2000, S. 59ff.)

Zur Klärung der Situation wären folgende Fragen hilfreich:

Fragen zur Situation und Struktur	Fragen zur eigenen Person	Fragen nach dem Veränderungsbedarf
Gibt es gemeinsame Ziele für die Schule?	Wie weit bin ich bereit, meine Werte zu veröffentlichen?	Was brauche ich für meine Person?
Gibt es Sicherheit darüber, dass unter den offiziellen Zielen alle das Gleiche verstehen?	Wie offensiv kann ich mit Konflikten umgehen?	Mehr Informationen über die anderen Personen:
Sind die Ziele miteinander verhandelt und vereinbart?	Wie stark ist mein Bedürfnis nach »Privatsphäre«?	• ihre Erwartungen • ihre Kompetenzen
Gibt es Klarheit über die Erwartungen der anderen Schulleitungsmitglieder?	Wie gut kann ich andere Positionen aushalten bzw. stehen lassen?	• ihr Umgang mit Problemen und Konflikten • ihre Wertevorstellungen
Gibt es Klarheit über die unterschiedlichen Kompetenzen im Team?	Wie weit bin ich gekränkt, wenn jemand meine Position nicht annehmen kann?	Was brauche ich für die Struktur?
Gibt es vereinbarte Regeln für den Umgang miteinander?	Wie festgelegt ist mein Bild vom Anderen?	• Konsens über Ziele • Rollenteilung nach unterschiedlichen Kompetenzen • Regelvereinbarungen

Instrumente, die im Team eingesetzt werden könnten, um das Miteinander zu verbessern:

– Die vier Grundstrebungen (Tomann 2001, S. 220ff.)
– Feedbackverfahren zur Rollen (Covey 1998, S. 137ff.; Miller 2003, S. 130)
– Regelvereinbarung
– Konsensverfahren (Brünig, Saum 2006, S. 94)

Beispiel 3:
Ich glaube, ich bin zu schnell

Eine didaktische Leiterin beklagt sich darüber, dass eine Steuergruppe, die sich zwar ad hoc bereitwillig gebildet hat, die Arbeit engagiert begonnen hat, nun aber keine Ergebnisse zeigt.

Die Schulleitung hatte beschlossen, ein Konzept zur Verbesserung der Qualität des Unterrichts zu entwickeln. Die didaktische Leitung wurde beauftragt, den Prozess in Gang zu setzen. Sie hat ein Konzept erarbeitet, wie ihre pädagogischen Ziele für die Schule in den Unterricht zu integrieren sind.

Es geht ihr darum, dass dies konkreter zu fassen ist, mit Aufgaben und Verbindlichkeiten zu versehen ist. Die Steuergruppe soll dafür Sorge tragen, das Konzept im Kollegium zu kommunizieren und umzusetzen.

In der Steuergruppe wurde anfänglich engagiert, auch kontrovers, über die Ziele, die dem Konzept zugrunde liegen, seinem Nutzen und Wert für die Unterrichtspraxis diskutiert. Dies hat mehrere lange Sitzungen in Anspruch genommen. Schließlich konnte selbst der Anlass, warum die Steuergruppe überhaupt gebildet wurde, nicht mehr nachvollzogen werden. Ebenso unklar waren die Schnittstellen zu der Arbeit der anderen Teams, Fachgruppen, Schulentwicklungsausschuss usw. Infolgedessen erlahmte das Engagement bald und die Steuergruppe zerfiel.

Was ist schief gelaufen? Die didaktische Leiterin ist in der Tat zu schnell. Aber nicht, weil die Kollegen zu langsam sind. Das Pferd wurde von hinten aufgezäumt. Nicht den Weg (das Konzept) vorzugeben, ist Aufgabe von Führung, sondern die Ziele so konkret wie nötig zu beschreiben und den Anlass der Arbeit transparent und nachvollziehbar zu machen. Die Konzeptentwicklung muss im Gestaltungsspielraum der Gruppe liegen. Sonst verzettelt sich das Team in der Diskussion, die Ziele hinter dem Konzept zu finden.

Was könnte getan werden, um eine strukturierte Arbeit und ein dauerhaftes Engagement in der Steuergruppe zu ermöglichen.

Welche Fragen muss sich die Leitungskraft bzw. das Leitungsteam im Vorfeld stellen?

Fragen zur Situation und Struktur	Fragen zur eigenen Person	Fragen nach dem Veränderungsbedarf
Sind die Ziele und Aufgaben der Teams und Gruppen klar beschrieben?	Wie stark ist mein Bedürfnis, konzeptionelle Arbeit zu leisten?	Was brauche ich für mich als Person?
Ist der Stand der jeweiligen Arbeit der Teams und Gruppen im Kollegium allgemein bekannt?	Wie weit kann ich andere Wege zum Ziel ertragen?	Mehr Zurückhaltung und mehr Neugier auf die Lösungen Anderer.
Gibt es institutionell festgelegt Gelegenheiten, bei denen regelmäßig die Arbeit der Teams und Gruppen dargestellt wird?	Wie stark interessieren mich die Werte und Ziele meiner Kollegen? Wie stark ist mein Bedürfnis, die Begründungen dafür zu erfahren?	Das Gefühl, dass es befriedigender sein kann, ein »perfektes« kleines Ergebnis zu haben, als einen unvollständigen großen Schritt zum Ziel hin getan zu haben.
Gibt es ein übergreifendes Gremium (Vertreter der Gruppen), in dem die Ergebnisse miteinander abgestimmt werden?	Wie »verliebt« bin ich in mein Konzept?	Längeren Atem und kleine Schritte feiern.
Wie werden diese Arbeiten in die Leitungsarbeit der Schule integriert?	Wie weit kann ich mich bei konzeptioneller Arbeit zurückhalten?	Was brauche ich für die Struktur? Mehr Kooperation mit anderen Leitungsmitgliedern.
	Wie gut kann ich es aushalten, nur kleine Schritte zu meinem Ziel hin zu tun?	Mehr regelmäßige Informationen über den Stand der Arbeit der Teams und Gruppen.

Instrumente, die im Team eingesetzt werden könnten:

Feedback-Verfahren zu Aufgaben und Rollenverteilung (Eck 1980, S. 209)

Wie findet man den richtigen Coach?

Adresslisten, Homepages von Supervisoren und Coachs gibt es zahllose. Suchkriterien, um die Wahlmöglichkeiten einzuschränken wären:

- Die ausgewiesene Feldkompetenz. In der Homepage der betreffenden Person sollte ein Hinweis auf Beratung von Schulen sein oder Sie suchen direkt auf den Homepages von Instituten der Lehrerfortbildung.
- Der Hinweis auf eine einschlägige Ausbildung durch die Zugehörigkeit zum Berufsverband der Supervisoren (hier die DGSv), denn der Titel Supervisor oder Coach ist nicht geschützt.

Diese beiden Kriterien sind natürlich nicht ausreichend, auch wenn sie schon ein wenig eingrenzen.

Coachen ist Beziehungsarbeit und deshalb muss in erster Linie die »Chemie« stimmen.

Der Coach hat die Rolle des Klärungshelfers. Er überschüttet nicht mit Ratschlägen, er weiß und zeigt nicht den besten Weg, der auf alle Situationen passt. Er hilft die Situation aus einer neuen, als der bisher gewohnten Perspektive zu sehen, eigene Kompetenzen zu finden und das Problem auf eigene Weise zu lösen.

Suchen Sie den richtigen Coach, dann achten Sie darauf, dass dieser aus der Rolle des Klärungshelfers heraus handelt. Nutzen Sie dazu die meist angebotenen Kontaktgespräche. In diesem Gespräch, in dem Sie Ihre Situation und Ihr Anliegen vortragen, sollte es darum gehen, das Ziel für das Coaching zu präzisieren.

Literatur

Brüning, L. & Saum, T. (2006):Erfolgreich unterrichten durch kooperatives Lernen. Essen

Covey, St. (1998): Sieben Wege zur Effektivität. München

Eck, C. D. (1980): Rollencoaching. In: G. Fatzer: Supervision und Beratung, Köln

Ellinor, E. & Gerard, G. (2000): Der Dialog im Unternehmen. Stuttgart

Fallner, H. & Pohl, M. (2001): Coaching mit System. Opladen

Fischer-Epe, M. (2005): Coaching – Miteinander Ziele erreichen. Hamburg

Graf-Götz, F. & Glatz, H. (1999): Organisation gestalten, Weinheim

Königswieser, R. & Exner, A. (1998): Systemische Intervention, Stuttgart

von Lutzau, M. (1999): Wie Schulleiterinnen ihre Rolle sehen und wie sie mit Macht umgehen. In: Lernende Schule, Heft 8, S. 8

Miller, R. (2003): Selbstcoaching für Schulleitungen. Basel

Morgan, G. (1998): Löwe, Qualle, Pinguin. Stuttgart

O'Connor, J. (1999): Führen mit NLP. Freiburg

Pohl, M. & Braun, M. (2004): Vom Zeichen zum System. Waltrop

Satir, V. (1978): Selbstwert und Kommunikation. München

Senge, P. M., Kleiner, A., Smith, B., Roberts, Ch. & Ross, R. (1996): Fieldbook zur 5. Disziplin, Stuttgart

Tomann, Ch. (2001): Vier Grundstrebungen. In: Friedemann, Ch.; Schulz von Thun, F.: Klärungshilfe. Reinbek

Watzlawick, P. (2005): Münchhausens Zopf. München/Zürich

Von der Vision zur konkreten Umsetzung im Team

Heidrun Lotz

Die Vision ist Herzstück und Ausgangspunkt für jede Schulentwicklung. Zwar stehen zunächst oft Fragen und Anliegen aus anderen Bereichen der Schulorganisation im Vordergrund, dennoch kann und sollte die Vision der Schule Bestandteil der Reflexion sein.

Eine Schule, deren Leitbild die »Teamschule« war, hat sich zum Beispiel eine Evaluation der Arbeit der letzten Jahre gewünscht. Im Laufe der Zeit waren einige Teams auseinandergefallen, andere sind zusammengewachsen, wenige Teams haben noch miteinander kooperiert. Es gab sich mehrende Stimmen im Kollegium, die das Leitbild nicht mehr angemessen fanden. Die Beratung haben wir mit der Vision eines gut funktionierenden Teams begonnen und es sind Lösungen gefunden worden, um das alte Leitbild mit neuem Leben zu füllen.

In einer anderen Schule hat das Schulleitungsteam Hilfe gesucht, um aus der Krise eines »kuscheligen« Miteinanders zu produktiver, gemeinsamer Arbeit zu gelangen. Alle haben sich respektiert und waren sich menschlich wohl gesonnen und nah. Aber es gab keine »wirkliche« Zusammenarbeit. In der Beratung wurde aufgedeckt, dass ihnen ein gemeinsames »Bild« fehlte. Es gab keinen einigenden Nenner, der ihre unterschiedlichen Funktionen und Aufgaben miteinander verzahnte.

Absicht dieses Beitrags ist es, mögliche Wege und Methoden vorzustellen, mit denen ein kreativer Entwicklungsprozess angestoßen werden kann. Mit diesen Methoden können die Ebenen des anschaulichen, bildhaften Denkens aktiviert werden. Sie regen die affektiven und zunächst nicht die kognitiven Bereiche der Persönlichkeit an. Denn ein prozesshaftes Vorgehen muss offenbleiben und liefert bewusst am Anfang keine vorhersehbaren Ergebnisse. Die Bilder und Vorstellungen, die im Prozess entstehen, werden auf der kognitiven Ebene reflektiert »übersetzt« und liefern dann die konkreten Strategien und Pläne für die Umsetzung. Die Vision der Schule kann Thema einer Veranstaltung zu Beginn eines Schulentwicklungsprozesses sein, zum Beispiel bei einer Schule, die sich in der Gründungsphase befindet oder auch einer Schule, die eine Neuorientierung anstrebt. Die Arbeit mit inneren Bildern und Vorstellungen hat aber auch Platz in jeder Teamsitzung, Konferenz und Fortbildung. Sie ist immer ein fruchtbarer Einstieg, gleich welches Anliegen oder welche Thematik behandelt werden sollen.

Vision und Schulentwicklung

Wie die Architektur jeder Organisation, besteht auch die Schule aus den drei klassischen Elementen: Strategie (Vision/Leitbild) – Struktur – Kultur.

Die Vision ist ein Bild von der erhofften Zukunft. Sie ist ein Zukunftsbild, das wir für unser eigenes Leben sowie für die Organisation, in der wir arbeiten, entwerfen. Sie ist ein inneres Bild, ausgedrückt in einer Metapher. In ihr malen wir uns den vorgestellten Zweck der Organisation aus, den Sinn, den die Organisation in unserem eigenen Leben und im gesellschaftlichen Ganzen erfüllen soll. Die Vision zeigt uns die Richtung, in die wir gehen wollen. Sie setzt uns im Dschungel der Alltagsprobleme immer wieder auf den höchsten Baum, damit wir das Dorf, in das wir wollen, nicht aus den Augen verlieren.

Die Vision enthält unsere Wertvorstellungen, die wir unserem Handeln zugrunde legen. Sie ist tief im Unterbewusstsein verankert (und oft schwer erkennbar), enthält Vorstellung darüber, auf welche Weise wir mit anderen das erhoffte Bild der Zukunft erreichen wollen.

Zukunft kann es nicht geben ohne Geschichte. Die Vision der Schule ist verbunden mit der Auseinandersetzung über die individuelle Biographie der Schule.

Das Leitbild entsteht aus den Ähnlichkeiten der Visionen der Einzelnen und drückt die Gemeinsamkeit aus, bezogen auf den Zweck der Organisation und die miteinander geteilten Wertvorstellungen. Das Leitbild ist die versprachlichte Metapher der Vision, ein Satz, der die gemeinsam getragene Idee der Zukunft ausdrückt, z. B.:

Unsere Schule ist ein Ort, in dem Lernen Freude macht.
Unsere Schule verbindet Freiräume und Verantwortung.
Unsere Schule versteht Vielfalt als Reichtum.
Gemeinsam Lehren und gemeinsam Lernen!
Wir sind eine Schule, an der alle mitwirken.

Die Struktur der Schule beschreibt die organisatorischen Abläufe. Sie bestehen aus den festgeschriebenen Verantwortlichkeiten und Zuständigkeiten, wie sie sich im Organigramm, hierarchisch und vernetzt, darstellen lassen:

Schulleitung, Jahrgangsteams, Fachleitungsteams, Organisationsteam, Sekretariat, Gremien usw. Im organisatorischen Ablauf sind die Aufgaben und Rollen der Einzelnen und der Teams beschrieben, sowie die Fächerzuordnungen, die Funktionszuordnungen, wie z. B. Klassenlehrer, Beratungslehrer, Streitschlichter usw. Hier sind die turnusmäßigen festgelegten Konferenzen und Treffen erfasst und auch die verbindlichen Regeln, soweit vorhanden, z. B. die Maßnahmen bei Verstößen gegen die Schulordnung u. a.

Die Kultur beschreibt das psychosoziale Miteinander, die Art und Weise, wie die Lernbeziehung zur Schülerschaft und die Arbeitsbeziehungen im Kollegium gestaltet sind. In der Kultur drückt sich das »Klima« aus, das die Schule beherrscht, Vertrauen oder Misstrauen und Kontrolle, Akzeptanz und Respekt oder Konkurrenz, Leistungsdruck oder freie Gestaltungsräume. Dahinter verbirgt sich oft unbewusst, meist unausgesprochen das Menschenbild, das Schülerbild, das die Einzelnen in sich tragen. Bilder, Vorstellungen, die einem »positiven« Klima zugrunde liegen, können sein:

Kinder wollen grundsätzlich immer lernen.
Jedes Kind ist individuell und kompetent.
Kinder brauchen Vorurteilsfreiheit und Vertrauen.
Selbstwirksamkeit fördern ist zentrales Anliegen der Erziehung.
Kinder wollen Wahl- und Entscheidungsmöglichkeiten.
Schulalltag kann nur gemeinsam bewältigt werden.
Im Nutzen der Vielfalt der Einzelnen liegt der Erfolg.
Unterschiedliche Perspektiven bringen grundsätzlich bessere Lösungen.

Eine kleine Übung, wie man über die vorherrschenden Menschenbilder in einen Dialog treten und einen Konsens herstellen kann, finden Sie in der Arbeitshilfe 1.

Das Wechselspiel der drei Elemente

Die Persönlichkeit der Schule zeigt sich darin, wie diese drei Dimensionen geprägt sind und in welcher Dynamik sie zueinanderstehen.

Gibt es zu viel Struktur, sind oft wenig Freiräume für die Gestaltung von Visionen vorhanden.

Gibt es zu viel »schlechte« Kultur (Kuschelteams, Misstrauen, Konkurrenz, Einzelkämpfertum, Mobbing), ist wenig Struktur und kein Freisein für Visionen vorhanden.

Gibt es keine gemeinsame Vision, verliert sich die Schule in reaktivem Handeln.

Es kommt darauf an, dass die drei Elemente in einem guten Gleichgewicht zueinanderstehen. Fallner und Pohl sprechen von zwei Grundpolaritäten eines Systems: Stabilität und Flexibilität. Das System muss gewährleisten, dass diese beiden Grundpolaritäten in Balance zueinanderstehen (Fallner, Pohl 2001, S. 116).

Für die Stabilität stehen die Struktur und die wohlgeordnete, planvolle Vorgehensweise. Für die Flexibilität steht der Prozess, die ständige kreative Auseinandersetzung mit sich verändernden Bedingungen. Für beides muss genügend Raum sein: für das planvolle Vorgehen und auch für Kreativität und Prozessdenken.

Prozessdenken und Kreativität

Die Bedeutung der inneren Bilder für die Vision

Was sind innere Bilder?

Wir alle tragen Selbstbilder, Menschenbilder und Weltbilder in unseren Köpfen herum. Wir haben eine Vorstellung davon, was ein schöner Urlaub ist, wie sich gute Musik anhört, was ein angenehmer Mensch ist oder ein gut funktionierendes Team. Innere Bilder sind Vorstellungen. Sie bestehen aus bereits vorhandenen Sinneseindrücken und Erfahrungen. Sie werden in unserer Vorstellung zu einem ganzen Bild mit visuellen, auditiven, taktilen, kinästhetischen und emotionalen Qualitäten. Die inneren Bilder sind unsere handlungsleitenden Orientierungen. Sie haben die Funktion eines inneren Plans, der unser Handeln organisiert und strukturiert. Danach bewerten wir, was wir wahrnehmen, beurteilen, was und wer uns begegnet, und wir entscheiden, auf welche Weise wir darauf reagieren. Dabei greifen wir auf Handlungsmuster zurück, die sich in solchen Situationen bewährt haben.

Welchen Einfluss haben innere Bilder?

Innere Bilder besitzen große Macht in unserer Lebensgestaltung.

In vielen Biografien erfahren wir, welche Macht Kindheitsbilder für die Zukunft eines Menschen haben. So soll Einstein sich als Kind oft fliegend in den Weltraum geträumt haben. Tatsächlich hat er sich zeitlebens mit dem Phänomen von Raum und Zeit beschäftigt. Leonardo da Vinci hat sich schon als Kind in seiner Vorstellung als berühmter Maler gesehen und den Weg dorthin nie verlassen.

Ein eindrucksvolles Beispiel beschreibt Gerald Hüther in seinem Buch »Die Macht der inneren Bilder« (Hüther, 2004, S. 105ff.).

Er begegnet einem erfolgreichen Unternehmer im Zug. Das Gespräch lenkt sich auf die Theorien der Bindungsforschung. Der Unternehmer kritisiert die Ergebnisse mit dem Verweis auf sein eigenes Schicksal. Er ist elternlos aufgewachsen, von einem Kinderheim in das nächste verwiesen worden, galt als schwer erziehbares Kind. Dennoch kann er einen sehr erfolgreichen Berufsweg vorweisen. Hüther fragt verblüfft: »Irgendein positives Erlebnis muss es doch in Ihrer Kindheit gegeben haben, das Sie so stark gemacht hat.« Der Unternehmer bejaht dies. Nur eine kurze Zeit in seinem Schulleben sei er einem Lehrer begegnet, der ganz anders als all die anderen war. »Er war der erste Mensch, dem ich bis dahin begegnet war, der mich wirklich angeschaut und mich – so wie ich war – einfach angenommen hat«. Das Bild von diesem Lehrer hat er sein Leben lang in sich getragen. Es hat ihn damals auf ein neues Gleis gesetzt und seinem Leben die Richtung gegeben.

Wie lassen sich innere Bilder aktiv nutzen?

Innere Bilder wirken meist unbewusst. Wir wissen um ihre Wirkung, dennoch setzen wir die Vorstellungskraft eher selten ein, um unser Leben zu gestalten. Wir benötigen dazu Hilfe. Einige Professionen machen sich die Kraft der inneren Bilder zunutze. Im Sport wird mentales Training mit realem Training verbunden. Die Ergebnisse dieser Verbindung sind doppelt so effektiv wie traditionelles Training. Heilung in der Therapie und Lösungen in Supervision und Organisationsentwicklung werden erfolgreich durch die Arbeit mit »mentalen Modellen« erreicht. (vgl. Senge 1996, S. 27 ff.).

Gelenkte Phantasien werden in Seminaren und im Unterricht eingesetzt, um Problemlösefähigkeit und Kreativität zu fördern (vgl. Fatzer 1993).

Fatzer schreibt: »Phantasie ist ein Tor zu unserer inneren Welt.« (Fatzer 1993, S. 84). Phantasie hat den Vorteil Perspektiven einzunehmen und leben zu lassen, die uns das rationale Denken verbietet. Stellen Sie sich vor, sie befinden sich im Herzen eines Schülers oder Sie sind Teil einer Blume. Das rationelle Denken setzt Grenzen von Raum und Zeit. Die Phantasie erlaubt andere Perspektiven.

»Da Phantasien der rechten Hemisphäre des Gehirns entstammen, verbinden sie die Ressourcen beider Gehirnhälften.« (Fatzer 1993, S. 85) Wird die rechte Gehirnhälfte aktiviert, werden die Grenzen, die Blockaden der linken Hemisphäre zunächst gebrochen. Es entstehen neue Verbindungen zwischen den Bereichen, affektive Prozesse werden mit eingeschlossen. Es entstehen neue Wege, neue Lösungen. »Man kann Phantasie nicht erzwingen, wohl aber trainieren. Man kann Bedingungen schaffen, die es erlauben, dass Bilder von der linken Hemisphäre das Bewusstsein erreichen.« (Fatzer, 1993, S. 86)

Neues entsteht nur über das Denken des Undenkbaren. Wenn wir zu dem Undenkbaren gelangen möchten, müssen wir die kognitive Ebene, die unser Denken gewohnheitsmäßig bestimmt, zunächst verlassen. Wir müssen zurückgehen auf die Ebene des anschaulichen Denkens in Bildern, Metaphern, Symbolen.

Das Entstehen einer Vision braucht Freiräume

Damit sind nicht nur Zeiträume und Räumlichkeiten gemeint, sondern auch Räume auf symbolischer Ebene. Es muss mehr Raum geschaffen werden für Flexibilität, Innovation und für Ideenvielfalt, es sollte größere Spielräume für kreative Aktivitäten und mehr Entscheidungsfreiraum geben. Es gehört auch dazu, die Achtsamkeit zu richten auf ein Freimachen von inneren Ansprüchen und Antreibern aus dem Alltagsgeschehen.

Watzlawick unterscheidet zwischen analogem und digitalem Denken. Unter analogem Denken versteht er das anschauliche Denken in Bildern und Metaphern. Digitales Denken ist Denken in Sprache und Zeichen, also die verbale

Ebene (vgl. Watzlawick u. a. 2001). Die analoge und die digitale Ebene sind miteinander verbunden. Unserer Sprache unterliegen oft Bilder. Zum Beispiel drückt sich in unserer Sprache Raum aus. Wir sagen: Wir sind von einer Nachricht niedergeschlagen, ein Ereignis versetzt uns in Hochstimmung, Anerkennung beflügelt uns.

Für die Kommunikation bedeutet dies, dem analogen, bildhaften Denken und Verstehen mehr Platz gegenüber dem üblicherweise vorwiegenden digitalen Denken und Verstehen zu geben. Diese Polarität wird auf einer anderen Ebene beschrieben in der Unterscheidung zwischen affektiven und kognitiven Denkprozessen. Dies legt nahe, in unserer Kommunikation eine Verschiebung zu suchen, ein Stück weg von den vorherrschenden kognitiven, mehr hin zu affektiven Prozessen.

Möglichkeiten für Freiräume sollten im Schulalltag institutionalisiert sein. Beispiele sind informelle Treffen, die zum festen Bestandteil der Teamstruktur gehören, oder ein Schulleitungsteam, das sich regelmäßig vor Klausurtagungen einen »kreativen Tag« gönnt.

So erzählte mir zum Beispiel eine Schule, dass ihr Entwicklungsweg zur Reformschule damit begonnen hat, eine Gruppe zu bilden, die sich »Die Träumer« genannt hat. Die Ergebnisse der Träumereien fließen bis zum heutigen Tag in die Arbeit der bestehenden Gremien und Teams ein.

Alle Beispiele der nächsten Abschnitte sind dazu geeignet, sie in einer pädagogischen Konferenz oder einer Teamsitzung zu Beginn oder auch im Verlauf zu einer bestimmten thematischen Sequenz einzusetzen. Das muss nicht immer mit professioneller, supervisorischer Beratung geschehen. Es gibt an jeder Schule Lehrkräfte aus den künstlerischen Fächern, die behilflich sein können, solch einen kreativen Prozess zu moderieren.

Von der Vision zum Leitbild

Wenn wir im Team gemeinsam eine Vision erschaffen wollen, ist die erste Voraussetzung sich für kreatives Denken einen Freiraum zu schaffen.

Ich möchte im Folgenden Möglichkeiten vorstellen, wie man beginnen kann:

Erster Schritt:

- Imaginieren: über gelenkte Phantasien zu einer Metapher gelangen. Dies gelingt über eine Fantasiereise oder mithilfe kreativer Medien.

Zweiter Schritt:

- Gemeinsamkeiten entdecken, Identifikation schaffen über einen Dialog, über Ähnlichkeiten und Unterschiede der Metaphern der Einzelnen.

- Die Bilder, Metaphern »übersetzen«, von der analogen Ebene ausgehend, auf der digitalen Ebene beschreiben, das Unstrukturierte, Bildhafte in eine kognitive Struktur bringen.
- Den Leitgedanken formulieren, der gemeinsam getragen werden kann.

Dritter Schritt:

- Die Strategie für die Schulentwicklung oder den Veränderungsprozess für das Team entwerfen.

Die Imagination

Ob es um die Fragen einer Veränderung der organisatorischen Gestaltung der Schule, um die Förderung der Kooperation im Team oder um eine Verbesserung des Leitungshandeln geht, die Methode des Imaginierens bietet einen phantasievollen, neuen Zugang zu dem Anliegen. Die Imagination ist ein kreativer Prozess, sie schafft den Raum, die Situation aus einem neuen Blickwinkel, einer ungewohnten Perspektive zu betrachten. Imaginieren ist ein anderer Weg eine Fragestellung miteinander zu bearbeiten: Im Dialog über die individuellen Bilder und im Vergleich der Gemeinsamkeiten und Unterschiede entsteht ein verändertes WIR, eine starke Identifikation mit dem gemeinsam gefundenen Bild.

Imagination ist die Kunst freien Assoziierens, des Strukturierens und Umstrukturierens. Hierzu Beispiele:

Beispiel 1 Zur Reflexion der Lehrerrolle	Beispiel 2 Zur Organisation der Schule
Der Moderator zeichnet eine Säge auf eine Flip-Chart	Der Moderator zeichnet einen Hammer auf eine Flip-Chart
Die Gruppe (die eingebrachten Ideen sind gekürzt wiedergegeben): Eine Säge? Es ist ein Werkzeug Es wird etwas produziert Es wird an etwas gearbeitet Unser Wissen ist das Werkzeug Nein, wir sind selbst das Werkzeug, unsere Person	Das Team (die eingebrachten Ideen sind gekürzt wiedergegeben): Zum Ersten, zum Zweiten, zum Dritten Probleme werden mit dem Hammer erschlagen Es fehlt der Nagel Fürs Anschlagbrett Ein Anschlagbrett für Beschwerden Nein, für Ideen und Verbesserungsvorschläge »die Anleitung zum Unglücklich sein«
Der Moderator: Welche der Ideen ist die wichtigste für die Rolle der Lehrperson?	Der Moderator: Welche der Ideen ist die wichtigste für die Rolle der Lehrperson?

Beispiel 1 Zur Reflexion der Lehrerrolle	Beispiel 2 Zur Organisation der Schule
Die Gruppe: Die Idee, dass wir selbst unser eigenes Werkzeug sind. Wir beschäftigen uns viel zu sehr mit Wissensvermittlung. Wir müssen mehr tun für unsere emotionale Balance!	Das Team: Wir beschäftigen uns zu viel mit den Problemen, wir schauen nicht genug auf die Ressourcen. Wir müssen mehr Beteiligung schaffen.

Es ist vollkommen beliebig, welchen Gegenstand man zur Reflexion präsentiert. Die Assoziation schafft immer eine Verbindung zu den inneren Bildern der beteiligten Personen.

Die Beispiele machen auch anschaulich, wie leicht und mühelos das »Übersetzen« auf die verbale Ebene gelingt. Die Antworten der Gruppe enthalten bereits wesentliche Elemente für das Entstehen einer Vision: Sie spiegeln die gegenwärtige Situation der Schule, geben Hinweise auf die Richtung, die der Schulentwicklungsprozess nehmen soll.

Wenn jetzt die Teilnehmenden aufgefordert würden, eine Metapher für ihre Schule oder die Rolle der Lehrperson zu finden, würde dies einfach, wie »von selbst« geschehen.

Aber auch ohne den Weg über eine Metapher zum Zukunftsbild lässt sich von hier aus gut weiterarbeiten.

An das Ergebnis der Imagination anknüpfend, wird ein IST-SOLL-Vergleich erstellt, die Potenzialanalyse. Vorhandene Ressourcen, bestehende Mängel, erforderliche Hilfen werden aufgelistet und diskutiert.

Daraus wird eine Strategie entwickelt für das weitere Vorgehen.

Die Potenzialanalyse

Was haben wir schon? Was hat sich bewährt?	Woran müssen wir verstärkt weiterarbeiten?	Was können, müssen wir lassen?	Was brauchen wir noch? Wie kann es uns gelingen?
.....	.....	.....	....

Die Metapher

Das Zukunftsbild einer Schule oder eines Teams kann über die Arbeit mit Metaphern entstehen. Es werden drei Beispiele für mögliche Vorgehensweisen dargestellt:

Beipiel 1: Eine Vision für meine Schule?

Die Teilnehmenden waren Mitglieder eines Schulleitungsteams. Es wurde folgendermaßen vorgegangen:

1. Wir beginnen mit einer gelenkten Phantasiereise:
   Sie betreten wie jeden Morgen Ihre Schule. Wer begegnet Ihnen zuerst? Was wird gesprochen? Sie sind auf dem Flur auf dem Weg zur Klasse. Was tun die Schüler, die Ihnen begegnen? Sie stehen in der Klasse, welches Bild zeigt sich Ihnen dort …?

   In dieser Phantasiereise gehen wir noch eine Weile durch den Schulalltag. Wenn der Eindruck entsteht, dass genügend innere Bilder zur Alltagspraxis zur Verfügung stehen, fordert man die Teammitglieder auf, wieder in den realen Raum zurückzukehren.

2. Die Teilnehmenden werden angeregt ein Bild zu malen, eine Metapher für die Schule zu finden, so wie sie sich ihnen momentan zeigt.
3. Die Bilder werden im Raum präsentiert. Es folgt ein Dialog über Unterschiede und Gemeinsamkeiten. Was sind die wesentlichen gemeinsamen Ideen?
4. Die gemeinsame Vision erschaffen:
   Dazu stellen sich die Teammitglieder vor, es wären fünf Jahre verstrichen, und sie hätten wunderbarerweise genau die Schule geschaffen, die sie sich immer erträumt haben.
   Alle malen gemeinsam ein Bild, welches die Schule der Zukunft darstellt.

Jedes einzelne Mitglied des Schulleitungsteams hat seine Metapher der gegenwärtigen Schule gemalt. Nach der Präsentation der Bilder konnten sich alle am meisten mit einem Bild identifizieren. Dies wurde ausgewählt, um daraus die gemeinsame Vision der Zukunft zu entwerfen.

Die Metapher:

Auf dem Bild war ein großes Gebäude, ein altes Haus von stilvoller, schöner Architektur. Um das Gebäude herum war ein großer Garten, mit geschwungenen Wegen, Beete mit Sträuchern und bunten Blumen. Auf den Wegen war ein reges Leben mit spielenden und im Garten arbeitenden Kindern. Angeschlossen an diesen parkähnlichen Garten war ein Sportplatz, auf dem gerade ein Mannschaftsspiel stattfand. Im Gebäude selbst gab es viele Räume, die waren zum Teil leer oder enthielten alte, kaputte Möbel. Die Räume waren nicht alle miteinander durch Türen verbunden. In einige Räume konnte man reinschauen, manche waren verschlossen. Überhaupt hatte man den Eindruck, die Gänge, die Treppen zu den einzelnen Etagen waren von der Innenarchitektur her nicht durchdacht.

Die Gemeinsamkeit, die das Team in dem Bild gefunden hat, wurde so ausgedrückt:

»Unsere Stärke ist die Arbeit mit den Schülern, unsere guten, kooperativen und Selbstverantwortlichkeit fördernden Unterrichtsformen. Aber wir müssen an der »Innenarchitektur« arbeiten: Wir müssen die Kooperation im Team, die Transparenz der Aktivitäten, die Vernetzungen der Teams besser gestalten«.

Diese Diagnose wurde zum Ausgangspunkt für das Bild der Zukunft genommen.

Die Gruppe wollte daraufhin noch ein »schönes« Bild malen: ein Gebäude mit hellen Räumen, einer Bibliothek und Gemeinschaftsräumen usw.

Die gemeinsame Arbeit wurde fortgesetzt nach dem gleichen Muster wie bei den Imaginationen: übersetzen und formulieren des Leitbildes, erstellen der Potenzialanalyse nach dem IST-SOLL-Vergleich, dann diskutieren und einigen auf eine mögliche Strategie, wie der Schulentwicklungsprozess beginnen soll.

Beispiel 2: Eine Vision für mein Team

(angelehnt an: Ross, in: Senge 1996, S. 394)

Die Teilnehmenden waren Mitglieder eines Jahrgangsteams. Es wurde wie folgt vorgegangen:

1. Wir beginnen mit einer Reise in die Vergangenheit mit der Frage: Waren Sie je Teil eines wirklich großartigen Teams, in dem Sie sich persönlich engagiert haben und das herausragende Ergebnisse erzielt hat?
   Es ist wichtig, dass Sie alleine arbeiten, sich in sich selbst zurückziehen, noch einmal genau die beteiligten Personen und die Aktivitäten in der Vorstellung leben lassen. Sie können sich anschließend Notizen machen.
2. Austausch im Team zu der Frage: Was war das Besondere an diesem Team? Gehen Sie von Ihren Gefühlen aus, die Sie in diesem Team getragen haben und reflektieren Sie, welche Bedingungen, Haltungen und Umstände es waren, die diese Gefühle in Ihnen haben entstehen lassen.
3. Der Austausch wird fortgesetzt zu der Frage: Wie können wir in unserem Team diese Art von Emotionen wecken?

Es gibt zwei Möglichkeiten die Arbeit fortzusetzen:

Zum einen kann sich eine Potenzialanalyse anschließen, wie in den oben beschriebenen Beispielen zur Imagination.

Zum anderen kann ein Zukunftsbild entworfen werden: Wie wird unser Team dann in Zukunft aussehe? Welches innere Bild dazu kommt Ihnen in den Sinn?

Beispiel 3: Diagnose der Schule

Die Teilnehmenden waren Mitglieder einer Steuergruppe.

Der Ablauf der Arbeit war wie folgt:

Jeder Teilnehmende bekommt zunächst einen Klumpen Ton. Die Gruppe wird aufgefordert aus diesem Klumpen ein Tier zu kneten, wie es gerade in den Sinn kommt. Es können auch Fantasietiere oder merkwürdige Zwittergestalten geformt werden. Das ergibt sich allerdings meist ganz unwillkürlich, weil kaum einer von uns ein Profi ist.

1. In der Phantasie wird die Schule zu einem Veranstaltungsort. Wer ist dort aktiv? Welche Tiere gibt es dort, welche Rollen? Die Figuren der Einzelnen werden auf einer großen Fläche zusammengestellt. Figuren, von denen man den Eindruck hat, dass sie gut zusammenpassen, werden in räumliche Nähe gebracht. Sie können so gestellt werden, dass sie miteinander kommunizieren oder sich voneinander abwenden oder auch einzeln im Raum stehen.

2. Die Teilnehmenden assoziieren zu den einzelnen Figuren Gruppierungen, die es an der Schule gibt. Die Vielfalt der Gestalten ist eindrucksvoll und wird sehr positiv erlebt. Die Fantasietiere und merkwürdigen Zwittergestalten werden viel belacht und schaffen eine fröhliche ausgelassene Stimmung. Gleichzeitig bieten sie einen breiten Interpretationsspielraum. Die Assoziationen begünstigen dann in der Diagnose ein gemeinsames Bild.

3. Die Gruppe bewertet die Szene: Gefällt uns die Veranstaltung? Was müsste anders sein, damit sie uns besser gefällt? Welche Figur sollte mehr am Rand stehen, welche Figuren näher zusammenrücken? Die Teilnehmenden nehmen die Tongebilde und probieren neue Positionen aus, solange bis allen das Bild gefällt. Sie geben der Szene einen Namen.

4. Die Gruppe reflektiert die Ressourcen und Kompetenzen, die sich in der Vielfalt der Gestalten verbergen. Was bedeutet das für die Teams der Schule? Die Gruppe analysiert, welches Team welche Aufgabe, Rolle und Funktion im System Schule einnimmt, und ob damit alle Herausforderungen bewältigt werden können. Sie fragt danach, welche weiteren Aktivitäten oder Teams noch erforderlich sind. Zum Schluss wird der Name der Szene aufgegriffen, um daraus das Leitbild für die Schule zu entwickeln.

Das Muster kreativer Übungen:

Die Vorgehensweisen in den Beispielen können in den einzelnen Schritten variiert und beliebig modifiziert werden. Wichtig ist nur, dass folgenden Elemente aufeinander folgen:

1. das analoge Denken aktivieren
2. auf die digitale bzw. verbale Ebene »übersetzen«

Den Prozess der Schulentwicklung initiieren

Die Leitbilder, die im Schulleitungsteam, in der Steuergruppe auf oben beschriebene Weise entstanden sind, sind global formuliert. Sie weisen in eine Richtung, aber sie zeigen absichtlich noch nicht den konkreten Weg. Die Identifikation des Kollegiums mit dem Leitbild hängt wesentlich davon ab, wie der Prozess zur Umsetzung gestaltet wird, wie eine größtmögliche Beteiligung erreicht werden kann. Einen Prozess initiieren heißt Bewegung entfalten und in Gang halten.

Einen kreativen Weg gehen, bedeutet einen langen Atem haben, um die Tiefs und Zeiträume auszuhalten. Die Tiefs zu bewältigen, ist sicherlich die schwerste Hürde, denn wir müssen dazu dem Bedürfnis der Kontrolle widerstehen.

Voraussetzungen, mit denen der Prozess in Schwung gehalten wird, sind:

- Offenheit für Vorschläge und Ergebnisse: Sie müssen zunächst hingenommen werden auch wenn man nicht mit allen Ergebnissen einverstanden ist.
- Größtmögliche Beteiligung: Dies bedeutet zum einen, dass alle an der Schule Mitwirkenden auf irgendeine Weise einbezogen werden müssen, nicht nur das Kollegium, auch Schüler, Eltern und andere externe Partner.

Zum anderen bedeutet dies, dass alle Strukturelemente der Schule, ich meine hier die bestehenden Teams, Gremien, Gruppen in die Entwicklung mit einbezogen werden müssen. Der Prozess gleicht einer Kaskade, die von der Idee bis zur Umsetzung alle Gruppierungen durchläuft.

- Transparenz: Die Ergebnisse aller Initiativen und Aktivitäten der Teams und Gruppen müssen regelmäßig ins gesamte Kollegium rückgekoppelt werden.

Die Umgestaltung ist und muss ein langer Prozess bleiben. Das Engagement kann nur erhalten bleiben, wenn diese Grundvoraussetzungen eingehalten werden.

Zentrale Bedeutung der Teams

Um die Vision umzusetzen und den Prozess zu initiieren, bekommt die Infrastruktur der Schule im Kern ein neues Verständnis von Interaktion: Die Entwicklung der Teams wird wesentlich für den Schulentwicklungsprozess.

Eine primäre Aufgabe der Schulentwicklung besteht in der Vernetzung der Gruppen und Teams (Priebe/Schratz 28/2004, S. 4).

Um dies aus einem anderen Kontext zu untermauern, sei in diesem Zusammenhang auf die Typisierung von Organisationen nach A. Bos hingewiesen (Glasl 1994, S. 351ff). Bos unterscheidet drei Organisationstypen: die Produktorganisation, die Dienstleistungsorganisation und die professionelle Organisation. Er gliedert die Organisationen in drei Subsysteme: das Geistig-kulturelle, das Politisch-soziale und das Technisch-instrumentelle. Sie unterscheiden sich in der Dominanz jeweils eines dieser Subsysteme.

Er typisiert die Schule als eine »professionelle Organisation« (um der immer noch lebenden und irreführenden Einordnung der Schule als Dienstleistungsbetrieb entgegen zu wirken), wie ein Architekturbüro, eine Forschungsgruppe u. ä.

Ihre Dominanz ist das geistig-kulturelle Subsystem. Die Werte und Leitideen der Organisation, sowie die Lernprozesse der Mitarbeiter sind bestimmend, wenn diese Organisation schöpferische Leistungen erbringen will. Eine Lernbeziehung herzustellen, ist eine schöpferische Leistung. (Bei der Dienstleistungsorganisation liegt der Schwerpunkt im politisch-sozialen Subsystem, in der Gestaltung der Beziehung zum Gebrauch der Dienstleistung).

In der professionellen Organisation ist die beste Führungsform das kollegiale Miteinander. Wichtigstes Gestaltungsprinzip ist die professionelle Freiheit der professionellen Lehrkraft. Eine professionelle Organisation verträgt keine Hierarchie. Die Gestaltungskraft ist nur gewährleistet im institutionalisierten Austausch in Gruppen und miteinander vernetzter Teams. Das bedeutet nicht, dass die Arbeit in den Teams und die Vernetzung der Teams nicht einer Führung bedürfen.

Um die primäre Aufgabe der Vernetzung der Teams zu bewältigen, soll zunächst auf die unterschiedlichen Funktionen von an Schulen bestehenden Teams eingegangen und ihre verschiedenen Rollen und Aufgaben beleuchtet werden. Die Möglichkeiten der Vernetzung ergeben sich aus der Analyse der Arbeits- und Aufgabenbeziehung. Die Analyse geht davon aus, welche Erwartungen an Kooperation die einzelnen Teams an die anderen Teams haben: Worin unterscheiden sich die Aufgaben? Wo gibt es Übereinstimmungen? An welchen Stellen werden die Leistungen anderer Teams benötigt, um die eigenen Herausforderungen zu bewältigen, bzw. womit kann das Team anderen Teams dienen?

Funktionen der unterschiedlichen Teams

In meiner Beratung und Begleitung von Schulentwicklung habe ich folgende Gruppen und Teams unterschiedlichen Charakters kennengelernt. Alle diese Gruppen haben verschiedene Aufgaben und Rollen, die sich an verschiedenen Stellen überschneiden:

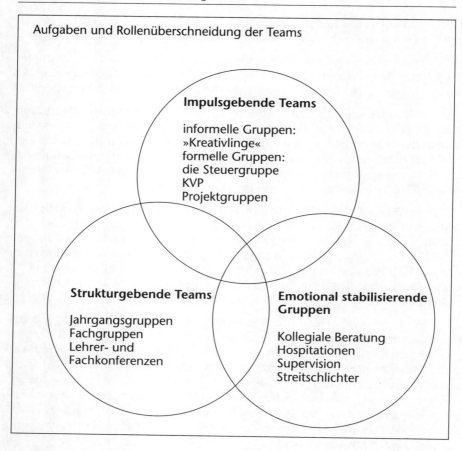

Aufgaben und Rollenüberschneidung der Teams

Impulsgebende Teams

informelle Gruppen:
»Kreativlinge«
formelle Gruppen:
die Steuergruppe
KVP
Projektgruppen

Strukturgebende Teams

Jahrgangsgruppen
Fachgruppen
Lehrer- und
Fachkonferenzen

Emotional stabilisierende Gruppen

Kollegiale Beratung
Hospitationen
Supervision
Streitschlichter

KVP bedeutet kontinuierlicher Verbesserungs-Prozess. Die KVP-Gruppe sammelt und wertet die Vorschläge zur Verbesserung aus dem Kollegium und der Schülerschaft aus und kommuniziert diese zurück.

Die impulsgebenden Teams

Die Steuergruppe hat hier eine zentrale Funktion im Rollen- und Beziehungsgeflecht der Teams. Sie gibt Impulse für Neuerungen, ist aber auch Sammel- und Koordinierungsstelle für neue Initiativen und Ideen.

Ihre Aufgabe ist es, die Ideen und Strategien zur Umsetzung des Leitbildes in die strukturgebenden Gruppen zurückzukoppeln.

An jeder Schule gibt es immer einige »Feuerköpfe«, die voller Ideen für Neuerungen stecken, Träumer mit einer Vision von der idealen Schule, die sich aber ungern in einem Team binden wollen. Die finden sich lieber oder eher informell zusammen. Es ist deshalb gut, zusätzlich zur Steuergruppe eine Gruppe solcher »Kreativlinge« zu haben, die gerne Zukunft spinnen und träumen. Die Steuergruppe bindet ihre Ideen und Vorschläge ein.

Die Steuergruppe muss sich organisch entwickeln. Sie wird nicht mehr von der Schulleitung bestimmt. Sie ist damit nicht weiter »Elite« oder Sprungbrett zur Beförderung oder bestimmendes und kontrollierendes Organ.

Aus den strukturgebenden Teams werden Kollegen delegiert, die gerne Zukunft planen und sich an der Entwicklung des Schulleitbildes beteiligen möchten. Sie sind zur Rückmeldung in ihr Team verpflichtet. Sie halten die strukturgebenden Teams in Bewegung. Neben den Impuls gebenden Teams können weitere Initiativen geschaffen werden, z. B. Projekte über einen begrenzten Zeitraum zusammenarbeiten oder institutionalisierte, permanente Aktivitäten, z. B. KVP für neue Kollegen.

Die strukturgebenden Teams

Sie haben die Aufgabe, die Ideen aufzugreifen und nach Maßgabe ihrer Funktion und Aufgaben zu bewerten, Prioritäten zu setzen und Pläne für die Umsetzung zu entwerfen. Dies geschieht nach Kriterien der Effizienz, nach vorhandenen Ressourcen, Kompetenzen und Vorlieben.

Die emotional stabilisierenden Teams

Sie setzen sich mit den Dilemmata, Zielkonflikten, Überlastungen und (auch inneren) Ressourcenknappheiten auseinander und fördern Potenziale.

Die Vernetzung der Teams

Die Vernetzung der Teams besteht in der Koordination ihrer unterschiedlichen Rollen und Aufgaben. Um die Aufgaben und Rollenbeziehung der Teams zu beschreiben, möchte ich mit zwei Metaphern beginnen:

Metapher 1: Unsere Teams gleichen einer Krake. Die vielen Arme tasten unbeholfen umher. Sie scheinen nicht zu wissen, was sie greifen wollen. Wo sie gerade mit ihren Armen im Wasser andocken, ist zufällig, eher da, eher blind, wo ein anderes Gebilde in der Nähe ist.

Metapher 2: Unsere Teams bilden ein Spinnennetz, schön gestaltet, mit perfekter Struktur. Das Netz ist wind- und regendicht. Es gibt keine Spinne darin. Wenn eine Fliege oder irgendein Fremdkörper hereinfällt, fürchten wir, dass das Netz auseinanderbricht.

Die Interpretation der Teammitglieder:

Unsere Stärke ist die Funktionalität der Teams. Es fehlt an Flexibilität. Im Netz gibt es keine koordinierende Mitte. Die Mitte wäre ein Konsens über unsere Ziele, ein gemeinsamer getragener »Sinn« für unsere Arbeit.

Die Vision: Unser Netz ist ein Schutzdach den Schüler. Es arbeiten koordiniert viele Spinnen in Netz, sie stärken, erweitern, reparieren.

Aufgaben und Rollenbeziehung der Teams

Sollen Teams miteinander vernetzt werden, sind zwei Aufgaben zu bewältigen:

- Aufgaben, Rollen und Beziehungen müssen beschrieben werden
- Die Schnittstellen müssen definiert werden. Die Schnittstellen sind die Berührungspunkte der Aufgaben und Rollen, die ein Team mit dem anderen hat, sozusagen die gemeinsame Schnittmenge im Gesamtprozess der Schulentwicklung.

Im Folgenden wird eine Übung zur Aufgaben-, Rollen- und Beziehungsanalyse von Teams vorgestellt. Die Übung eignet sich sowohl zur Beschreibung und Reflexion der Aufgaben und Rollen innerhalb eines Teams, wie auch zur Definition und Bestimmung der Schnittstellen mit anderen Teams.

Der Ablauf der Übung:

Erster Schritt: Das einzelne Team erarbeitet nach der Methode »Think – Pair – Share«:

- die eigenen Aufgabenbereiche
- die Kooperationsbeziehungen zu den anderen Teams
- die an das Team gestellten Erwartungen der Kooperationsteams
- Die Arbeit des Teams endet mit einer konkreten Beschreibung der Aufgaben, die es für das jeweilige Kooperationsteam erfüllen kann und leisten möchte. Das Team definiert damit seine Schnittstellen zu den anderen Teams.

Zweiter Schritt: Die Kooperationsteams präsentieren allen anderen Teams das Ergebnis der Schnittstellenaktivitäten. Sie tauschen sich aus und verhandeln verbindliche Kooperationsbeziehungen (siehe Arbeitshilfe 2).

Die Übung ist sehr effektiv, weil sie eine ungewöhnliche Perspektive bietet. Sie geht von den Erwartungen aus, die andere Gruppierungen an das eigene Team haben und die man selbst an andere Teams hat. Damit bleibt sie nicht auf der Ebene der Organisation stehen, wie das oft geschieht. Sie geht über die Analyse der eigenen Aufgaben hinaus und richtet den Fokus auf lebendige Kooperationsbeziehungen. Die Reflexion konzentriert sich darauf, wie die Erwartungen der Anderen erfüllt werden können, wieweit dies für das eigene Team tragbar ist oder ob Zielkonflikte entstehen. Das Ergebnis ist kein feststehendes Kooperationskonzept, sondern eine Verhandlungsgrundlage um Aktivitäten gemeinsam mit gegenseitiger Hilfe zu gestalten.

Von der Ideenfülle zu konkreten Vorhaben

In den Jahrgangs- und Fachgruppenteams wird die Leitidee Schritt für Schritt umgesetzt. Der Weg beginnt mit der Entwicklung eines Vorhabens, der erste wichtige Meilenstein zur Realisierung des Leitbildes. Nach einem vereinbarten Zeitraum werden die Ergebnisse des Vorhabens analysiert:

- Was war erfolgreich?
- Was bedarf einer Korrektur?
- Was ist nicht gelungen?

Hat sich das Ergebnis in der Evaluation als erfolgreich erwiesen, bzw. sind die Wege eines weiteren Vorgehens klar, wird das nächste Vorhaben aus der Prioritätenliste in Angriff genommen.

Wie kommt man zu dem ersten wichtigen Vorhaben:

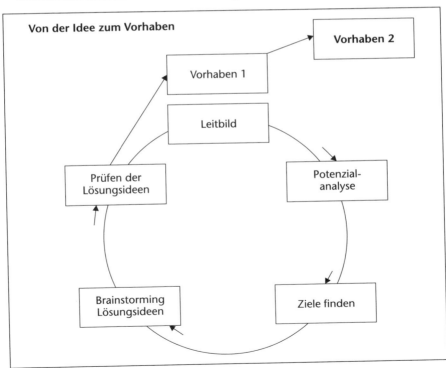

Das Team durchläuft folgende Arbeitsphasen:

- Potenzialanalyse: Es wird festgestellt, wie weit das Team in seinem Verantwortungsbereich noch von der Leitidee entfernt ist.
- Zielfindung: Die Leitidee ist noch keine Zielsetzung. Das Team einigt sich auf ein Ziel und formuliert es (nach den »Regeln der Kunst«: SMART).

- Sammeln von Lösungsideen (Brainstorming): Die Ideenfülle aus den impulsgebenden Teams wird mit einbezogen.
- Prüfen der Lösungsideen: Dazu kann die Entscheidungsmatrix hilfreich sein (Phillip 1996, S. 44).

- Prioritätensetzung
- Beschreiben des Vorhabens
- Arbeitsplan
- Zeitpunkt der Evaluation festlegen

Auf solche oder ähnliche Weise kann eine tragfähige Struktur für einen guten Schulentwicklungsprozess entstehen.

Arbeitshilfe 1

Arbeitsauftrag zum »Menschenbild«

- Bitte lest die Liste mit den Statements zum Leben und Lernen von Kindern durch. Überlegt mit welchen ihr übereinstimmt und welche ihr für wesentlich haltet. Tauscht Euch mit einem Partner aus, findet Gemeinsamkeiten und fügt eventuell weitere wesentliche Statements hinzu.
- Zeichnet bitte den Umriss eines Menschenkörpers auf einen großen Bogen Papier und schreibt die wesentlichen Kompetenzen, die Kinder zum Leben und Lernen mitbringen in den Innenraum. Im freien Feld darum tragt bitte ein, was Kinder Eurer Meinung nach zum Leben und Lernen unbedingt brauchen (Muster siehe Beiblatt).

Statements

- Jedes Kind ist kompetent.
- Jedes Kind ist grundsätzlich lernwillig.
- Jedes Kind hat einen eigenen Zugang zum Lernstoff, der persönlich und biografisch geprägt ist.
- Kinder haben ein Bedürfnis nach Autonomie und wollen selbst gestalten.
- Kinder sind grundsätzlich wahl- und entscheidungsfähig.
- Kinder sind unvoreingenommen und vorurteilsfrei.
- Begabte Kinder müssen besser gefördert werden.
- Als Lehrer muss ich den Lernerfolg sichern, damit alle ein gewisses Niveau erreichen.
- Die Schüler sind Subjekte ihres eigenen Lernens.
- Als Lehrkraft muss ich den Lehrplan erfüllen.
- Individualisierter Unterricht erfordert differenzierte Leistungsüberprüfung.
- Lernstandserhebungen und zentrale Abiturprüfungen erfordern einen gleichschrittigen Unterricht.
- Kognitive, abstrakt logische Intelligenzbereiche sind wichtiger für Leben und den Beruf als affektive.
- Gleiche Wertschätzung aller Schüler ist Voraussetzung für erfolgreiches Lernen.
- Der Unterricht stärkt die Teilhabe der Lernenden.
- Schüler müssen Respekt gegenüber den Lehrern haben.
- Kinder brauchen Grenzen.
- Die Ziele der Schüler sind wichtiger als der Lehrplan.

Körper/Innenraum

Welche Kompetenzen bringen Kinder für das Leben mit?

Was bringen Kinder für das Lernen mit?

Außenraum:

Welche äußeren Voraussetzungen brauchen Kinder zum Lernen?

Welche Haltungen und Handlungen von Bezugspersonen sind für Kinder förderlich?

Arbeitshilfe 2

Kooperationsbeziehungen der Teams

Aufgaben- und Rollenanalyse der Teams

Arbeitsauftrag

Erster Schritt: Einzelarbeit

Bearbeiten Sie bitte die beiliegenden Arbeitsblätter zunächst jeder für sich.

Die Fragen zum eigenen Arbeitsbereich sind zur Einstimmung auf die Arbeitsaufgabe gedacht. Notieren Sie sich, was Ihnen unmittelbar dazu einfällt. Verwenden Sie für die drei Fragen nur einige Minuten.

1. Zeichnen Sie Ihr eigenes Kooperationsnetz mit den anderen Teams Ihrer Schule in Form eines Diagramms.
2. Füllen Sie die Ihnen bekannten Erwartungen der Kooperationsteams an Ihr Team in das beigefügte Raster.

Zweiter Schritt: Im Team

Erarbeiten Sie mit Ihrer Arbeitsgruppe zunächst ein gemeinsames Diagramm der Kooperationsbeziehungen Ihres Teams.

- Vergleichen Sie die Erwartungen der Kooperationsteam mit Ihren eigenen Notizen und einigen Sie sich auf einen gemeinsamen Nenner.
- Erarbeiten Sie die Tätigkeiten, die notwendig sind, um die Erwartungen der jeweiligen Kooperationsteam zu erfüllen auf der sachlichen/fachlichen Ebene sowie auf der sozialen Ebene (Umgang miteinander).
- Notieren Sie alle Irritationen, Widersprüche, Konfliktpotenziale, die Ihnen in diesem Zusammenhang auffallen.
- Beschreiben Sie die Erwartungen, die Ihr Team erfüllen kann und beschreiben Sie die Aufgaben, die Sie in der Kooperation übernehmen wolle.

Arbeitsblatt 1

Fragen zum eigenen Arbeitsbereich

1. Welche Hauptaufgaben haben Sie?
   (nur bezogen auf die Aufgaben, die Sie innerhalb des Teams zu erfüllen haben)
2. Welche wichtigsten Ressourcen (Kollegen, Budget, Hilfsmittel) stehen Ihnen bei der Erledigung Ihrer Aufgaben zur Verfügung?
3. Welche Fähigkeiten, Erfahrungen, Verhaltensweisen und sonstigen Voraussetzungen sind erforderlich, um die Anforderungen an Ihre Arbeit im Team zu bewältigen?

Arbeitsblatt 2

Kooperationsnetz mit den anderen Teams

1. Wir möchten Sie auffordern ein Diagramm aus Kreisen der wichtigsten Teams mit denen Sie kooperieren herzustellen: Ihr Team steht in der Mitte, darum herum zeichnen Sie die Kooperationsteams. Die Stärke der Pfeile, mit der Sie die Kreise verbinden, kennzeichnet die Bedeutung der Kooperationsbeziehung.
2. Entscheiden Sie sich, wer die wichtigsten Kooperationsteams sind und benennen Sie diese.
3. Stellen Sie mit der Dicke der Pfeile dar, wie bedeutend das jeweilige Kooperationsteam für Sie ist.

Kooperationsnetz

(Muster)

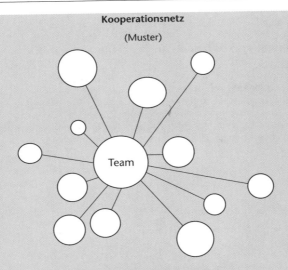

Arbeitsblatt 3

Analyse der Erwartungen der wichtigsten Kooperationspartner

- Bestimmen Sie aus Ihrem Diagramm diejenigen Teams, deren Erwartung für Sie die größte Bedeutung haben. Stellen Sie sich dabei die Frage, wer davon am stärksten irritiert wäre, wenn Sie ihre Erwartungen nicht erfüllten.

Halten Sie bei jeder kritischen Kooperationsbeziehung die wesentlichen Erwartungshaltungen fest, die sie Ihnen gegenüber hat. Wenn Sie dessen unsicher sind, notieren Sie das, was Sie am ehesten vermuten.

- Halten Sie in der rechten Spalte auf dem Arbeitsblatt fest, was Sie tun müssen, um dieses Erwartungen zu erfüllen.

Was erwartet das Kooperationsteam von mir?	Was muss ich tun, um die Erwartungen zu erfüllen?
Kooperationsteam 1	
Kooperationsteam 2	
Kooperationsteam 3	
Kooperationsteam 4	
usw.	

Arbeitshilfe 3

Ziele sind Aussagen über einen angestrebten Zustand.

Ziele setzen, dient der

- Koordination aller Aktivitäten.
- Kontrolle, ob der gewünschte Zustand erreicht ist.
- Persönlichen Orientierung (man weiß immer, wo man steht).
- Motivation (wie das Ziel erreicht werden soll, geschieht im Prozess des Verhandelns).
- Persönlichen Sicherheit (dem Ziel liegt eine Vereinbarung zugrunde).

Ziele sind SMART

Specific: unmissverständlich, eindeutig

Measurable: Kriterien, nach denen das Erreichen des Ziels messbar ist

Achievable: Ziele sollen erreichbar sein

Relevant: Nur Ziele von hoher Bedeutung werden gesetzt

Timely: zu jedem Ziel gehört eine klare Terminvorgabe

Die wichtigsten Grundsätze für Ziele:

- Ziele müssen hoch gesteckt, aber realistisch und erreichbar machen.
- Eine klare Beschreibung des zu erreichenden Zustands haben.
- Die Zielerreichung messbar bzw. prüfbar machen.
- Handlungsspielraum und Grenzen definieren.
- Zeit und Meilensteine planen.
- Ziele müssen kompatibel mit anderen Zielen sein.
- Vernetzungen sicherstellen, Interdependenzen klären.
- Aufwand abschätzen.
- Zielcontrolling und Zielaudit sicherstellen.
- Prioritäten setzen nach Wichtigkeit und Dringlichkeit.
- Weniger ist mehr.

Arbeitshilfe 4

Entscheidungsmatrix

(Philipp 1996, S. 44)

Empfehlungen der vier S des Erfolgsmanagement

Projekte sollten gestartet werden

1. wo Stärken und Schwächen gesehen werden,
2. wo schnelle Erfolge (d. h. drei bis sechs Monate) zu erwarten sind,
3. wo (relativ) sichere Erfolgschancen anzunehmen sind,
4. wo sichtbare, d. h. in der Schule/im Team sich materialisierende Erfolge zu erwarten sind.

Ergänzend zu diesen Erfolgskriterien (schnell, sicher sichtbar, Stärken und Schwächen) kann man sich bei der Planung der folgenden Entscheidungsmatrix bedienen)

Entscheidungsmatrix

Zeitfaktor

langfristig	2	4
kurzfristig	1	3
	selbst	andere

Beeinflussungsfaktor

Veränderungsvorhaben sollten unbedingt im Quadranten 1 begonnen werden. Dort bestimmt die Gruppe selbst ihr Handeln, kontrolliert und die Rahmenbedingungen und Erfolge sind kurzfristig zu erreichen.

Keinesfalls beginnen sollte man bei den Zeitfressern 4, in dem andere im wesentlichen das Heft des Handelns in der Hand haben.

Im Feld 2 führt das Team zwar Regie, Erfolgserlebnisse stellen sich aber erst langfristig ein.

Im Feld 3 sind andere Einrichtungen beteiligt, der Erfolg stellt sich dafür relativ schnell ein.

Literatur

Fallner, H. & Pohl, M. (2001): Coaching mit System. Opladen

Fatzer, G. (1993): Ganzheitliches Lernen. Paderborn

Glasl, F. (1994): Konfliktmanagement. Bern

Hüther, G. (2004): Die Macht der inneren Bilder. Göttingen

Phillip, E. (1996): Teamentwicklung in der Schule. Weinheim

Priebe, B. & Schratz, M. (2004): Schule und Unterrichtsentwicklung, in: Lernende Schule, Seelze, 28/2004, S. 8ff.

Senge, P. M., Kleiner, A., Smith, B., Roberts, Ch. & Ross, R. (1996): Fieldbook zur fünften Disziplin. Stuttgart

Watzlawick, P., Weakland, J. H. & Fisch, R. (2001): Lösungen, zur Theorie und Praxis menschlichen Handelns. Bern

Teamarbeit – gemeinsam erfolgreich

Anne Ratzki

Unser Thema verdient es, dass wir gleich mit einem Paukenschlag beginnen:

In jeder Situation erbringt ein Team unweigerlich bessere Resultate als eine Gruppe von Einzelpersonen, die sich in genau eingegrenzten beruflichen Rollen und Verantwortungsbereichen bewegen. Teams sind flexibler als größere Gruppierungen [...] Teams sind produktiver als Gruppen, die über keine klaren Leistungsziele verfügen, während Teammitglieder sich dafür einsetzen, greifbare Leistungsergebnisse zu erbringen. Die Verbindung von Team und Leistung ist unschlagbar.

(Katzenbach/Smith 1993, S. 33)

Diese Hymne auf das Team stammt von Katzenbach-Smith, den Autoren des Buches »Teams«. Sie gründen ihr Lob des Teams auf Beobachtungen in der amerikanischen Wirtschaft. Lässt sich dieses Lob auch auf Schulen übertragen, die ja keine Güter herstellen, keine Finanzgeschäfte machen, sondern junge Menschen erziehen und ausbilden?

Teamarbeit an der Schule ist älter als Katzenbachs Lob der Teams in der Wirtschaft. Teams waren Mitte der siebziger Jahre eine Antwort auf riesige Schulkomplexe mit 12 und mehr Parallelklassen und einer Organisation mit Fachleistungskursen und Fachräumen statt Kassenräumen. Schüler drohten verloren zu gehen, Lehrer kannten ihre Schüler nicht mehr, Eltern standen diesen »Schulfabriken« hilflos gegenüber. Der Umschwung kam 1975, als sich in Köln, Göttingen und Hannover Gesamtschulen in Teams organisierten. Unter einem Team verstanden diese Schulen eine innerschulische Organisationseinheit: Ein Team von Lehrkräften war zuständig für eine feste Anzahl von Klassen, in Klassenräumen, die möglichst nahe zusammen lagen. Die Lehrkräfte des Teams unterrichteten fast nur die Schüler ihrer Teamklassen. Bald kannten die Lehrkräfte alle Kinder gut, sie tauschten sich über Stärken und Schwächen ihrer Schüler aus und verabredeten individuelle Förderprogramme, falls nötig. Die Schüler fühlten sich zu Hause »im Team«, die Eltern hatten feste Ansprechpartner. Kleine Schulen waren in den großen Schulen entstanden.

Die Teamorganisation wurde zunächst von mancher Schulaufsicht argwöhnisch beobachtet, denn die einzelne Lehrkraft war nicht mehr allein verantwortlich für Unterricht und Erziehung, für das, was in ihrer Klasse geschah, sie war in Teamabsprachen eingebunden, das Team unterstützte sie und übernahm gemeinsam Verantwortung. Das war neu und ungewohnt. Doch schon bald breitete sich die Teamidee aus, vor allem an den großen Gesamtschulen, aber auch an anderen

Schulformen. Die Vorteile einer Entlastung durch Unterricht in überschaubaren Schülergruppen und durch gemeinsame Beratung der vielen Fragen und Probleme, die man sonst alleine lösen musste, überzeugte. Doch trotz aller Vorteile: Insgesamt ist Teamarbeit an deutschen Schulen eher die Ausnahme als die Regel, denn sie setzt ein anderes Verständnis von Schule, ein anderes Rollenverständnis der Lehrpersonen voraus: Nicht die Fächer stehen im Mittelpunkt, sondern die Menschen. Nicht nur die Ergebnisse interessieren, sondern auch die Prozesse.

© Klaus Pitter, Wien

Sowohl in der Schule wie auch in der Wirtschaft hat sich herausgestellt, dass Teams mehr Ideen entwickeln und kreativer an neue Aufgaben herangehen als Einzelne. Teamarbeit fördert die Qualität einer Schule.

Ein Institut zur Förderung der Teamarbeit

1996 gründete sich das Institut zur Förderung der Teamarbeit in Köln, heute Institut zur Förderung der Teamarbeit und Schulentwicklung. Vorausgegangen waren jahrelang Fortbildungen zur Teamarbeit im Rahmen des Bildungswerks des DGB. Lehrkräfte aus unterschiedlichen Schulformen besuchten die Seminare und begannen, an ihren Schulen für Teamarbeit zu werben. Zugleich bildete sich eine immer größer werdende Gruppe von ehemaligen Seminarteilnehmern, die sich regelmäßig mit den Moderatoren trafen, um die Seminare weiter zu entwickeln. Aus dieser Gruppe entstand schließlich das Konzept für ein Institut zur Förderung der Teamarbeit: Durch Fortbildungen, Fachtagungen und Veröffentlichungen unterstützt das Institut Lehrkräfte und Schulen bei der Einrichtung von Teams und der Entwicklung von Teamarbeit.

Viele Anregungen und Materialien zur Teamentwicklung finden Sie auf der Homepage unter www.teaminstitut-koeln.de.

Was ist ein Team?

Die Antwort auf diese Frage ist gar nicht so leicht. Wenn sich zwei Personen oder eine Gruppe hin und wieder mal treffen, ist das dann Teamarbeit?

Ein Schulleiter eines Gymnasiums sagte einmal bei einer Fortbildung: »Ich treffe ständig Lehrer auf dem Flur oder auf der Treppe, mit denen spreche ich, ich mache ständig Teamarbeit.«

Im Teaminstitut haben wir eine Definition versucht:

Ein Team ist eine demokratisch organisierte Gruppe von Lehrpersonen und pädagogischen Mitarbeitern mit unterschiedlichen Lehrbefähigungen, sozialen und methodischen Kompetenzen. Es begleitet eine feste Schülergruppe über einen längeren Zeitraum und ist für sich selbst und für die Schüler eine Heimat mit Respekt, Vertrauen und Zuwendung. Das Team reflektiert und koordiniert seine fachliche und pädagogische Arbeit im Rahmen des Schulkonzepts.

Ein Team besteht aus mehr als zwei Personen und sollte nicht mehr als 8 bis 10 Personen umfassen. Vielfalt ist von Vorteil. Eine lose Gruppe, die sich hin und wieder trifft, ist kein Team.

Verschiedene Kooperationsstrukturen in Schulen können sich zu Teams entwickeln: Steuergruppen, Fachkonferenzen, Klassenlehrerteams bei Integrationsklassen und vor allem Jahrgangsteams, aber auch Teams für jahrgangübergreifende Lerngruppen (JüL). (Siehe den Beitrag »Teams und Kooperationsformen in der inklusiven Schul- und Unterrichtsentwicklung« von Ulrike Müller-Harth).

Merkmale eines guten Teams

Teams bestehen auf Verbindlichkeit

- Teams klären ihr Anliegen und machen es für das Team bedeutsam
- Teams vereinbaren klare Zielsetzungen
- Teams erarbeiten gemeinsame Arbeitsweisen und halten sich daran

Teams setzen ihre Fähigkeiten bewusst ein und entwickeln sie weiter

- Teams nutzen die im Team vertretenen Ansichten und Erfahrungen
- Teams erkennen die unterschiedlichen Sachkompetenzen der Mitglieder (Experten) an und nutzen sie produktiv
- Teams setzen die für die gemeinsame Arbeit und Reflektion erforderlichen Kommunikationsfähigkeiten ein
- Teams fördern ihre interne Effizienz durch gutes Team-Management

Teams übernehmen Verantwortung

- Teammitglieder fühlen sich einander gegenseitig verpflichtet
- Teams tragen nach außen gemeinsam Verantwortung
- Teammitglieder lassen die anderen im Team an eigenen Lernprozessen teilhaben

---

(frei nach Katzenbach/Smith 1993)

Mit Teamarbeit verbinden sich Erwartungen und Befürchtungen

Positive Erwartungen sind Arbeitserleichterung, bessere Bewältigung der Alltagsaufgaben, offener Umgang mit Problemen und gegenseitige Unterstützung, auch bessere Diagnostik von Lern- und Verhaltensproblemen bei Schülern.

Befürchtungen sind etwas abhängig von Status der Befragten: Schulleitungen befürchten oft den Verlust der Kontrolle durch selbstständige Teams; Lehrkräfte befürchten Mehrarbeit durch Teamsitzungen, Verlust von persönlicher Autonomie, Konflikte und unterschiedliches Engagement der Teammitglieder.

Teamarbeit hat viel mit eigenen Erfahrungen und Emotionen zu tun. Deshalb muss man auch mit emotionalen Reaktionen im Kollegium rechnen, wenn man Teamarbeit einführen will.

Die Methode »Stummes Schreibgespräch« (siehe dazu den Beitrag »Kooperatives Lernen und Inklusion im Team-Kleingruppen-Modell (TKM)« von Daniel Scholz) eignet sich gut, Erwartungen und Befürchtungen aufzuschreiben, zu kommentieren und zu diskutieren.

Eigene Erfahrungen

Ich habe über 20 Jahre an einer Teamschule gearbeitet, als Lehrerin und im Schulleitungsteam. Alle Schulleitungsmitglieder waren auch Mitglied in einem Lehrerteam. Für eine Gesamtschule, die ab Klasse 5 bis zum Abitur die unterschiedlichsten Kinder unterrichtete und förderte, die 1981 schon ein Konzept zur Integration von türkischen Schülerinnen entwickelte und 1986 mit Integrationsklassen von behinderten und nicht behinderten Kindern startete, waren Teams eine große Hilfe. Viele Neuerungen konnten erst mal freiwillig von einem Team ausprobiert werden, bis sie dann Schulkonzept wurden. Aber am wichtigsten war die menschliche Bereicherung und Unterstützung, die wir in den Teams erlebten. Als ich später in die Schulaufsicht ging, wo es keine Teamarbeit gab, habe ich das sehr vermisst, aber auch gemerkt, wie viel ineffizienter die Arbeit als Einzelkämpfer war, wie viel effizienter wir im Team gearbeitet haben.

Anne Ratzki

Erfolgreiche Teamarbeit – wie erreicht man sie?

Im Folgenden möchte ich einige Hinweise geben, was man bei der Entwicklung von Teamarbeit an der Schule wissen sollte, damit Teamarbeit erfolgreich wird.

Bei der Zusammensetzung von Teams sollte ein ausgeglichenes Verhältnis von Männern und Frauen angestrebt werden. Solche Teams gewinnen Lockerheit und Lebendigkeit durch sich ergänzende Arbeitsstile von Männern und Frauen und verbinden erfolgreich Sacharbeit und Beziehungsarbeit. Teams leben von der Vielfalt und Unterschiedlichkeit ihrer Mitglieder.

Als ideal gelten Teams, in denen Mitglieder verschiedene Rollen übernehmen können: Kreative Menschen, die Ideen liefern, Pragmatiker, die auf die Realisierung achten, Analytiker oder Skeptiker, die Vor- und Nachteile bedenken, Menschen, die die Umsetzung von Ideen vorantreiben und schließlich Mitglieder, die das Team zusammenhalten, die Arbeit koordinieren.

Die Teamforschung hat vier typische Entwicklungsphasen gefunden. Diese Entwicklungsphasen sagen vor allem eins: Das Team kann seine Entwicklung selbst positiv beeinflussen.

Die vier Phasen der Teamentwicklung

1. Orientierungsphase	2. »Kampfphase«
Aufgabenebene:	*Aufgabenebene:*
• Informationen sammeln • Ziele klären/definieren • Aufgaben definieren/zuordnen • Methoden entwickeln/festlegen	• Ausgestaltung/Konkretisieren von Aufgaben • Zuständigkeitsabgrenzung • Widerstände gegen Aufgaben und Methoden abbauen
Beziehungsebene:	*Beziehungsebene:*
• Suche nach Akzeptanz/nach der angemessenen Rolle • Abhängigkeit von mitgebrachten Normen/Standards • unpersönliches, vorsichtiges Abtasten	• unterschwellige Konflikte • Cliquenbildung • Kampf um Territorien/Freiräume/Status • Profilierungsversuche
FORMING	**STORMING**
3. Organisierungsphase	4. Integrationsphase
Aufgabenebene:	*Aufgabenebene:*
• Spielregeln für den Umgang miteinander • offene Klärung der Standpunkte • kooperative Suche nach Alternativen • langsame Fortschritte/Kleinarbeit	• flexible Arbeitsweise/Selbstorganisation • Ideenreichtum/ Effizienz • gegenseitige Unterstützung/Teamwork
Beziehungsebene:	*Beziehungsebene:*
• Entspannung • Harmonietendenz/Konfliktvermeidung • Idealisierung der eigenen Gruppe/ Elitedarstellung nach außen	• Übernahme von Verantwortung füreinander (Wir-Gefühl) • Reflexion über Zusammenarbeit • Feedback • geklärte Rollen/ Verhaltensstandards
NORMING	**PERFORMING**

(vgl. Philipp 1996, S. 29)

Das Team sollte für längere Zeit eine fest zusammenarbeitende Gruppe sein, um sich selbst entwickeln zu können, die vier Phasen der Teamentwicklung erfolgreich durchlaufen zu können. Wechsel sollten nur im Ausnahmefall stattfinden. Ein Wechsel kann ein Rückschlag sein – jedenfalls muss sich das Team neu ausbalancieren, und das kostet Energie und Arbeitskapazität.

Kommunikation im Team

Teamarbeit verändert die Arbeitsstruktur und auch die Kommunikation. Man kann die Kommunikationsstruktur in Teams horizontal oder besser räumlich als Netz darstellen.

Kommunikationsstruktur der Teams: Vernetzung

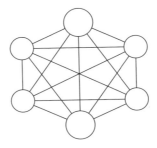

Während die Teammitglieder mit allen kommunizieren, jeder mit jedem zusammenarbeitet, Erfahrungen, Informationen, Anregungen austauscht, niemand einen Informationsvorsprung für sich behält oder eine Anweisung erteilen kann, ist die herkömmliche hierarchische Struktur des Schulsystems auf eine lineare Kommunikation orientiert.

Hierarchische Struktur: Vertikale Kommunikation

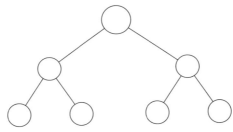

Teams sind demokratische Organisationen, die anders arbeiten als hierarchische Institutionen. Dies muss man beachten, um Missverständnisse und damit Konflikte in Teams zu vermeiden.

Umgang mit Information

Eine besondere Rolle spielt dabei der Umgang mit Information.

Information ist Arbeitsmittel, darf kein Herrschaftswissen sein. Deshalb muss ein Team sehr darauf achten, wie es mit Informationen umgeht. Wenn sich Teammitglieder uninformiert fühlen, wenn ihnen tatsächlich Informationen vorenthalten werden, stört dies die Teamarbeit nachhaltig. Teammitglieder werden keine Verantwortung für Aufgaben übernehmen, über die sie nicht informiert wurden. Öffentliche Plätze für Informationen sind notwendig in der Schule: in der Teeküche, in einer Teamecke mit schwarzem Brett, kurz, dort, wo sich

Teammitglieder treffen. Ein Teammitglied sollte Informationen über E-Mails übernehmen. Auch abwesende Teammitglieder müssen in den Informationsfluss eingebunden werden.

Aufgabenverteilung

Zur erfolgreichen Teamarbeit gehört eine klare und gerechte Aufgabenverteilung, verbunden mit Kompetenzen, diese Aufgaben auch selbständig wahrzunehmen. Gegenseitige Beratung und Unterstützung sind selbstverständlich, wenn die Aufgabe es erfordert. Revierdenken (»hier hat mir keiner reinzureden«) stört Teamarbeit ebenso wie Hierarchiedenken (»ich bin Teamsprecher und alle müssen mir zuarbeiten«).

Beim jährlichen Teamcheck sollten die Aufgaben auf den Prüfstand und ggf. neu verteilt werden. Vor allem unbeliebte Aufgaben (z. B. Geld einsammeln) sollten nicht auf Dauer bei einem Teammitglied »hängen bleiben«.

Dreieck des Vertrauensmanagements

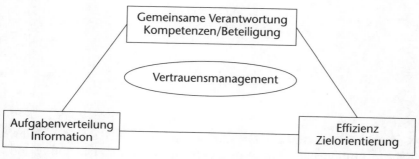

Ich habe versucht, diese Zusammenhänge in dem Dreieck des Vertrauensmanagements darzustellen. Vertrauen steht im Zentrum.

Ein Beispiel: Teamarbeit wird umso ernster genommen und ist umso erfolgreicher, je mehr Kompetenzen die Teams haben. Wichtig ist die Mitwirkung bei der pädagogischen Organisation: das Team hat Einfluss auf seine Unterrichtsverteilung. Auch der Stundenplan und die Vertretung können vom Team mitbestimmt werden. Das Team übernimmt damit Verantwortung für die Organisation der eigenen Arbeit und bestimmt über den Arbeitsplatz der Teammitglieder mit.

Wenn wir vom Dreieck des Vertrauensmanagements ausgehen, dann wird deutlich, dass jeder Eckpunkt mit den beiden anderen in Verbindung steht,

z. B. die Aufgabenverteilung. Ich brauche Informationen und auch Transparenz, um meine Aufgaben gut erfüllen zu können und suche den Konsens mit meinem Team. Zugleich ist es wahrscheinlich, dass ich Aufgaben übernehme, für die ich kompetent bin, weil dies effiziente Aufgabenerledigung fördert. Ich kann von meinem Team Unterstützung erwarten, darf aber nicht alle Aufgaben, die Macht beinhalten, z. B. Teamsprecher, Leiter von Teamsitzungen, bei mir anhäufen. Es kann auch vereinbart werden, dass Teammitglieder Aufgaben im Wechsel wahrnehmen, auch um sich weiter zu qualifizieren.

Team-Ziele

Erst in den letzten Jahren ist deutlich geworden, welche große Bedeutung für die erfolgreiche Arbeit im Team das Setzen von Zielen hat: Teams setzen sich Ziele für ihren Unterricht, für ihre Schüler, für die Elternarbeit oder auch ihre eigene Ziele im Rahmen des Schulprogramms und diese Ziele werden nach einer bestimmten Zeit bei einer »Teaminspektion« überprüft. So kann das Team seine Erfolge erkennen, aber auch erkennen, wo Weiterarbeit oder Veränderungen sinnvoll sind.

Konflikte im Team

Bei unterschiedlichen Menschen, die eng zusammenarbeiten, wird es immer Konflikte geben. Durch ein sehr schönes Verfahren, das Sokrates zugeschrieben wird, kann man möglicherweise persönliche Konflikte vermeiden:

Die drei Siebe

Eines Tages kam ein Bekannter zu Sokrates gelaufen.

»Höre, Sokrates, ich muss dir berichten, wie dein Freund...«

»Halt ein!« unterbrach ihn der Philosoph. »Hast du das, was du mir erzählen willst, durch drei Siebe gesiebt?«

»Drei Siebe? Welche?« fragte der andere voller Verwunderung.

»Ja, mein Freund, drei Siebe! Lass sehen, ob das, was du mir erzählen willst, durch die drei Siebe hindurchgeht.

Das erste ist das Sieb der Wahrheit. Hast du das, was du mir berichten willst, geprüft, ob es auch wahr ist?«

»Nein, ich hörte es erzählen, und...«

»Nun, so hast du sicher mit dem zweiten Sieb, dem Sieb der Güte, geprüft. Ist das, was du mir erzählen willst, wenn es schon nicht als wahr erwiesen ist, wenigstens gut?«

Der andere erwiderte zögernd: »Nein, das ist es eigentlich nicht. Im Gegenteil...«

> »Nun,« unterbrach ihn Sokrates »so wollen wir noch das dritte Sieb nehmen und uns fragen ob es notwendig ist, mir das zu erzählen, was dich so zu erregen scheint.«
>
> »Nun, notwendig gerade nicht...«
>
> »Also,«, lächelte der Weise »wenn das, was du mir erzählen willst, weder wahr, noch gut, noch notwendig ist, so lass es begraben sein und belaste weder dich, noch mich, noch andere damit.«
>
> *Quelle unbekannt*

Gibt es Differenzen, unterschiedliche Meinung zu wichtigen Fragen, auch zur Arbeitsweise im Team, muss klar sein, wie mit den Differenzen umgegangen wird. Das Team muss Verfahren des Konfliktmanagements und der Konfliktbearbeitung kennen.

Ich möchte hier ein Verfahren vorstellen, das in einer Teamschule entwickelt wurde, nach vielen gut gemeinten, aber wenig erfolgreichen spontanen Konfliktbearbeitungen.

1. Wenn ein Konflikt auftritt, sollte sich keiner spontan und sofort an die Bearbeitung machen, sondern erst klären, wer im Team – oder auch außerhalb – den Konflikt bearbeiten sollte. Dafür kann man Regeln aufstellen.
2. Es sollte nie eine Person allein damit beauftragt werden, sondern zwei Personen.
3. Zunächst müssen der Sachverhalt und die beteiligten Personen geklärt werden.
4. Die Konfliktparteien sollten einzeln vorschlagen, wie sie sich die Beendigung des Konflikts vorstellen.
5. In einer gemeinsamen Besprechung mit den Konfliktparteien sollte der Konflikt möglichst beendet werden. Bleiben Differenzen, sollte festgehalten werden, wie mit den Differenzen umgegangen wird.
   Die Beendigung eines Konflikts – durch eine Erklärung oder ein Zeichen, z. B. dass die Konfliktparteien sich die Hand geben – ist sehr wichtig, weil nicht beendete Konflikte das Klima nachhaltig vergiften können.
6. Bei internen Konflikten im Team ist oft externe Moderation, z. B. durch Beratungslehrer oder einen Coach außerhalb der Schule, sinnvoll.
   Weitere Verfahren unter www.teaminstitut-koeln.de

Teamarbeit konkret: Die Teamsitzung

Ein zentraler Teil der Teamarbeit findet in den Teamsitzungen statt. Während Teammitglieder in den Klassen alleine arbeiten, bestenfalls in Doppelbesetzung mit einem zweiten Teammitglied, sind die Teamsitzungen der Ort, an dem die Lehrkräfte über die Arbeit in den Klassen sprechen, über Kinder und Jugendliche und ihre Erfolge und Probleme, wo Unterrichtsvorhaben verabredet werden und individuelle und klassenbezogene Förderung überlegt wird. Teamsitzungen sind auch der Ort, wo Elternabende und Klassenfahrten organisiert werden und Angelegenheiten der gesamten Schule besprochen und Abstimmungen in den Gremien der Schule vorbereitet werden.

Teams müssen sich regelmäßig treffen – in vielen Teamschulen treffen sie sich jede Woche, vor allem in den unteren Jahrgängen. Ein bis zwei Wochen als Zeitraum haben sich bewährt. Persönliche Kommunikation kann durch E-Mails nur ergänzt, nicht ersetzt werden. Für Teamsitzungen sollten eigene Zeiten in dem Organisationsplan der Schule ausgewiesen werden.

Probleme ergeben sich nicht selten daraus, dass Teams Schwierigkeiten haben, ihre Teamsitzungen effektiv und für alle befriedigend zu gestalten. Da ja nur eine beschränkte Zeit zur Verfügung steht, ist es wichtig, die verschiedenen Themen in ein ausgewogenes Verhältnis zu bringen und vor allem genügend Zeit einzuplanen, um über den Unterricht und die Schülerinnen und Schüler zu sprechen. Teambesprechungen, die nicht strukturiert sind, können schnell in freundlichem Geplauder enden und das Gefühl vermitteln, viel Zeit zu verbrauchen, ohne dass etwas geregelt wird. Eine effektive Organisation von Teamsitzungen spielt deshalb eine wichtige Rolle bei der Zufriedenheit der Mitglieder mit ihrer Teamarbeit.

Deshalb lohnt es sich ein Verfahren für effektive Teamsitzungen zu überlegen, etwa nach dem folgenden Muster.

Teambesprechungen effizienter machen – eine Checkliste

1. Langfristige Terminplanung

2. Tagesordnung festlegen:
   Wer legt sie fest?
   Bis wann können Tops benannt werden?
   Wer bereitet welche Tops vor?

3. Schriftliche Einladung mit Tagesordnung

Durchführung der Teambesprechung

- Leitung klären (am besten auf der vorherigen Besprechung festlegen)
- »Zeitwächter« benennen
- Protokoll klären (eine feste Reihenfolge erspart die zeitraubende Suche; Protokollbuch führen)
- Beschlusskontrolle – sollte erster TOP sein
- Sicherstellen, dass das Thema oder die Aufgabe der Besprechung allen klar ist
- Bearbeitungsschritte absprechen (z. B. gemeinsame Bearbeitung, alternative Aufteilung in kleinere Gruppen für Teilaufgaben)
- Bearbeitung
- Entscheidung
- Verteilung von Aufgaben
- Ggf. zeitlichen Ablauf festlegen (Zeitdiagramm)

- Information der nicht anwesenden Teammitglieder sicherstellen (es empfiehlt sich, feste Partner einander zuzuordnen)

TIPPS

- Der Protokollant der einen Besprechung kann Leiter der nächsten sein.
- Während der Besprechung wird Aufgabenliste geführt, erst am Ende werden die Aufgaben verteilt.
- Einen »Speicher« für Ideen und Beiträge einrichten, die nicht zum aktuellen Besprechungsgegenstand passen, aber später wichtig werden könnten.
- Eine eigene Besprechung ansetzen für Rollenklärungen, z. B.
  - Aufgaben des Teamsprechers
  - Informationsweitergabe: Wie ist die gleichmäßige Information aller Teammitglieder gesichert?
  - Wahrnehmung langfristiger Aufgaben (z. B. Teamsprecher): Anlegen einer Aufgabenliste und möglichst gerechte Verteilung der Aufgaben. Häufungen vermeiden! Unbeliebte Aufgaben gerecht verteilen, z. B. mit einer »Zitronenliste«: Wer einmal in eine saure Zitrone gebissen hat, muss nicht in die nächste beißen

Quelle: Institut zur Förderung der Teamarbeit und Schulentwicklung

Bei seinen Teamsitzungen könnte das Team auch mit Elementen des kooperativen Lernens arbeiten.

Hier zwei Beispiele:

- Denken-Austauschen-Vorstellen: Aus dem Dreischritt wird im Team oft eher ein Zweischritt werden, wenn sich jedes Teammitglied zunächst selbst zu einem Thema Gedanken macht und dann der Austausch in der Gruppe beginnt. Bei komplexen Fragen könnte auch zuerst ein Partneraustausch stehen, mit dessen Ergebnissen dann das ganze Team weiter arbeitet.
- Das Platzdeckchen kann helfen, schnell zu Entscheidungen zu finden (siehe dazu den Beitrag »Kooperatives Lernen und Inklusion im Team-Kleingruppen-Modell (TKM)« von Daniel Scholz).

Teamcheck

Von Zeit zu Zeit ist es wichtig, dass sich das Team Zeit nimmt, um sich über die Zufriedenheit der Teammitglieder und die Effektivität der eigenen Arbeit klar zu werden: Wie erlebe ich die eigene Arbeit? Wie soll die Zusammenarbeit in Zukunft aussehen? Wie können die Ziele erreicht werden?

Die jährliche Teaminspektion – zwei Beispiele

Checkliste 1

Die Teammitglieder verkehren offen und ehrlich miteinander. ☐

Es herrscht ein »Wir-Gefühl« vor. ☐

Die Teammitglieder orientieren sich an gemeinsamen Zielen und Sichtweisen. ☐

Aufgaben und Zuständigkeiten sind klar geregelt und akzeptiert. ☐

Jeder im Team ist entsprechend seinen Fähigkeiten und seinem Fachwissen eingesetzt. ☐

Fehler werden als Gelegenheit genutzt, etwas dazuzulernen. ☐

Probleme und Konflikte werden angesprochen und diskutiert. ☐

Die Teammitglieder unterstützen, akzeptieren und tolerieren sich gegenseitig. ☐

Quelle: www.vorgesetzter.de/mitarbeiterfuehrung/teamfuehrung/mitarbeitertypen

Checkliste 2

Wissen wir eigentlich noch, was unsere Ziele und Aufgaben sind?

Investieren wir unsere Anstrengungen wirklich in unsere Kernaufgaben?

Oder laufen wir Gefahr uns in Nebensächlichkeiten zu verzetteln?

Wie ist es mit der Zufriedenheit der SchülerInnen und Eltern (der Lehrerinnen und Lehrer) bestellt?

Haben wir vielleicht ihre wahren Bedürfnisse aus den Augen verloren?

Sind unsere Qualitätsstandards noch aktuell? Erfüllen wir sie noch?

Brauchen wir eine Neuorientierung?

Wie sieht es mit dem Teamleben, mit der Rollenverteilung innerhalb des Teams aus? Wie gehen wir miteinander um?

Arbeiten wir auf der Basis gegenseitiger Akzeptanz zusammen?

Wo gibt es unterschiedliche Interessen? Inwieweit können sie das Team beeinträchtigen?

Wo werden Spielregen nicht eingehalten? Müssen wir neue Regeln aufstellen?

Nach: Hofäcker 1995

Die Checkliste 2 enthält offene Fragen. Mit dieser Checkliste kann jedes Teammitglied zuerst selbst die eigenen Antworten überlegen und notieren. Zwei oder drei Teammitglieder tauschen sich dann über ihre Antworten aus. Im gesamten Team können nun gemeinsame Einschätzungen gefunden und daraus folgende Veränderungen vereinbart werden.

Eine teamorientierte Schulkultur

Eine teamorientierte Schulkultur ist Voraussetzung für den Erfolg von Teamarbeit. Hier haben Schulleitungen eine Schlüsselrolle. Inwieweit wird Teamarbeit als Wert angesehen und getragen? Werden Teamsitzungen im Organisationsplan der Schule verankert? Gibt es eine teamorientierte Raumstruktur? Besonders positiv wirkt es sich auf Lehrer-Teamarbeit in der Schule aus, wenn auch die Leitung als Team arbeitet.

Zugleich müssen die Teams in das Organisationsnetz und das Konzept der Schule eingebunden sein. Hier haben sich regelmäßige gemeinsame Konferenzen zwischen Teamsprechern und Schulleitung bewährt, in denen Informationen ausgetauscht und Entwicklungsvorhaben der Schule beraten werden. Auch die Bildung und Umbildung von Teams sollte in dieser Konferenz vorbereitet werden.

Fachbereichskonferenzen, die von den Fachvertretern aller Teams gebildet werden, koordinieren die Facharbeit über die Teamgrenzen hinweg, und je nach den Bedürfnissen der Schule kann es weitere teamübergreifende Konferenzen oder Arbeitsgemeinschaften geben.

In einer teamorientierten Schulkultur ist Vertrauen entscheidend. Die Schulleitung kann nicht mehr alles kontrollieren, was in den Teams läuft. Ohne Vertrauen der Schulleitung und Schulaufsicht in die Kompetenzen und das Engagement der Teams kann eine Teamschule nicht erfolgreich arbeiten.

Teamarbeit konkret: Die Arbeit eines Jahrgangsteams

Ein Jahrgangsteam besteht aus Lehrkräften mit unterschiedlicher Ausbildung und Fakultas, die den Hauptteil des Unterrichts in den Klassen ihres Jahrgangs erteilen. In integrativen Teams ist die Zusammensetzung multiprofessionell, Sonderschullehrkräfte und Sozialpädagogen gehören zum Team (siehe auch die Beiträge von Müller-Harth, Lohmar und Scholz). Die Schulleitung oder ein Gremium aus Schulleitung und Teamsprechern wird die Teams vor allem nach Fächern zusammensetzen. Neben den Fächern ist es jedoch wünschenswert, dass die Mitglieder eines Teams verschiedene Kenntnisse und Fähigkeiten mitbringen und in Bezug auf Alter, Erfahrungen und Hobbys unterschiedlich sind. Wenn die Teams gebildet sind, lohnt es sich zu erheben, was jeder kann:

Qualifikationsmatrix des Teams

Fähigkeiten	Teammitglieder						
	Name	Name	Name	Name	Name	Name	Name
Ausbildung/Beruf Fächer mit Fakultas und/oder Unterrichtserfahrung/ Einarbeitung, Neue Medien							
Didaktische/methodische Fähigkeiten z. B. Freiarbeit, Wochenplan, Gruppenunterricht, Projektarbeit, Klippert, kooperatives Lernen . . .							
Soziale Fähigkeiten z. B. themenzentrierte Interaktion (TZI), Gesprächsführung, Mediation, Streitschlichtung, Beratungslehrer . . .							
Organisatorische Fähigkeiten z. B. Stundenplan, Vertretungs- plan, Jahrgangsplanung, Fachplanung . . .							
Lebenserfahrung außerhalb der Schule, Hobbys							

Ein Jahrgangsteam, in dem die Lehrkräfte möglichst alle Schüler ihres Jahrgangs unterrichten, hat viele Vorteile. Absprachen zum Klassenmanagement, zu Regeln und Unterrichtsstilen sorgen dafür, dass in den Klassen ähnlich gearbeitet wird. In integrativen Teams werden Sonderschullehrkräfte und Sozialpädagogen die anderen Teammitglieder beraten und im Unterricht unterstützen. Unterricht kann gemeinsam vorbereitet werden, die Einführung des kooperativen Lernens kann gemeinsam geplant werden, im Team werden Erfahrungen ausgetauscht und Ideen weitergegeben. Förderung ist ein ständiges Thema. Meist entwickelt sich gegenseitiges Vertrauen, man kann mit den Teamkollegen über Erfolge und Probleme sprechen, es ist ein geschützter Raum.

Arbeit im Jahrgangsteam wirkt sich auch positiv auf die Schüler aus. Förderkonzepte sind effektiver, weil die Lernmöglichkeiten und Probleme eines Schülers aus Sicht mehrerer Lehrkräfte beobachtet werden. Die Schüler haben es mit einer überschaubaren Anzahl von Lehrkräften zu tun, die sie gut kennen. Bei Problemen können sie sich an einen Teamlehrer ihres besonderen Vertrauens wenden. Sie erleben ihre Lehrpersonen als Vorbilder für Teamfähigkeit. Auch zwischen Eltern und Teamlehrkräften entwickelt sich meist ein Vertrauensverhältnis, da sich alle gut kennenlernen.

An der Gesamtschule in Göttingen (siehe den Beitrag »Heterogene Schüler-gruppen und Elternkooperation« von Wolfgang Vogelsaenger) werden Eltern ganz direkt in die Teamarbeit einbezogen.

Die tägliche Arbeit im Team entscheidet, wie gut es den Mitgliedern im Team geht und wie gut die Schüler sich in diesem Team aufgehoben fühlen.

Wege zur Teamarbeit

Wenn Lehrer ihre Arbeit stressfreier, effektiver und mit größerer Sicherheit und Zufriedenheit bewältigen können, kommt das zuerst ihnen selbst zugute. Es entsteht zugleich ein gutes Lernklima, das sich positiv auf die fachliche und soziale Entwicklung der Schüler auswirkt. Es fällt auf, dass alle Schulen, die seit 2006 den deutschen Schulpreis erhalten haben, Teamarbeit machen.

Wege zur Teamarbeit

Ein Leitfaden für Schulleitungen, wenn Sie an Ihrer Schule Teamarbeit einführen wollen.

Bevor Sie ein Konzept zur Einführung der Teamarbeit an Ihrer Schule überlegen, sollten Sie einige Fragen klären:

1. Soll die ganze Schule gleichzeitig mit Teamarbeit beginnen oder wollen Sie mit einem Team an-fangen – z. B. Jahrgang 5, nur ein oder zwei Jül-Gruppen etc. – und in den kommenden Jahren weitere Teams aufbauen?

2. Wollen Sie mit einem Team von Freiwilligen anfangen, die dann gemeinsam einen Jahrgang/ eine Klasse/ eine Jül-Gruppe übernehmen?

3. Wollen Sie das ganze Kollegium und alle Mitarbeiter vorab über Teamarbeit informieren, auch wenn noch nicht für alle Teambildung ansteht?

4. Wollen Sie Skepsis im Kollegium dadurch auffangen, dass Sie einen Zeitraum von ein oder zwei Jahren als Erprobungszeit festlegen?

5. Welche Unterstützung können Sie dem Team anbieten (z. B. Zeit und Raum für Teamtreffen)?

6. Was wollen Sie mit Personen machen, die sich der Teamarbeit verweigern?
   Auch diese Personen sollten erfahren, dass sie respektiert werden. Aber Sie sollten nicht den ganzen Teambildungsprozess von ihnen abhängig machen.

   - Hinweis auf gesetzliche Grundlagen, die zur Teamarbeit verpflichten
   - Ggf. ein »Einzelkämpferteam« bilden, d. h. einzelne Personen arbeiten den Teams fachlich und organisatorisch zu. Zu Teamkonferenzen, die ihre Arbeit betreffen, werden sie extra ein-geladen (das ist ein Verfahren aus der Industrie). Sie können ein eigenes Team bilden, mit einem Sprecher, der z. B. bei Besprechungen mit der Schulleitung diese Personengruppe ver-tritt.

7. Wenn auch die Schulleitung im Team arbeitet, ist das sehr unterstützend.

Literatur

Bastian, J. & Seydel, O. (Hrsg.) (2012): Teamarbeit und Unterrichtsentwicklung. Pädagogik, Heft 1/2010. Weinheim

Brandt, H. & Liebau, E. (1978): Das Team-Kleingruppen-Modell. Ein Ansatz zur Pädagogisierung der Schule. München

Glattfeld, E., Larisch, B. & Ratzki, A. (2007): Individuelles und kooperatives Lernen im Team. Mutmachende Beispiele aus 11 Jahren Teaminstitut. Köln

Göndör, J. (1996): Weihwasser für den Teufel. Vertrauensmanagement für die Schule. In: Schulmanagement, Heft 12/1996, S. 11–16

Hofäcker, T. (1995): Handbuch für den Vorgesetzten (Grundwerk). (Norman Rentrop) Dannstadt-Schauernheim

Katzenbach, J. R. & Smith, D. K. (1993): Teams: Der Schlüssel zur Hochleistungsorganisation. Wien

Philipp, E. (1996): Teamentwicklung in der Schule. Konzepte und Methoden. Weinheim

Ratzki, A., Keim, W., Mönkemeyer, M., Neißer, B., Schulz-Wensky, G. & Wübbels, H. (Hrsg.) (1996): Team-Kleingruppen-Modell Köln-Holweide. Theorie und Praxis. Frankfurt

Ratzki, A., Posse, N., Hilbig, I. & Schuld, G. (Hrsg.) (2000): Im Team. Lernende Schule, Heft 9/2000. Seelze

Autorenverzeichnis

Barbara Brokamp
Lehrerin (Allgemein- und Sonderpädagogik). Sie war viele Jahre in der Lehrerausbildung und Fortbildung sowie der Schulleitungsfortbildung und Schulberatung tätig. Sie ist Supervisorin DGsV. Seit 2006 arbeitet sie in der Projektentwicklung der Montag Stiftung Jugend und Gesellschaft, Bonn und verantwortet dort den Bereich Inklusion. Zahlreiche Veröffentlichungen zum Thema Inklusion im Bildungsbereich und im kommunalen Kontext. Jurymitglied des Jakob-Muth Preises. Seit 1998 Mitglied im Institut zur Förderung der Teamarbeit und Schulentwicklung e. V.
(Beitrag 8)

Eva Glattfeld
Studium der Germanistik und Geographie für das Lehramt am Gymnasium, seit 1981 Lehrerin an der Gesamtschule Köln-Holweide, dort seit 1986 im Gemeinsamen Unterricht tätig. 1998 stellvertretende Schulleiterin der Gesamtschule Köln-Rodenkirchen. 2007 übernahm sie die Koleitung des Kompetenzteams der Stadt Köln. Weiterqualifizierung als Schulentwicklungsberaterin durch die Bezirksregierung Köln, 2004–2007 Ausbildung zur Beraterin für Demokratiepädagogik, zur Zeit in der Zusatzausbildung Kommunikationspsychologie. Gründungsmitglied des Vereins Institut zur Förderung der Teamarbeit und Schulentwicklung e. V.
(Beitrag 5)

Irmtrud Lohmar
Sie war Schulleiterin einer Förderschule, Fachleiterin an den Studienseminaren für Sonderpädagogik in Köln und Aachen und Mitglied der Richtlinienkommission Sonderpädagogik im Ministerium für Schule und Weiterbildung in Nordrhein-Westfalen. Aus- und Weiterbildung von Lehrern zu didaktischen und methodischen Themen der Schul- und Unterrichtsentwicklung im Auftrag verschiedener Bezirksregierungen, Schulämter, des Landschaftsverbandes Rheinland und des Frühförderinstitutes Köln, der GEW, des vds und der Uni Köln. Familientherapeutin (APF). Seit vielen Jahren im Institut für Teamarbeit und Schulentwicklung Moderatorin mit den Schwer-

punkten: Kooperation und Beratung von Eltern, Umgang mit Behinderung/Trauerarbeit, Schwierige Kinder-Kinder mit Schwierigkeiten, Teamarbeit, Portfolio.

(Beitrag 6 und 9)

Heidrun Lotz

Dipl. Psychologin und Supervisorin DGSv. Sie war fünf Jahre Schulpsychologin und später Personalleiterin in einem Unternehmen der beruflichen Weiterbildung bis 1996. Seitdem führt sie eine eigene Praxis für Supervision und Coaching. Sie berät Führungskräfte aus Wirtschaft, sozialen Institutionen und Schulen in Einzel- und Gruppensitzungen, sie begleitet Team- und Organisationsprozesse. Derzeitiger Schwerpunkt sind Fortbildungen zu pädagogischen und didaktischen Themen und zu Fragen der Schulentwicklung im In- und Ausland.

(Beitrag 12 und 13)

Ulrike Müller-Harth

Gesamtschulrektorin i. R., Realschullehrerin mit den Fächern Mathematik und Chemie, ehemalige Koordinatorin für die »Integrativen Lerngruppen« an den Gesamtschulen Köln-Holweide und Aachen-Brand. Prozessbegleiterin Inklusion: Schwerpunkt Sekundarstufe I. Diverse Veröffentlichungen über die Schulversuche zur Integration in der Sekundarstufe I, u. a. Schriftenreihe des Kultusministeriums NRW, Heft 52, 1993.

(Beitrag 7)

Barbara Neißer

Studiendirektorin, bis 2010 Fachleiterin am Studienseminar Köln.

Studium der Germanistik, Philosophie und Theologie. Unterrichtserfahrung in verschiedenen Schultypen (Gymnasium, Gesamtschule) und Erwachsenenbildung, Moderatorin in der Lehrerfortbildung. Seit 2010 stellvertretende Vorsitzende des Instituts für Teamarbeit und Schulentwicklung e. V.

Veröffentlichungen zur Teamarbeit, zur Deutschdidaktik und Philosophiedidaktik. Mitautorin des Lehrwerks »deutschpunkt« (Klett-Verlag), Herausgeberin der Reihe »Sokratisches Philosophieren«.

(Beitrag 2)

Anne Ratzki

Prof. Dr., Lehrerin und Schulleiterin am Gymnasium, dann an der Gesamtschule Köln-Holweide von 1975 bis 1995. Lehrbeauftragte an der Universität zu Köln und Honorarprofessorin an der Universität Paderborn. Seit 1996 Vorsitzende des Instituts zur Förderung der Teamarbeit und Schulentwicklung e. V. 1999 bis 2006 Mitherausgeberin der Zeitschrift »Lernenden Schule«. 2010 hat sie die Gesamtschulstiftung mitgegründet, die besonders Initiativen für Gesamtschulen unterstützt. Verschiedene Vorstandsfunktionen in GGG und GEW. Veröffentlichungen zur Teamarbeit, zum kooperativen Lernen, zur Gesamtschule, zu Schulleitung und Schulverwaltung, zu bildungspolitischen Themen, zu Schulen und Bildung in Finnland, Skandinavien, Australien, Kanada, Südtirol und den USA.

(Beitrag 14)

Edith Rüdell

Dr., Studium für das Lehramt an Volks- und Sonderschulen, von 1982–2006 Lehrerin an der Peter-Ustinov-Gesamtschule Monheim, zudem Moderatorin und Koordinatorin in der Schulentwicklung und Beratung. 2006–2010 Lehrbeauftragte an der Universität Paderborn, zurzeit Referentin in der Lehrerfortbildung. Veröffentlichungen zur Konzeptentwicklung an Gesamtschulen, zu allgemeinen Fragen der Schulentwicklung, der schulischen Diagnostik und Förderung und zum Umgang mit besonderen Lernschwierigkeiten (z. B. Legasthenie). Weitere Themen betreffen Grundlagen erfolgreichen Lernens – vor allem aus neurowissenschaftlicher Sicht.

(Beitrag 1)

Daniel Scholz

Förderschullehrer an der Gesamtschule Köln-Holweide. Als Schulcoach begleitet er die inklusive Schulentwicklung in Theorie und Praxis. Moderationstätigkeiten in der Lehrerfortbildung, Lehraufträge an der Universität zu Köln und Veröffentlichungen zum individualisierten Lernen in heterogenen Lerngruppen, aktuelle Mitarbeit an einem Forschungsprojekt zur Schülerperspektive auf inklusiven Unterricht.

(Beitrag 10)

Johanna Springfeld

Studienrätin für Deutsch und Englisch. Am Landesinstitut für Schule Bremen in der Schul- und Unterrichtsentwicklung tätig als Moderatorin und Referentin für kompetenzorientierten Unterricht und Umgang mit Heterogenität, als fachdidaktische Beraterin für Deutsch und als Mitarbeiterin der Agentur Schulentwicklung. Mitarbeit im KMK-Teilprojekt for.mat. Langjähriges Mitglied des Instituts für Teamarbeit und Schulentwicklung e. V. Veröffentlichungen u. a. zur kompetenzorientierten Unterrichtsentwicklung, zur Differenzierung, Individualisierung und Kompetenzerfassung, zum kooperativen Lernen und kreativen Schreiben.

(Beitrag 4)

Wolfgang Vogelsaenger

Studium der Germanistik und Geschichte in Hannover, seit 1971 Lehrer an Grundschule, Orientierungsstufe, Gymnasium und integrierter Gesamtschule. Seit 2002 Leiter der Georg-Christoph-Lichtenberg Gesamtschule in Göttingen, die 2011 mit dem Deutschen Schulpreis der Robert-Bosch-Stiftung ausgezeichnet wurde. Zahlreiche Veröffentlichungen zur Gesamtschule.

Literaturhinweise:
http://www.dkjs.de/uploads/tx_spdkjspublications/Arbeitshilfe_9.pdf
http://www.dkjs.de/uploads/tx_spdkjspublications/ah-03.pdf

(Beitrag 11)

Angelika Werden

Dr., Studiendirektorin, Fachleiterin für das Fach Deutsch für das Lehramt an Gymnasien und Gesamtschulen am Zentrum für schulpraktische Lehrerausbildung Aachen und Lehrerin an einem Aachener Gymnasium. Studium der Geschichte, Germanistik und Kunstgeschichte in Bochum und Florenz. Promotion an der historischen Fakultät der Ruhr-Universität Bochum zum »balet comique«, einer Arbeit zur frühneuzeitlichen Tanz- und Festkultur. Moderatorin in der Lehrerfortbildung. Veröffentlichungen zur Kultur- und Tanzgeschichte. Mitautorin des Lehrwerks »deutschpunkt« und »deutsch.kompetent« (Klett), sowie des »Trainingshefts schriftliches Abitur Nordrhein-Westfalen«.

(Beitrag 2)

Klaus Winkel

Dr., Studium der Pädagogik, Germanistik und Philosophie in Kiel und Göttingen. Mitarbeit in der wissenschaftlichen Begleitung der Georg-Christoph-Lichtenberg-Gesamtschule Göttingen-Geismar 1972–1983 (Projektgruppe SIGS – Soziale Interaktion in der Gesamtschule). Fachbereichsleiter am Landesinstitut für Pädagogik und Medien (LPM) im Saarland bis 2009. In der Gemeinnützigen Gesellschaft Gesamtschule (GGG) hat er in Bundes- und Landesvorständen mitgearbeitet. Er ist Vorstandsmitglied des Deutschen Vereins zur Förderung der Lehrerinnen- und Lehrerfortbildung (DVLfB) e. V. Veröffentlichungen zur Gesamtschule und zum Team-Kleingruppen-Modell, zum Lernen, zur Förderung und Lehrerbildung.

(Beitrag 3)

Institut zur Förderung der Teamarbeit und Schulentwicklung e. V.

Die Beiträge dieses Buches entstanden in der Herausgeberschaft des Instituts zur Förderung der Teamarbeit und Schulentwicklung.

Das Institut wurde 1996 gegründet. Es sieht es als seine Aufgabe an, Schulentwicklung durch Kooperation der Lehrenden und der Lernenden zu fördern. Teamerfahrene Moderatoren bieten Fortbildungen u. a. zur Teamentwicklung, zum kooperativen Lernen, zum Umgang mit Heterogenität und zur Inklusion an. Ergebnisse der Arbeit wurden veröffentlicht in: Glattfeld, E./Larisch, B./Ratzki, A. (2007): Individuelles und kooperatives Lernen im Team. Mutmachende Beispiele aus 11 Jahren Teaminstitut. Köln und in der Zeitschrift Lernende Schule: Im Team. Heft 9/2000. Seelze, Friedrich-Verlag, sowie Hammoud, A./Ratzki, A: Kooperatives Lernen im Deutschunterricht, Fremdsprache Deutsch, Heft 41/2009. München, Hueber Verlag

Materialien zum vorliegenden Buch können über die Homepage

www.teaminstitut-koeln.de heruntergeladen werden.